現代中國文藝與伊斯蘭表述

馬海波

獻給我的父母
中國西北穆斯林農民大眾裡
最平凡的兩個

孔教者，吾國人之宗教也。回教者，亦吾國人之宗教也……回教之幸福，亦中國之幸福也。

——李芍珊（漢人）：〈回教振興策〉，1908 年

我們信回教，
我們是中國人：
說中國話，
寫中國字，
脈道裡流著中國人的血，
這塊土地上有我們祖宗的墳！
我們不是客，
我們是主人！

——益岢（回民）：〈起來穆斯霖！〉，1937 年

目錄

導論　重述伊斯蘭……………………………………… 009

　第一節　解放作為思想對象的伊斯蘭……………………… 009
　第二節　現代中國伊斯蘭的歷史位置與文藝實踐………… 033
　第三節　研究綜述、方法與結構…………………………… 055

第一章　多重新文化運動與中國穆斯林的文藝表述…… 069

　第一節　多重時空的中國及其新文化運動………………… 069
　第二節　中國穆斯林報刊文藝的興起……………………… 092
　第三節　「做昏暗中的曙光」：阿訇文人及其寫作……… 098
　第四節　中國穆斯林的宗教思考及文藝表述……………… 106
　第五節　「我們信回教，我們是中國人」：
　　　　　穆斯林與祖國書寫…………………………………… 117

第二章　抗日戰爭時期中國文藝中的邊疆與伊斯蘭
**　　　　（1931-1945）**……………………………………… 127

　第一節　反帝反殖運動中的邊疆遊記與穆斯林表述……… 127
　第二節　「七七」事變後中國文藝中的「回教」書寫…… 151
　第三節　1940年《抗戰文藝》與「回民生活文藝特輯」… 178
　第四節　四幕話劇《國家至上》的創作與接受史………… 213
　第五節　中國穆斯林的文藝「抗戰之聲」………………… 249

第三章　新「下西洋」：現代中國穆斯林的印度洋-伊斯蘭世界遊記 261

- 第一節　流動的歷史與心靈：中國、印度洋與伊斯蘭 ... 261
- 第二節　現代中國阿訇的印度洋遊歷：以1920年代的王靜齋為例 265
- 第三節　「到埃及去」：1930-1940年代中國穆斯林的留埃遊記 276
- 第四節　現代中國穆斯林的朝覲遊記 302
- 第五節　華北淪陷區回民唐易塵及其《麥加巡禮記》... 318
- 第六節　中國穆斯林在海外伊斯蘭世界的抗戰宣傳與遊記寫作 341

結論　經驗與方法：如何表述伊斯蘭？ 367

後記 377

主要參考文獻 381

導論
重述伊斯蘭

第一節　解放作為思想對象的伊斯蘭

　　1981 年，著名巴勒斯坦裔美國學者、思想家薩義德（Edward Wadie Said）的《報道伊斯蘭》（*Covering Islam*）[1]一書於美國出版。繼此前在《東方學》（*Orientalism*）中有關西方[2]對阿拉伯-伊斯蘭世界的「東方主義」表述背後知識與

---

[1] 此書英文全名為 *Covering Islam: How the Media and the Experts Determine How We See the Rest of the World*，因「cover」在英文中有「遮蓋」和「報道」雙重詞義，薩義德有意選擇該詞，一語雙關地揭示美國及西方對伊斯蘭的帝國主義表述本質。因而漢語世界對該書名「covering Islam」有兩種譯法，分別為「遮蔽的伊斯蘭」和「報道伊斯蘭」。見此書漢譯本：[美] 愛德華・薩依德：《遮蔽的伊斯蘭：西方媒體眼中的穆斯林世界》，閻紀宇譯，台北：立緒文化事業有限公司，2002 年；[美] 愛德華・薩義德：《報道伊斯蘭：媒體與專家如何決定我們觀看世界其他地方的方式》，閻紀宇譯，上海：上海譯文出版社，2009 年。

[2] 「西方」本身即為一個值得重思的概念，其內部包括多重複雜的社會制度、經濟方式、文明形態、族群種類、宗教體系和思想流派等，因而不能籠統視之。本文所說「西方」，尤其明確指資本主義、殖民主義和帝國主義歷史中處於霸權施加位置的國家和地區及其附庸，如西歐、北美、以色列、日本等。

權力共謀關係的深刻探討,薩氏在該書內更為聚焦於現代世界關係中的「伊斯蘭問題」,揭示美國及西方如何通過權力、學術和媒體三位一體的方式,人為建構或發明出了一個刻板、抽象和「他者」的伊斯蘭形象,認為美西方在政治與文化霸權的主導下對伊斯蘭的表述總體呈現對立化、標籤化和妖魔化。在此後如《文化與帝國主義》(Culture and Imperialism)等著述中,薩氏繼續深入討論此類文化、話語和知識霸權背後的帝國主義結構性根源。這些著述因鮮明的問題意識和深刻的學術批判性,一經問世便在西方社會引發爭鳴,並在全球思想和學術領域產生深遠影響,至今仍具有深透啟迪意義,在「第三世界」或「全球南方 / 東方」更是如此。在帝國主義文化霸權的觀看和表述中,不僅阿拉伯 - 伊斯蘭的形象是被刻意扭曲的,世界其他受帝國主義壓制和蠶食的文明、國家和人群也在遭受同樣的觀看和表述,中國也是其中之一。在此意義上,中國與阿拉伯 - 伊斯蘭在帝國主義話語霸權的陰影下被不平等表述的命運處境同似,且仍未結束。[3] 薩義德的《報道伊斯蘭》一書問世至今已逾四十載,全球政治、經濟、文化、社會等情境已發生劇烈革變,但他曾在書中揭示和批判的對象,即美國及西方對伊斯蘭的知識機制和表述模式卻仍歸然不動,且似乎愈加根深葉茂。其原因何在?

如果說,薩義德四十多年前針對美國及西方社會歷史情境的探討與當時中國社會略顯迢遙,那麼身處在 21 世紀初葉

---

[3] 已有不少學者注意到,包括文明等級論在內的各類帝國主義話語依然滲透在各種學科、知識和話語表述之中塑造著直至目前的世界秩序。見劉禾主編:《世界秩序與文明等級》,北京:三聯書店,2016 年。

的今天中國社會現場,我們對薩氏在書中揭示的種種關於伊斯蘭的「東方主義」表述則不會再感陌生。蔡源林真誠地指出:「若說西方社會存在著對伊斯蘭的『東方主義』偏見已是不爭的事實,華人社會也不見得就不存在對伊斯蘭的另一種形式之『東方主義』。」[4] 近些年以來,在中文世界的現實生活、虛擬網絡、傳播媒介中興起瀰漫的有關伊斯蘭和穆斯林民眾的刻板化和汙名化表述,既不利於中華民族共同體的凝聚,也無益於人類命運共同體的建構。此外,中國各族穆斯林(包括具有穆斯林文化背景)無論學者還是民眾關於伊斯蘭問題的「文明內部發言」(語出張承志),因各種主客觀原因又再次成為新的「寂漠為政」(語出魯迅〈破惡聲論〉)。儘管穆斯林「內部發言」也需加以辨識和擇取,但在社會空間中至少應為他們當中進步之聲和睿智之言提供可被傾聽和研討的機會。上述現象並非個案,乃是社會和學術整體性的症候表現,它意味著我們正逐漸失去討論個人和公共問題的社會空間,學術和思想的平等、深入和啟發性對話日益不足,富有批判意識地直面、思考和解釋真正緊迫和重要問題的能力也似乎正從我們身上逐漸流失。其原因何在?

作為目前全球人口第一、經濟體量第二、領土面積第三的「超級大國」,且內部包含歷史形成的兩千萬左右各族穆斯林民眾[5],當代中國伊斯蘭學術研究和知識生產卻何其「寂寥」和「敏感」。我們要麼對伊斯蘭問題避而不談、漠不關心,要

---

4 蔡源林:《伊斯蘭、現代性與後殖民》,台北:台灣大學出版中心,2011年,第3頁。
5 此數據來源於《中國保障宗教信仰自由的政策和實踐》,中華人民共和國國務院新聞辦公室 2018 年 4 月 3 日於北京發布。

麼對之所談多為「東方主義」和「非我族類」的陳腔舊調，缺少真正基於進步且深刻的中國智慧、中國經驗和中國方法的認識，這在中國的學術、媒體和大眾中體現得較為明顯。有關伊斯蘭，我們缺乏真正有歷史穿透力和思想說服力的學術研究和話語詮釋。李林指出：「目前中國學術界、媒體、大眾還沒有完全建立起一套關於伊斯蘭文明的學術體系、學科體系和話語體系，這三大體系的建設仍然任重道遠。」[6] 這種知識和學術研究的乏弱不僅限制我們對伊斯蘭深入、豐富和準確的認知，同時也遮蔽著我們對自身的理解和想像。2013 年，中國提出「一帶一路」倡議，其中不僅包括合作開放、互利共贏的原則，同時也包含文明交流、和諧包容、求同存異的原則。該倡議所涉沿線很多為穆斯林占多數甚至全數的國家和地區，然而，中國社會有關這些國家和地區伊斯蘭的知識和研究卻相當匱乏，已有的很多也是從地緣政治、經濟利益等急功角度造出，僅成為應對「中東危機」和服務經貿的臨時注腳，鮮有學理深厚、視野開闊且方法新穎的基礎性學術研究。其原因何在？

　　學術、話語和知識對現實社會和政治實踐從來都具有深度的參與性和重要的塑造力。因此，中國伊斯蘭研究的現狀並不簡單是學術問題，同時也是社會和政治問題。對伊斯蘭問題的思考和探討，不單純是知識和學術操練，更與再造中國社會政治緊密相關。任何真正關心中國社會多元共存、中華民族團結進步以及人類命運共同體問題的人，在面對上述諸種現狀時都不能不感到困惑和不滿。這些現象背後隱含著中國社會整體

6　李林：《伊斯蘭文明：源起阿拉伯半島》，昆明：雲南大學出版社，2022 年，第 14-15 頁。

思想、輿論和自我定位在近些年發生的微妙轉向。[7] 在「後革命」的時代氛圍中，「短二十世紀」中國的話語、方法和實踐（儘管其中有失誤和教訓，但不能因此簡單對之全盤否定）似乎整體上在逐漸斷裂。其中，馬克思主義的歷史觀念和方法論被摒棄和遺忘就是較為明顯的表徵之一。代之而起的則是文化本質主義的、國家主義的、將差異或相同本質化和絕對化的，以及其他各種去政治化和去歷史化的表述。[8] 圍繞著穆斯林社會的各種問題彷彿均可從（甚至只能從）被認為是「亙古不變」的伊斯蘭教義中找到答案，對伊斯蘭問題和穆斯林實踐的理解似乎都能從今天國家主義的角度粗暴地進行或對或錯的二元化審判。從西方到中國，對伊斯蘭問題的理解和表述往往是將具體歷史和政治情境去除的。非洲當代傑出的學者和思想家馬哈茂德・馬姆達尼（Mahmood Mamdani）在「9・11」事件發生第二年所作的〈好穆斯林，壞穆斯林〉一文對此有深刻揭示，他指出：「我主張我們不應把當代伊斯蘭政治看成是古舊不變的文化的結果，並進一步主張我們不能夠將文化與政治視為古舊不變，因為二者都是同樣當代條件、關係和衝突的當代結果。我建議我們不要像文化對話那樣否定歷史和政治，而是

7　有關此問題見王景興：〈九一一事件——一個中國左派的回想〉，「哈扎爾學會」微信公眾平台，2018 年 9 月 11 日 3 點 9 分發布，網址 https://mp.weixin.qq.com/s/yzri6NJkyIOGTgQdvyGu6A，2023 年 11 月 18 日 11 點查閱。

8　關於當代中國及全球社會去政治化的歷史過程及其表現形態，見汪暉：《去政治化的政治：短 20 世紀的終結與 90 年代》，北京：三聯書店，2008 年。

把文化對話放在歷史和政治的背景中。」[9]儘管此文發表已過二十年光景，但至少從中國的輿論、思想和知識現場來看，馬姆達尼批判的那種以去政治和去歷史的眼光看待伊斯蘭和穆斯林相關問題的情況並無根本改變，反而在各類表述和話語中似乎變得更為氾濫和深重。

去政治化和去歷史化的問題其實是後革命時期的全球性現象，不光在西方和中國存在，世界其他社會也面臨此種困境。徐曉宏認為：「在全球南方／東方，建設行動的社會的最大挑戰是社會的去政治化。」因而他主張：「一個行動的社會需要有政治化的空間。所謂政治化，我指的並不是黨派性和兩極分化，而是指把看似是個人的問題變成公眾討論、辯論甚至爭論的議題，並在此基礎上通過公共立法和政策，作為一個社會集體解決這些問題的過程。在很多全球南方／東方的語境中，社會的去政治化意味著社會被剝奪了重構自身的政治能動性，同時社會被兩種力量掏空：一方面是資本主義的工具性理性化和原子化，另一方面是國家主義和民族主義的意識形態。」[10]此分析無疑是準確和深刻的，能夠啟發我們重新思考中國及全球面對的諸多議題，包括伊斯蘭問題。

諸如薩義德和馬姆達尼在美國及西方社會語境中曾面對

9 　見［烏干達］馬哈茂德·馬姆達尼：〈好穆斯林，懷穆斯林：政治視角下的文化與恐怖主義〉，江春琦譯，「澎湃新聞」，2021年11月15日14點47分發布，網址 https://thepaper.cn/newsDetail_forward_15371773，2023年11月18日21點查閱。

10 　徐曉宏：〈論社會學自由主義：從全球南方／東方出發重構社會學經典〉，《清華社會學評論》第20輯，北京：社會科學文獻出版社，2023年，第17頁。

的問題似乎已愈來愈成為今天中國人的問題？我們所談論的伊斯蘭到底所指什麼？我們與伊斯蘭之間只能是一種漠然、貧乏乃至淺薄的固化關係？我們有關伊斯蘭的表述由何種權力結構和歷史力量塑造而成？在此意義上，關於伊斯蘭的表述就成為一個思想的契機和方法，透過它我們可以重新向自身和世界及其背後的歷史塑造力量予以追問。葛蘭西（Antonio Gramsci）、福柯（Michel Foucault）、薩義德等人都曾提醒我們，任何知識、話語、表述和文化都是歷史和權力的產物。[11] 因此，怎樣的歷史條件和權力關係塑造了我們頭腦中有關伊斯蘭的認知和態度，就成為一個值得深究的問題。那種毫無反省和批判地運用／借來一套已被反復固化的方法和知識（這套方法和知識均為具體的歷史化的結果，然而卻往往被裝扮成普遍和客觀的真理）將伊斯蘭禁錮在歷史深淵裡的表述，是否本身同樣也被深淵囚禁？我們對思想對象理解和表述的教條化，只能說明我們自身頭腦的教條化。因此，這種教條化只能將我們與思想對象之間形塑成一種被規定的、貧乏的、僵固的、淺薄的和居高審判的關係，而不是自由的、豐富的、流動的、深刻的和平等對話的關係。正如薩義德曾揭示的：「在『伊斯蘭教』受到研究時，伊斯蘭教是被視為某種商品而非對話者。其整體結果就是一種體制化的惡質效應。」[12] 這種被異

11　見 [意] 安東尼奧·葛蘭西：《獄中札記》，葆煦譯，北京：人民出版社，1983 年；[法] 米歇爾·福柯：《知識考古學》，董樹寶譯，北京：三聯書店，2021 年；[美] 愛德華·W·薩義德：《東方學》，王宇根譯，北京：三聯書店，2016 年；[美] 愛德華·W·薩義德《文化與帝國主義》，李琨譯，北京：三聯書店，2016 年。

12　[美] 愛德華·薩義德：《報道伊斯蘭》，閻紀宇譯，上海：上海譯

化的關係,不僅困囿著我們對伊斯蘭及穆斯林問題的理解和表述,同樣也阻礙著我們對自身、世界、歷史和現世的解釋,更遮蔽著我們對未來人類社會的想像。

事實上,知識的異化不僅導致伊斯蘭問題被教條化了,而且也使得我們無法真正理解現代中國和世界的眾多問題及其複雜性,包括國家、民族、宗教、文化、世俗、政治等等。伊斯蘭問題其實是一個極為典型的症候,它可以反映諸如此類眾多知識和表述的陳式。以與伊斯蘭較為緊密的宗教問題為例,在現代社會中的我們往往習慣從宗教與世俗二元對立的角度來予以認知,從科學主義、啟蒙主義和進化主義等的視野出發簡單地將宗教歸入迷信、落後、愚昧、「前現代」等類了事。但與此同時,我們又無法真正解釋現代社會中普遍存在的豐富、深濃和持續的宗教現象,這也同時意味著我們對何為「現代」這類問題其實也沒有認識清楚。事實上,我們今天對宗教及其周邊的鬼神、迷信、民間信仰等問題的這種固化或教條化理解本身,也是西方近現代知識和話語塑造而成的結果。其中不僅包含著對此類知識和話語的亦步亦趨,同時也存有對之闡釋的簡單化和絕對化。比如,在對馬克思(Karl Heinrich Marx)「宗教是人民的鴉片」這一論述的理解上就存在此種傾向。

我們何以對宗教形成這種單一和固化的認識?我們是否還有對於宗教等問題的別樣聲音?在思考這些問題前,讓我們先從重識「宗教」概念入手。作為中國近現代思想歷史上的一個重要範疇,現代意義上的「宗教」儘管同與之關係緊密的「科學」等概念一樣均為 19 世紀晚期從西方傳來,又經日本轉借

文出版社,2009 年,第 193 頁。

到中土被廣泛運用,不過將「宗」與「教」兩字相連使用在中國古代典籍中就早已有之,但其含義與現代漢文中對應於西方「Religion」一詞的「宗教」概念則有明顯差異。1919年2月,時為北京大學教授的朱希祖在《北京大學月刊》上發表的〈論Religion之譯名〉一文,將中國漢文本身「宗教」的詞義從「宗」字的名、動詞性之不同而概括為兩點:一是當「宗」為名詞時,「宗教」即為「教宗」,指具體某個宗教的各個門派,如佛教的俱舍宗、成實宗、天台宗等,因而,他認為此概念不應籠統泛指宗崇不同教祖的各類宗教;二是當「宗」為動詞時,「宗教」即為「所宗之教」,指所宗奉和信仰的一種「教」。不過「教」這一範疇在中國古代社會所涵蓋的範圍十分寬泛,既包括耶、佛、回等宗教,也囊括某種思想、學說、知識、信條、禮制等,並不一定特指具有超越指向的神靈之教。因而,朱希祖認為以「宗教」來譯西方的「Religion」,顯得「似無合處」。於是,他主張將後者譯為「神教」才更為恰當。他給出的理由是「神教」不僅與《易經》中「聖人以神道設教」的表述有淵源關係,同時「神」字也更契合「Religion」中所具有的「超然之權利」的屬性。朱希祖重審「Religion」的漢文譯名問題,與從晚清開始一直到「五四」新文化運動前後國內社會對宗教問題的持續論爭有著深刻關聯。朱希祖在此文中坦陳,他之所以主張以「神教」替代「宗教」來對譯西方的「Religion」概念,其實不僅有詞義層面「既較密合,亦且明瞭」的考慮,同時,另一重目的是使「吾國人誤解宗教之弊,亦可除也」。[13]

---

13 朱希祖:〈論Religion之譯名〉,《北京大學月刊》第1卷第2號,

所謂「國人誤解宗教之弊」，朱希祖在他這篇體制精短但內容卻不失豐富的文章中揭示有兩點：一是把內涵來源於西方的「宗教」概念誤解為「所宗之教」，於是將孔教誤認為宗教，而不分別孔教是無神的，而宗教則涉及有神信仰。而且，在西洋各國均已實施政教分離、信教自由制度的社會現實面前，仍試圖將孔教立為中國之國教的運動，被他認為是「非誣則妄」。朱希祖在此一方面並不認同將孔教納入宗教的範疇，另一方面也對康有為及其弟子陳煥章等人發起的孔教國教化運動提出批判；二是認為佛教，尤其是大乘佛教並不屬於宗教。朱希祖極力反駁這種觀點，提出「佛」與「神」是神秘而相等的，因此主張佛教屬於宗教。朱希祖的文章揭示出當時國內宗教問題的重要與複雜。如果仔細考察就會發現，其本人的宗教識見與1906年章太炎在〈建立宗教論〉等相關文章中的宗教論述有著部分的承續關係，朱希祖所鍾意的「Religion」的漢語對譯詞「神教」也是章太炎在此前文章中多次使用的概念。[14] 這其中的原因不僅在於當章太炎自1906抵達東瀛講學之際，在東京早稻田大學留學的朱希祖是前者的入室弟子之一，同時更在於宗教問題的討論一直內在於晚清到「五四」中國社會與知識範式的整體轉型之中，與科學、道德、倫理、迷信、文學、文化、民族、國家等問題有著深刻的糾纏關係。

1917年元旦，胡適的〈文學改良芻議〉在當日出版的《新青年》第2卷第5號上揭載。文中，他正式提出文學改良

1919年2月，第47-48頁。

14　見太炎：〈建立宗教論〉，《民報》第9號，1906年12月1日，第1-26頁；章太炎：《章太炎全集・太炎文錄初編》，上海：上海人民出版社，2014年，423-441頁。

的「八事」，斷言「白話文學之為中國文學之正宗，又為將來文學必用之利器」。[15] 自此正式拉開了白話文運動與新文學革命的序幕。不過，與胡文同期發表的另外兩篇文章一般卻較少被相提並論，其一是陳獨秀所撰論文〈再論孔教問題〉，其二是《新青年》雜誌「記者」錄寫的題為〈蔡子民先生在信教自由會之演說〉的文章，這個「記者」其實也是陳獨秀本人。從文章的排放順序來看，陳獨秀的論文被重點列於刊首，而胡適的〈文學改良芻議〉卻被放置在第四篇，可見在當時的雜誌主編陳獨秀看來，「孔教」問題似乎要比「文學改良」的問題顯得更為緊迫和重要。陳獨秀在論文中提出「以科學代宗教」的觀點，他說：「人類將來真實之信解行證，必以科學為正軌，一切宗教，皆在廢棄之列」。「故餘主張以科學代宗教，開拓吾人真實之信仰，雖緩終達。若迷信宗教以求解脫，直欲速不達而已！」[16] 陳獨秀從唯科學主義的立場出發，將科學與宗教對立起來，認為科學應該成為人類將來真正的信仰，而宗教則應該被廢棄。因為在他看來，科學屬於普遍、永久的「自然法」，而宗教、道德和法律等均屬於部分、一時的「人為法」，而「人為法」在人類進化的過程中會面臨衰亡與更替，而宗教已不適合於現代社會，所以應該被廢棄。陳獨秀的觀點典型地代表了新文化運動時期中國知識分子對「賽先生」的普遍樂觀和信仰態度。然而，這種把宗教與科學及其他現代性構成對立起來的看法也是歷史的產物，正逐漸被檢視和反思。

15　胡適：〈文學改良芻議〉，《新青年》第 2 卷第 5 號，1917 年 1 月 1 日，第 10 頁。
16　陳獨秀：〈再論孔教問題〉，《新青年》第 2 卷第 5 號，1917 年 1 月 1 日，第 1 頁。

與人們慣常的認識恰恰相反，一些學者的研究已揭示出，宗教和神學在現代性觀念的形成過程中扮演著核心角色。[17] 其次，陳獨秀以更大的篇幅談論孔教問題，他認為孔子並不是宗教家，孔教也並非宗教。因此將孔教在憲法中確立為國教是不合理的。在此，陳獨秀已經接受了西方啟蒙運動以來政教分離的世俗主義觀念，國家、政治和法律不能受任何宗教的支配，宗教應該從這些領域中抽出，在此前提下，法律保障各個宗教相互平等，並且人民有信教自由的權力。因此，他贊同蔡元培在信教自由會演說時的觀點，即「宗教是宗教，孔子是孔子，國家是國家，各有範圍，不能並作一談」。[18] 實際上，民國成立後不久於1912年3月11日頒布實施的《中華民國臨時約法》早就在法理上規定了國家政體的現代世俗性質，其中第五條規定：「中華民國人民一律平等，無種族、階級、宗教之區別。」第六條第七則又規定：「人民有信教之自由。」1913年10月31日擬定的《天壇憲法草案》中第十一條也規定：「中華民國人民有信仰宗教之自由，非依法律不受限制。」儘管有這些國家法律條文的規定，但在民初的實際社會中，孔教國教化的要求仍然十分強烈，並且得到社會上不同階層和團體的支持。再加上袁、張兩次帝制復辟，更為孔教國教化運動提供了部分有利條件。

雖然孔教國教化運動在社會上受到了一部分人群的響應，但與此同時也在政界、知識分子和其他宗教群體中引發激烈反

17　見[美]米歇爾・艾倫・吉萊斯皮：《現代性的神學起源》，張卜天譯，長沙：湖南科學技術出版社，2012年。

18　蔡元培：〈在信教自由會之演說〉，《蔡元培全集》第2卷，高平叔編，北京：中華書局，1984年，第490頁。

對。信教自由會即為民國初年專門為抵制孔教國教化運動而成立的全國性社會組織,其成員主要包括耶、佛、道、回、喇嘛等教代表,他們反對孔教國教化,主張國家應該政教分離、各宗教一律平等。除此之外,他們還從維護「五族共和」的國家政體性質層面來予以反對。信教自由會的穆斯林代表王寬(字浩然)就曾謹告,如果孔教在憲法中被定立為國教,「必致共和淪亡,五族解體」。[19] 蔡元培 1916 年 12 月 21 日抵達北京,準備赴任北京大學校長一職,26 日被信教自由會邀請前去中央公園參加新年同樂會以討論國教問題,他在會上發表了關於此問題的演說。其時,陳獨秀也在現場,事後在沒有經過蔡元培審閱和同意的情況下很快就將後者的演說記錄稿刊發在《新青年》上。因為記錄稿部分內容與蔡元培演說時的本意「大違」,蔡元培還曾專門向雜誌去函予以糾正。後來,他本人將這篇演說記錄稿又重新改寫過一遍。綜合地看,蔡元培在態度和觀點上與陳獨秀比較接近,他認為宗教是「半開化人所信仰之主義」,隨著科學的不斷發達,人類的智力得到提升,現代人的信仰「漸移於哲學家之所主張」。此前,在江蘇省教育會的演說中,他還提倡以「美術代宗教」。[20] 另外,蔡元培也認為孔教只是關於教育、政治和道德的學說,並不是宗教。他舉西方各國憲法均具有信仰自由一條為例,說明國家應該與

---

19 王寬:〈信教自由會回教族代表王寬等謹忠告於國會會議諸公〉,《興華》1917 年 2 月 14 日,第 25 頁。
20 蔡元培:〈教育界之恐慌及救濟方法——在江蘇省教育會演說詞〉,《蔡元培全集》第 2 卷,高平叔編,北京:中華書局,1984 年,第 489 頁。

宗教分離，不能受後者束縛。[21]

文學革命以及整個新文化運動正是在當時國內對宗教問題的這種論爭環境中發生的。不論胡適在〈文學改良芻議〉中列出的「八事」，還是陳獨秀在〈文學革命論〉中高舉的「三大主義」，其所要求的並不僅僅只是文學革命這一個目的，更與對一種新的政治、道德、文化的要求和想像深刻地關聯在一起。陳獨秀說：「今欲革新政治，勢不得不革新盤踞於運用此政治者精神界之文學。」[22] 在答一位《新青年》讀者的來信中又稱：「舊文學與舊道德，有相依為命之勢。其勢目前雖不可侮，將來必與八股科舉同一運命耳。」[23] 而在科學主義的進步觀下，與這種舊的政治、道德、文化和文學「相依為命」的宗教和迷信均變為需要被打破和廢棄的舊事物。

早在1907年，由吳稚暉、張靜江和李石曾同在法國巴黎創辦的《新世紀》週刊在大力宣揚「科學公理」與「革命風潮」的同時，認為「凡不合於公理者皆革之，且革之不已，愈進愈歸正當」。[24] 對他們來說，宗教和迷信成為「不合於公理者」而需要被革除的首要對象。吳稚暉在1909年的一篇文章中認為只有「半開明者」和「野蠻不開明者」才會將宗教和迷信作為維繫道德和實施教育的有益方式。而「最開明之人類，學理自學理，道德自道德。無有迷信，故亦無有宗教。」[25] 因

---

21 蔡元培：〈在信教自由會之演說〉，《蔡元培全集》第2卷，高平叔編，北京：中華書局，1984年，第490-491頁。
22 陳獨秀：〈文學革命論〉，《新青年》第2卷第6號，1917年2月1日。
23 陳獨秀：〈答張護蘭〉，《新青年》第3卷第3號，1917年5月1日。
24 〈新世紀之革命〉，《新世紀》第1號，1907年6月22日。
25 吳稚暉：〈答誰君宗教談〉，《中國近代思想家文庫·吳稚暉卷》，

此,其反宗教和反迷信的世界觀十分明顯。

不過,自晚清以來對宗教問題的討論並不如此簡單,而是充滿各種各樣駁雜和爭辯的聲音。除上述以吳稚暉、陳獨秀、蔡元培等人為代表的知識分子從科學、進步、啟蒙的角度對宗教持批判和否定態度以外,新文化運動前後還存在另一種對宗教的表述。

幾乎與留學法國的吳稚暉提倡破除宗教的同一時期,在日本東京留學並與朱希祖同在章太炎門下學習的魯迅在1908年末以「迅行」為筆名在《河南》雜誌第8期上發表了他留學時期的最後一篇古文論文〈破惡聲論〉。魯迅在此文中展示出現代中國知識分子對宗教的另一種不同理解。魯迅針對當時東亞社會蔚然成風的啟蒙思潮說:「破迷信者,於今為烈,不特時騰沸於士人之口,且哀然成巨帙矣。顧胥不先語人以正信;正信不立,又烏從比校而知其迷妄也。」[26] 自晚清以來在宣揚科學、進化、啟蒙、文明的時代潮流中,宗教和迷信成為社會破除的主要對象。尤其從戊戌變法開始,全國範圍內自上而下開展的廟產興學運動更是加重了社會上對宗教和迷信的抵斥力度。但在這樣的風潮中,魯迅卻將那些破除宗教和迷信的聲音看作是一種「惡聲」,因此他在此文中要對這些「惡聲」予以反思和批駁。與當時啟蒙者的觀點不同,魯迅把宗教和迷信看作是古代「樸素之民」的「形上之需求」,是他們真正發自內心的「心聲」和「內曜」的表現,也就是他們的「正信」。

北京:中國人民大學出版社,2015年,第58頁。
26 魯迅:〈破惡聲論〉,《魯迅全集》第8卷,北京:人民文學出版社,2005年,第29頁。

魯迅說：「人心必有所馮依，非信無以立，宗教之作，不可已矣。」[27] 不僅如此，魯迅認為宗教和迷信往往也連接著人類的想像、情感和精神世界。他說：

> 宗教由來，本向上之民所自建，縱對象有多一虛實之別，而足充人心向上之需要則同然。顧瞻百昌，審諦萬物，若無不有靈覺妙義焉，此即詩歌也，即美妙也，今世冥通神閟之士之所歸也，而中國已於四千載前有之矣；斥此謂之迷，則正信為物將奈何矣。蓋澆季士夫，精神室塞，惟膚薄之功利是尚，軀殼雖存，靈覺且失。於是昧人生有趣神閟之事，天物羅列，不關其心，自惟為稻粱折腰；則執己律人，以他人有信仰為大怪，舉喪師辱國之罪，悉以歸之，造作讆言，必盡顛其隱依乃快。不悟墟社稷毀家廟者，徵之歷史，正多無信仰之士人，而鄉曲小民無與。偽士當去，迷信可存，今日之急也。[28]

魯迅認為，從宗教來看待世間萬物，它們便全都具有一種「靈覺妙義」。因此，從這個意義上來看，宗教便與人類所覺知到的「詩歌」和「美妙」等體系是共通的。而被今世「冥通神閟之士」（與神靈感通的信徒）作為其精神歸宿的宗教，中國四千年前的先民就已有信仰。魯迅的問題是，如果這些東西統統被貶斥為「迷」，那麼將那些「物」作為「正信」又將

27　魯迅：〈破惡聲論〉，《魯迅全集》第 8 卷，北京：人民文學出版社，2005 年，第 29 頁。
28　同上，第 30 頁。

怎樣。在稍前寫就的《摩羅詩力說》中，魯迅已有相近的看法：「古民神思，接天然之閟宮，冥契萬有，與之靈會，道其能道，爰為詩歌。」[29] 在此文中，魯迅還大力紹介具有反抗精神的浪漫主義詩人拜倫、雪萊、普希金、密茨凱維支、裴多菲等，這些詩人被其稱為「新神思宗」，與之相對的「老神思宗」則是魯迅所說的古代先民，他們之間是緊密相關的。汪暉深刻地揭示出這一點，他認為「魯迅對浪漫主義詩人的討論跟他對迷信宗教的討論是一物之兩面。」[30] 從對宗教和迷信問題的討論中，魯迅發出了那句著名論說：「偽士當去，迷信可存，今日之急也。」在這句話中，「偽士」所指即為晚清以來那些隨波逐流而沒有「正信」卻要在社會上破除被廣大民眾信仰的宗教和迷信的啟蒙者。因此，從這個意義上來說，魯迅是他所處那個時代中的一個反啟蒙的啟蒙者。直到 1924 年正當「科學與人生觀」的論戰還在進行之時，魯迅在西安講學時仍然認為「詩歌起於勞動和宗教」。在「起於宗教」方面他解釋說：「因為原始民族對於神明，漸因畏懼而生敬仰，於是歌頌其威靈，讚歎其功烈，也就成了詩歌的起源。」[31] 魯迅的這種看法與他 1908 年在〈破惡聲論〉中對宗教的認識一以貫之。儘管作為一位現代中國的啟蒙者，但從對宗教、迷信和鬼神世界的理解和書寫裡面，顯示出魯迅對啟蒙局限性的深刻認知。

29　魯迅：〈摩羅詩力說〉，《魯迅全集》第 1 卷，北京：人民文學出版社，2005 年，第 65 頁。

30　汪暉：《聲之善惡：魯迅〈破惡聲論〉〈吶喊‧自序〉講稿》，北京：三聯書店，2013 年，第 75 頁。

31　魯迅：〈中國小說的歷史的變遷〉，《魯迅全集》第 9 卷，北京：人民文學出版社，2005 年，第 312 頁。

魯迅在晚清時期已然觸及科學、進步和啟蒙話語無法真正理解和解釋底層民眾內心信仰的問題。除上述論述外，魯迅還在諸如〈祝福〉、〈無常〉、〈女吊〉、〈五猖會〉等作品中針對宗教和迷信等問題提供出不同於一般啟蒙話語的思考。[32]

　　魯迅的宗教觀無疑受到章太炎的影響，但又與後者存在差別。1906年7月15日，因「《蘇報》案」被監禁三年後出獄的章太炎在日本東京的留學生歡迎會上發表演說時呼籲「用宗教發起信心，增進國民的道德」、「用國粹激動種性，增進愛國的熱腸」。[33] 章太炎在此所說的「宗教」主要指的是佛教，尤其是佛教中的華嚴和法相二宗。他認為這二宗相比於佛教的其他宗派以及其他宗教更能夠在人的道德與情感方面有積極的塑造作用，即「以勇猛無畏治怯懦心，以頭陀淨行治浮華心，以惟我獨尊治猥賤心，以力戒誑語治詐偽心」。[34] 其不僅在重塑國民道德和情感方面具有重要作用，同時也能在排滿革命的進程中發揮力量。章太炎在這一時期對宗教的重視，具有很強的現世目的。不過在此過程中，其對宗教的談論具有明確的選擇性。在宣揚佛教部分宗派的同時，他也對其他宗教有所貶抑，比如他對伊斯蘭和穆斯林的理解和表述充滿偏見和誤解，這在他1898年所寫〈回教盛衰論〉一文中體現得較為明

32　相關研究見[美]劉禾、孟慶澍：〈魯迅生命觀中的科學與宗教——從《造人術》到《祝福》的思想軌跡〉，《魯迅研究月刊》2011年第3、4期；袁先欣：〈民眾的文藝如何可能——魯迅與民間文學關係重探〉，《中國現代文學研究叢刊》2023年第4期。

33　章太炎：〈東京留學生歡迎會演說辭〉，《民報》第6號，1906年7月25日。

34　太炎：〈答夢庵〉，《民報》第21號，1908年6月10日。

顯。[35]

從人群現世意義的角度來積極看到宗教之價值的並不僅僅只有章太炎。在更早的1902年，梁啟超也強調宗教在「治事」與「道德」層面具有重要意義。他認為：「言窮理則宗教家不如哲學家，言治事則哲學家不如宗教家。」又說：「摧壞宗教之迷信可也，摧壞宗教之道德不可也。道德者天下之公，而非一教門之所能專有也。」[36] 在此，梁啟超已經將宗教迷信和宗教道德進行了細緻地區分，前者在科學的發展進程中將會失去效力，而後者卻是「天下之公」，具有積極而持續的社會意義。

與魯迅發表〈破惡聲論〉同年，時在日本留學的三十六位回民學生在前一年成立「留東清真教育會」的基礎上，印刷發行了現代中國伊斯蘭第一份專門刊物《醒回篇》。有關這段歷史的具體經過後文會詳細論述，在此僅提及一點，即《醒回篇》與《河南》《民報》等同是在位於當時東京市神田區中猿樂町四番地的秀光社所印刷。發表魯迅〈破惡聲論〉的《河南》雜誌第8期是在1908年12月5日發行，而《醒回篇》第1號則是在當年12月28日發行，相隔僅23天。由此空間和時間的共同座標來看，中國回民留日學生與章太炎、魯迅等人都是處在同樣的歷史和思想現場當中進行言說。儘管目前尚不清楚回民留日學生是否讀過稍早發表的魯迅的〈破惡聲論〉，但前者對於宗教問題的理解卻與魯迅等人在態度上形成了同一

---

35 見章太炎：〈回教盛衰論〉，《章太炎全集・太炎文錄補編》上冊，上海：上海人民出版社，2017年，第74-76頁。

36 梁啟超：〈宗教家與哲學家之長短得失〉，《梁啟超全集》第4集，湯志鈞、湯仁澤編，北京：中國人民大學出版社，2018年，第30頁。

性。時在日本法政大學留學的雲南回民學生保廷樑在《醒回篇》上發表的〈宗教改良論〉一文也從人類社會本位的角度來談宗教的起源及其現世功能：

> 宗教者何？古之聖人以維持世道人心，而與人樹一行為之標準也。蓋天之生斯人也，與禽獸異者幾希，以其有是心耳。使其心無所以為範圍，則軼驟犇馳，邪僻放肆，世界擾攘，無復秩序，雖儼然而人類也，其與禽獸奚擇哉。是以一有聰明過人者出乎其間，則思所以進人人而教之，使其心有所託，不致馳騖飛揚，以越乎動作云為於信仰之外。此崇拜日月星辰風雨水火，及諸動物偶像之教所由興也。[37]

事實上，梁啟超、章太炎、魯迅、保廷樑等人的觀點代表了中國知識分子對宗教的獨特認知，他們並非如歐洲啟蒙運動那樣將宗教（神聖）與世俗進行二元化的對立處理，而是揭櫫宗教在人類現世生活中廣泛和深度的介入性，以及在人類情感、精神、思想、道德、倫理世界中的深刻參與。與那些盲目反宗教的啟蒙者相比，他們的思想遺產更需認真對待和思考。今天，我們如果要對宗教問題有全面、深刻和有力的解釋，勢必要走出歐洲啟蒙運動以來西方現代知識給我們設定的認知框架，從更為辯證的、歷史的和反思的視野進入問題的深層核心。對於伊斯蘭問題的認知，更需如此。塔拉爾・阿薩德

---

[37] 保廷樑：〈宗教改良論〉，《醒回篇》第 1 號，戊申年十二月六日（1908 年 12 月 28 日），第 31-32 頁。

（Talal Asad）通過歷史性地追溯「宗教」的思想譜系，已然昭示出我們頭腦中有關「宗教」認知的方法和框架是如何通過不平等的權力運作被西方中心主義的知識所歷史地鑄就。[38] 因而，我們不僅要重新理解各類具體宗教的歷史和現實問題，同時更要對「宗教」的既定知識、話語和思考的前提予以重識。宗教不僅是一套信仰系統，同時也跟人類社會的空間、話語、情感、實踐、文化、身體等命題緊密相關。這是本書從文藝實踐入手來討論伊斯蘭表述問題的緣由之一，因文藝本身即包含或呈現著上述諸多豐富面向。

因而，只有打破不平等或宰製的權力結構和話語體制，破除喧囂於學術、媒介和社會生活中的新舊「惡聲」，從批判和反思的自我主體出發，才能重建我們與研究對象之間多重、平等和具有活力的對話關係，而新知識、新文化和新世界才可能由此誕生。汪暉在重思作為思想對象的20世紀中國時指出，思想主體與思想對象之間重建一種能動和內在的對話關係的重要性。這段表述也可適用於我們在看待和研究伊斯蘭的過程中：

> 思想總是在對話中形成的，從而思想的對象不是僵死的客觀性，而是具有能動性和內在視野的對話者。因此，所謂將20世紀建構為思想的對象，首先意味著將20世紀中國從對象的位置上解放出來，即不再只是將這一時代作為當代價值觀和意識形態的注釋和附庸，而是通過對象的解

---

38 見 Talal Asad, *Genealogies of Religion: Discipline and Reasons of Power in Christianity and Islam*, Baltimore and London: Johns Hopkins University Press, 1993.

放，重建我們與 20 世紀中國的對話關係。在這種對話關係中，20 世紀中國不僅是我們研究的對象，同時也是我們審視自身、審視歷史和未來的視野，即一種不能自居於審判者的位置隨意處置的對象，而是一個我們必須通過與其對話、辯駁、自我反思而重建自我認知的主體。換句話說，只有我們將自己從審判者的位置上解放出來，對象才能獲得解放。[39]

因而，只有我們將自身解放，那個被遮蔽的伊斯蘭才能獲得解放，才能作為思想對話的對象被我們重新發現。思想的解放即意味著視野的更新和拓展，也會帶來方法的啟迪，其結果便是讓我嘗試走出已有的高度專業化的學術研究框架，衝破學科和知識的壁壘，將「伊斯蘭表述」作為問題的切入口，以文藝兼及文藝本身深刻勾連的思想和歷史作為視野，用綜合和流動的眼光，重新考察和理解現代中國伊斯蘭表述的歷史經過及其複雜面向，並試圖呈現各種表述間的鬥爭及其背後各自的思想歷史脈絡。

本書運用「文藝」此一概念，一方面因它本身具有高度的歷史性，內含特定歷史時期中國文化政治的特性，為尊重和保持歷史表述的本來面貌，因而在本書中被繼續沿用；另一方面，本書在具體研究過程中以目前所理解的一般文學為主要考察領域，但又並不局限於此，我也會將研究觸角努力伸向諸如遊記、日記、講演錄、回憶錄等文學邊緣以及歌謠、舞台表

---

[39] 汪暉：《世紀的誕生：中國革命與政治的邏輯》，北京：三聯書店，2020 年，第 4 頁。

演、美術等文學之外的畛域，因而「文藝」概念的寬泛性正好能與本書的研究範圍契合。此外，還有一點需要說明。本書使用「現代中國文藝」的說法，而非「中國現代文藝」，意在強調本書的研究對象為發生在現代中國的所有文藝作品、問題、現象和事件等，而不再特別強調文藝從形式到內容的「現代性」。因而，諸如由現代中國文人撰寫的舊體詩詞也在本書的關注範圍內。儘管如此，這並不代表本書對中國社會與文藝在現代時期（20世紀前半葉）發生的歷史轉變不再敏感，恰恰相反，本書會特別關注包括新文化運動在內的中國社會各種變革浪潮與國內各地穆斯林之間的互動和影響。

在以往中國伊斯蘭學術研究領域，宗教史或民族史是較為常見的方法，文藝歷來較少受研究者的關注和涉及，因而屬於邊緣視角；與此同時，在一般的中國現代文學研究領域，有關伊斯蘭及各族穆斯林題材的表述和書寫同樣是鮮有人涉足的學術問題，因而同處邊緣地帶。以本書將會重點討論的由老舍和宋之的在1940年共同創作的回民抗戰題材話劇《國家至上》為例，這部作品在以往的中國伊斯蘭教史、回族史研究中很少被關注，更不被以作家民族身分界定的回族文學研究涉及，同時在一般的中國現代文學、抗戰文學乃至老舍研究中也是較為邊緣的文本。這種現像是被規制化的學科本身的局限性所造成。本書以「現代中國文藝與伊斯蘭表述」為研究課題，意在超克既有的學術研究格局，從「雙重邊緣」的位置出發，探究此一長期以來被人忽略卻又值得深究的學術問題，以此嘗試探索一條重新理解現代中國文藝以及伊斯蘭問題的嶄新路徑。因而，本書既非一部中國現代伊斯蘭教文學史，也非一部中國現代穆斯林或回族文學史，而是以跨學科、跨族群、跨宗教、跨

區域為方法對現代中國文藝實踐中有關伊斯蘭表述的考察、追問和重識,並借此試圖探究現代中國與伊斯蘭的文藝和思想關係及塑造此種關係的社會歷史根源,從這樣一個略顯「冷僻」或「另類」的視角出發,重新認識並講述現代中國的形塑進程及其對現世和未來的可能性。

本書並非是為某個具體的思想對象辯護,更準確地來說,是對我們與作為思想對象的伊斯蘭之間經由西方和本土的文化霸權歷史性造成的僵化關係和狹隘視野,提出質疑並嘗試突破。我將研究視野主要置於中國社會,一方面跟我作為中國人的切身經驗和問題意識有關,另一方面也是希望借此走出「西方-伊斯蘭」二元的認知框架,重申伊斯蘭跨區域、跨語言、跨族群和跨文明的屬性以及理解其視角的多樣性,其與世界之間存在多重關係,強調從西方認知伊斯蘭只是一種視角,還存在從其他多種社會文化來理解和敘述伊斯蘭的路徑,中國即是其中之一。儘管西方之外其他社會文化視角裡經由歷史原因或多或少也投射著西方的影子,但他們還是跟西方的伊斯蘭認知和表述不同,具有自身獨特的歷史經驗。同時,我將考察時段聚焦於中國社會發生重大轉型且現代中華民族和中國國家形態逐漸成型的 20 世紀前半葉,一方面是力圖突破中國伊斯蘭學術研究注重古典時期,而現代時段略顯薄弱的既有格局;另一方面也是嘗試追溯、解釋、反思以及回應作為其時間縱向「後身」的當代中國社會有關伊斯蘭的種種表述及問題。

最後,還需討論的是學術研究者的身分問題。現在流行一種弔詭的看法,認為只有那些身處於研究對象之外或與之毫無關聯的研究者才能進行所謂「客觀」和「冷靜」的學術研究,他們的研究成果才是值得信任的。比如,這種看法認為真正的

「中國研究」必須得由非中國人作出,真正的「伊斯蘭研究」得由非伊斯蘭背景的人作出等等。諸如此類的看法背後都隱含著不平等的權力機制,試圖以此將知識、學術和話語據為私有財產,彷彿「我們」無法表述自己因而只能被別人表述。這恰恰正是帝國主義和殖民主義的那套邏輯,他們將文化思想和話語表述壟斷,以此鞏固壓迫與被壓迫的宰製結構並占據霸權的最高位置。這也正是薩義德在其著述中深刻揭示和批判過的。因此,本書認為研究者的身分並非評判其學術研究「客觀」與否的真正依據,但也不否認前者對後者的參與和互動。更準確的看法應為,研究者的身分是理解其學術研究的問題、脈絡、方法等方面的參考性維度之一,也是構成其學術研究特點的因素之一。因而,對於本課題研究者的伊斯蘭文化背景,本書儘管並不據此引以為豪,但同時更不束遮西掩。本書希望追求的學問品格為,以處於具體歷史、文化和政治情境中的自我為方法,或者說將自我予以歷史化審視,帶著自己切身面對的困惑和問題,以盡可能寬闊的視野和思考嘗試解答自我內心(或許同時也是這個世界)面臨的種種困惑和疑問,儘管這其中仍不可避免帶有局限。

第二節　現代中國伊斯蘭的歷史位置與文藝實踐

1937 年 3 月 7 日,即「七七」事變爆發整四個月前,面對日本帝國主義侵略下日益加深的民族和領土主權危機,彼時正致力於在中國的歷史地理、邊疆問題和民族史學等領域進行學術深耕的顧頡剛,在《大公報・星期論文》上發表了〈回教的文化運動〉一文。這是中國國內首次有學者(尤其是非穆斯

林學者）全面而深入地對這場中國穆斯林從清末開始發起的社會文化革新運動進行較為深入的介紹和研究。由此開始，這場主要發生在中國穆斯林人群中間的運動，也逐漸被伊斯蘭教外社會人群關注和了解。這場運動在當代中國的學術界一般被稱為「中國穆斯林新文化運動」、「回族新文化運動」或「伊斯蘭新文化運動」等。在這篇文章中，顧頡剛如此描述中國的「回教」[40]：

> 中國回教因為二百多年來處於特殊的環境之下，對於本教的情形向不求人知道，而教外人因隔膜日久，對於回教也不易發生研究的興趣。但回教在中國已有一千多年的歷史，現在擁有五千萬的信徒（這是任何回教國所未有的數目），加上回教本身具有一種社會組織的特質，以及一般信徒的極忠誠的宗教信仰，使得回教的各種動態不僅成為教的本身事情，而處處和我們的社會生活及國家運命發生了密切關係。[41]

這段話明確顯示出顧氏對因歷史原因造成的伊斯蘭與中國社會之間的「隔膜」關係表示不滿。尤其是在日本帝國主義對中國進行侵略和分裂的時勢背景下，顧氏認為伊斯蘭與中國社會間的舊有關係亟需重塑。他積極宣揚伊斯蘭和各族穆斯林人

---

40 「回教」即民國時期中國社會對伊斯蘭教的普遍稱謂。為使行文統一，本書在論述時一律使用現在中國大陸通行的「伊斯蘭」的稱謂，但在涉及具體歷史文本和場景時則會繼續沿用「回教」稱法。

41 顧頡剛：〈回教的文化運動〉，《大公報・星期論文》，1937年3月7日，第2版。

群能夠被中國社會有更深入的了解和認識，進而使之更深程度地參與國家救亡與建設事業，並在其中發揮應有的重要力量。顧氏對清末開始的中國「回教的文化運動」之紹介就處在這種思想脈絡之下。他在文章中坦言：「回教徒與非回教徒間的隔膜必須竭力打開。現在回教中的開明人士已大變從前的態度，可惜非回教徒中有此認識的還嫌太少。所以我不敢自避淺陋，願意稍微做些介紹溝通的工作。」[42]

這篇文章稍後又被顧氏轉載於當年 4 月 16 日出版的《禹貢》半月刊第 7 卷第 4 期「回教專號」上。並且，在此之後，它還被中國穆斯林多次轉載刊發於諸如《月華》《晨熹》《中國回教青年學會學報》等中國伊斯蘭的主要報刊之上，因而在中國穆斯林中間得到廣泛傳閱和討論，產生了很大影響。甚至，當時北平成達師範學校的回民青年學生金德寶，還將此文迅速翻譯成阿拉伯文，在當年 4 月至 5 月期間，分三次連載於該校刊物《成師校刊》上。[43] 這無疑使該文在中國穆斯林中間的傳播變得更為廣泛，使當時一部分漢文閱讀水準仍然較低，但卻熟習阿拉伯文的中國穆斯林（主要為中國伊斯蘭教職人員群體）得以讀到。同時，此種翻譯行動也從側面反映出當時中國穆斯林對顧氏此篇文章的重視，以及他們對教外社會主動了解中國伊斯蘭的開放歡迎的態度。

據顧頡剛在此年 3 月 2 日的日記中記錄，此文實際上並非

---

[42] 顧頡剛：〈回教的文化運動〉，《大公報·星期論文》，1937 年 3 月 7 日，第 2 版。

[43] 見《成師校刊》第 4 卷第 1、2 期合刊，1937 年 4 月 10 日；第 4 卷第 3、4、5 期合刊，1937 年 4 月 25 日；第 4 卷第 6、7、8 期合刊，1937 年 5 月 10 日。

他單獨所作,而是他「將壽彝文另作,成〈回教的文化運動〉一文,二千五百言」。[44] 顧氏在此所說的「壽彝」,即指其此前在燕京大學國學研究所授課並指導過的弟子,當時正擔任北平研究院歷史研究所助理研究員和「禹貢學會」編輯的回民青年學者白壽彝。實際上,這篇文章後來確實被收入1992年出版的《白壽彝民族宗教論集》中,該書由白壽彝親自審定並寫「題記」,在〈回教的文化運動〉一文題目下寫明「代顧頡剛先生作」[45]。這裡的「代作」應指的是代其師顧頡剛撰寫該文的初稿,之後顧頡剛又對這篇文章有所增訂,才最終完成。因為文章開頭所說的「我不是回教徒,在民國二十年前不曾注意過回教……」之類的話,不像是作為穆斯林且關注中國伊斯蘭問題的白壽彝所能說出,應為顧頡剛自己的話。既然為合作撰寫,因而這篇文章的內容和主旨肯定暗含著顧、白二人共同的思考。其實,更早在1935年12月3日,這種思考就已在白壽彝寫給顧頡剛的一封信裡有所呈現,他在其中曾表達過對中國伊斯蘭處境的類似觀察:

> 中國有回教如是之久,現擁有教徒如是之眾,而教內人卻又如斯之不求表現,教外人又如斯之不能了解,真是一種極大憾事。就回教本身底發展說,就國內民眾之團結說,都不應該讓這種情形繼續下去。[46]

44　顧頡剛:《顧頡剛日記》第3卷,台北:聯經出版事業公司,2007年,第613頁。

45　白壽彝:《白壽彝民族宗教論集》,北京:北京師範大學出版社,1992年,第77頁。

46　白壽彝:〈致顧頡剛先生〉,《禹貢》第4卷第8期,1935年12月

顧頡剛、白壽彝師生二人在1930年代中後期做出的上述探討和倡導，背後暗含著20世紀前半葉中國伊斯蘭及穆斯林社群在中國所處歷史位置正在發生劇烈轉變。面對日本帝國主義對中國疆域領土和各族人民的侵略和瓦解，尤其在中國東北淪陷後，日本繼而又將侵略視野逐漸延伸至中國的華北（包括內蒙古地區）和西北等地，中國各族知識分子彼時已切身感受到，思考和研究危亡局勢下國內邊疆、宗教和族群問題的緊迫感和重要性。其中，在中國傳衍流變已有一千三百多年的伊斯蘭教，以及世代生息於國內各個地區（尤其是西北、西南邊疆）的各族穆斯林社群，就成為當時知識分子們首要面對的思想對象之一。在繼承清王朝的領土疆域和各族民眾的基礎上，如果想要在現代民族國家體制下，繼續保持並且統合國內各邊疆、各宗教和各族群，就需要創造一種新的共同體的認同意識和政治觀念。顧頡剛在1939年提出「中華民族是一個」的觀點，以及顧、白二人對中國伊斯蘭教及穆斯林社群的思考和探討，正是處在這種歷史情境中。儘管他們論述的某些具體前提和觀點可以重思，但在當時國家危難的時局中，他們將邊疆、民族、宗教問題納入學術思考和研究的首要位置，並且從知識層面宣揚中國各族各教大團結的思想初衷和政治態度卻是完全可以理解的。在他們看來，「回」與中國社會其他宗教和族群間的關係，已經不能再同此前那樣繼續互相陌生和隔膜。正因如此，在〈回教的文化運動〉發表近四個月前，顧頡剛在另一篇文章〈回漢問題和目前應有的工作〉中，曾以白壽彝給他來信中的相似口吻針對回漢關係大聲疾呼：「同是中國國

16日，第59頁。

民,竟像是屬於兩個毫不相干或竟是互不相容的團體,這是怎樣痛心的事情!……在百廢待興而且邊防日緊的今日,這種現象決不該長此放任下去的。我們亟應尋覓解決這個問題的正當途徑」[47]。顧、白二人都認為「中華民族的復興,回教徒應有沉重的擔負」,而這種擔負的前提,就是「必先使非回教徒儘量知道回教中的一切,才能激起彼此的同情心,造成合作的大事業」。[48] 顯然,在他們看來,回漢間增進相互之間的了解是實現兩者團結和合作的重要途徑,只有這樣才能使中國伊斯蘭和穆斯林民眾真正與中國社會和國家命運發生直接而緊密的關聯。在顧頡剛的語境中,這種了解尤指「漢」對「回」的了解,他認為「回漢間的隔膜,其問題不在於回人對於漢人文化的不了解,而在於漢人對於回人文化的不了解,同時也在於回人對於自己過去的回教文化的了解過於不普遍」。[49]

顯然,文化的重要性被突顯出來,對「回教文化」的研究和普及成為回漢增進了解和團結的前提。顧、白二人對於近現代中國穆斯林新文化運動的介紹和研究,以及顧氏分別於1936年和1937年在自己主編的《禹貢》雜誌舉辦「回教與回族專號」和「回教專號」,都是從這一思想路徑出發而付諸的實際行動。與〈回教的文化運動〉一文發表幾乎同時,白壽彝在《申報》的「星期論壇」上也發表了〈論設立回教文化研究

47　顧頡剛:〈回漢問題和目前應有的工作〉,《獨立評論》第227號,1936年11月15日,第8-9頁。
48　顧頡剛:〈回教的文化運動〉,《大公報・星期論文》,1937年3月7日,第2版。
49　顧頡剛:〈回漢問題和目前應有的工作〉,《獨立評論》第227號,1936年11月15日,第11頁。

機關之需要〉,從更具體的層面談論開展「回教文化」學術研究的意義、內容和舉措。他在此文開篇所說的一段話,對於今天中國的伊斯蘭學術研究仍具有深刻和積極的啟發:

> 我國因文化事業一般地落後,一切學術研究都讓人家捷足先登。我國回教徒雖達五千萬的數目,但向來沒有一個回教文化的研究機關,作集中研究的工作。以致弄得關於中國回教的知識,也還得看歐美人底研究報告,看歐美人底旅行筆記。在以前,大家胡糊塗塗地過日子,覺得這不過在學術上說,我們臉上無光而已,也還沒有甚麼嚴重的關係。到現在,事實上的教訓非常嚴厲,使我們覺得一個回教文化機關底設立,不只對於純粹學術有許多好處,並且對於邊疆問題和國內種族問題底解決,也為必不可少的研究機關。[50]

根據白壽彝的以上表述可以清楚發現,其在全面抗日戰爭前後對「回教文化」研究的倡導,一方面是從學術思想層面抵抗日本帝國主義對中國邊疆、民族的侵略與分化,倡導合理合法合情地解決國內民族宗教問題,更好促進中華民族的大團結;另一方面也含有超克和反思西方關於伊斯蘭的知識體系以

---

[50] 白壽彝:〈論設立回教文化研究機關之需要〉,《申報・星期論壇》,1937年2月28日,第6版。此文發表後又被轉載於《回教青年月報》第1卷第12、13期合刊和《禹貢》第7卷第4期「回教專號」等報刊。但不知何故未見收錄於1992年北京師範大學出版社出版的《白壽彝民族宗教論集》和2008年河南大學出版社出版的《白壽彝文集》。

建設具有中國經驗、中國品格、中國氣派的伊斯蘭知識體系的苦心和志向。這兩個方面對於加強和改善今天中國伊斯蘭學術知識體系的建設也並不過時，仍具較高的現實參考價值。

事實上，顧頡剛、白壽彝師生的聲音並不孤單。當時很多中國伊斯蘭教內外各族知識分子都已清楚認識到，在中國的社會變革、抵禦侵略、重建國家的歷史進程中，中國伊斯蘭及各族穆斯林民眾應能積極參與其中並發揮不可替代的重要力量。與此伴隨的是對「回教文化」研究和宣揚的重視，並以極高的歷史眼光將之與整個國家和人類未來的前途命運聯繫起來看待。例如，許崇灝在其所編《伊斯蘭教志略》之「緒言」中，曾有如下表述：

> 為融洽民族感情計，為發揚回教文化計，亟應改變過去態度，對回教文化作懇切真誠之研究，並廣為宣揚，以提高國民之認識。非特有益於國家，有益於回教，且對於世界文化與人類前途亦大有裨益也。[51]

在 20 世紀前半葉的歷史階段，中國仍處於毛澤東所描述的半殖民地半封建社會，在內外各種危機和政治力量交織中，在縱向和橫向的時空關係共同塑造下，促使中國在政治形態、經濟方式、文化樣貌、邊疆空間、族群和宗教關係等方面發生劇烈革變。在此時勢背景下，伊斯蘭及各族穆斯林民眾與中國社會之間的舊有關係，就尤其需要獲得嶄新的更變、命名和重

---

51 許崇灝：《伊斯蘭教志略》，重慶：商務印書館，1944 年，「緒言」第 1 頁。

塑。在此進程中,不僅「回教文化」研究被提出並獲得豐富開展,同時,伊斯蘭在中國文藝領域中的表述也出現新內容、新形式、新特徵和新氣象。各類文藝實踐不僅反映出伊斯蘭在中國社會中歷史位置的的變化,同時也在其中充當宣傳、推進、深化和動員的重要角色。從多重新文化運動脈絡下中國穆斯林通過文學進行的自我表述,到1931至1945年抗戰時期中國各族知識分子對於中國伊斯蘭及穆斯林民眾的文藝實踐,再到20世紀前半葉中國回民在印度洋-伊斯蘭世界的遊記書寫,都灼灼呈現此時期中國文藝中伊斯蘭表述的豐富面貌,以及中國伊斯蘭和穆斯林社會文化變革進程的深刻和複雜,更展露出中國與亞非各國在反帝反殖、文明互鑒和現代轉型等方面的交流與學習。

不論在伊斯蘭入傳中國並在地化發展的漫長歷史中,還是在中國文藝的伊斯蘭表述史上,20世紀前半葉都是一段不同以往的獨特和重要時期。然而,如果想要對其獨特性和重要性有更為深刻的理解和把握,就需要對伊斯蘭的創興及在中國流變傳衍的整個歷史進程有所考察和認知。事實上,只有在此基礎上,如顧頡剛、白壽彝、許崇灝等各族知識分子在現代中國對伊斯蘭的思考、探討及表述,才可能得到更為深入的理解,其價值和意義也才可能獲得更為深遠的彰顯。

西元610年(隋煬帝大業六年),當時的阿拉伯半島正處於政治腐朽混亂、部落鬥爭頻仍、經濟貿易衰敗、階級矛盾尖銳、多神拜物教盛行、外部入侵頻繁等危機深重的社會環境中。其時,半島西部麥加城古萊什部落人穆罕默德(مُحَمَّد,西曆約570-632年,中國古籍稱之為「摩訶末」、「馬哈麻」、「謨罕驀德」等,下文統稱「穆聖」)有感於此種社會現實,

在深受半島及周邊如猶太、基督和本土「哈尼夫」一神思想影響的基礎上，創興了伊斯蘭教。[52] 正如1941年在延安出版的《回回民族問題》指出：「穆漢默德曾目睹和身受那時阿剌伯社會剝削嚴重，貧富懸殊，商業高利貸的橫行，猶太人的壓迫，阿剌伯內部種族的對立，各種宗教僧侶的剝削以及人民的被愚弄，奴隸的黑暗生活，⋯⋯使他深印一種對社會的不滿，生長為反抗與推翻舊的統治與舊的秩序的志願」。[53] 正是這種對當時阿拉伯半島社會狀況的不滿和改造理想，促使穆聖創興伊斯蘭教，並進而對整個阿拉伯社會予以深刻革命。宛耀賓說：「伊斯蘭教的興起，正是阿拉伯半島各部落要求改變社會經濟狀況和實現政治統一的願望在意識形態上的反映。穆罕默德正是順應了歷史發展的需要，開始了伊斯蘭教的傳播活動，在宗教革命的旗幟下，領導了阿拉伯的社會革命運動，統一了阿拉伯半島。」[54]

「伊斯蘭」（الإسلام）系阿拉伯語音譯詞，中國穆斯林也稱之為「伊斯倆目」，在阿拉伯語中的原意為「順從」、「和平」，指順從和信仰宇宙獨一的最高主宰安拉（ٱللَّٰه，在中國

---

52 有關穆聖生平及創興伊斯蘭教的歷史經過，見 [埃及] 穆罕默德・侯賽因・海卡爾：《穆罕默德生平》，王永方、趙桂雲譯，北京：新華出版社，1986年；中國伊斯蘭百科全書編輯委員會編：《中國伊斯蘭百科全書》，成都：四川出版集團、四川辭書出版社，2007年，「穆罕默德」條目。

53 民族問題研究會編：《回回民族問題》，北京：民族出版社，1958年，第47頁。

54 宛耀賓：〈伊斯蘭教〉，中國伊斯蘭百科全書編輯委員會編：《中國伊斯蘭百科全書》，成都：四川出版集團、四川辭書出版社，2007年，第11頁。

也被稱為「真主」、「真宰」等）及其「道」，以求得兩世的和平與安寧。信奉伊斯蘭教的人統稱為「穆斯林」(مُسلم，中國西北等地的回民有時也自稱為「穆民」)，指順從安拉意志者、實現和平者。[55]

從西曆610年開始，穆聖興教分麥加時期（西曆610-622年）和麥地那時期（西曆622-632年）。在麥加時期，穆聖主張認主獨一，反對多神信仰和偶像崇拜；強調凡穆斯林，不分貧富貴賤，人人平等；宣揚停止部落和氏族間的爭鬥和仇殺；還提出限制高利貸、賑濟貧困者、善待孤兒、優待和釋放奴隸等主張。在麥地那時期，穆聖進行了一系列宗教改革和社會改革，建立了宗教和社會各項制度，既完成宣教使命，又在政治上統一了阿拉伯社會，創建世界首個伊斯蘭教國家政權。此外，穆聖在此期間創建了伊斯蘭教教義、教制體系，確立信仰、法律、禮儀、道德、軍事、社會生活等各項準則和規範。[56]在整個興教期間，經與貴族階級、保守勢力、宗教特權階層（多神拜物教）等反對勢力的艱苦鬥爭，同時受廣大中下層民眾對其宗教教義和社會革命思想的歸信和擁護，直至穆聖歸真時，伊斯蘭教已在阿拉伯半島得到廣泛流傳，確立了其主導性地位。伊斯蘭除了是一種宗教信仰體系之外，同時還是一種社會制度、法律體系、文化形態、生活方式、社會組織力量等等。正因如此，穆聖除了宗教創興者的身分外，同時他還普

---

55 見宛耀賓：〈伊斯蘭教〉，中國伊斯蘭百科全書編輯委員會編：《中國伊斯蘭百科全書》，成都：四川出版集團、四川辭書出版社，2007年，第9頁。
56 中國伊斯蘭百科全書編輯委員會編：《中國伊斯蘭百科全書》，成都：四川出版集團、四川辭書出版社，2007年，第389-392頁。

遍被認為是一位思想家、政治家和社會革命家等。

伊斯蘭及穆聖此種所謂「聖」、「俗」結合的特徵，乃由特定社會歷史條件所產生，無法以其他社會歷史條件下誕生的如佛教、基督教等宗教來進行簡單比較。一個流行的說法認為，穆斯林國家之所以普遍「落後」，是由於沒有發生如西方基督教那樣的宗教改革。這實際上將兩個處於不同社會歷史環境中的宗教簡單並置比較，毫無比較性可言，是一種典型的西方中心主義的觀點，以西方之鏡來照伊斯蘭，看到的只是問題之表面，而非問題的實質。而且，此說將穆斯林國家「落後」的原因歸結在宗教層面，實乃一種非歷史主義和唯心主義的思考方式，忽視近現代以來穆斯林國家在政治、經濟和文化等方面遭受西方帝國主義的殖民侵略和剝削壓迫的歷史，因而對於問題的理解也總會陷於淺薄和偏頗，給不出較為深刻和信服的解釋。

因伊斯蘭在創興時就帶有濃厚的政治性，所以另外一個流傳頗廣的謠言認為穆聖興教以及早期阿拉伯帝國擴張是「一手執經，一手執劍」。從穆聖興教來看，伊斯蘭經典《古蘭經》乃是在穆聖歸真後才由其後繼者整理彙編而成，因而，穆聖「一手執經」之說根本不符合基本的歷史常識。而穆聖「一手執劍」是面對各種反對勢力的軍事進攻而被迫採取的抵抗自衛行動，並非主動用武力刻意傳教。而有關早期阿拉伯帝國擴張是否「一手執經，一手執劍」的問題，蔡源林曾有精深的研究。他指出：「阿拉伯穆斯林『一手拿劍』擴張伊斯蘭的政治疆域固然是事實，但在同時並未『一手拿經』，強迫納入伊斯蘭政權的非穆斯林臣民改宗。事實上，根本沒有歷史文獻證

明在四大正統哈里發及烏瑪雅朝時代有強迫改宗的政策。」[57]
此謠言的出現實乃西方殖民主義者對伊斯蘭「東方主義」表述的結果，經西方歷史學家和宗教史家的不斷複述，又被中國人接受，在現代中國社會流毒甚深，一直到新中國成立初期仍在淆惑大眾，馬堅為此曾在1951年1月19日的《光明日報》發表〈穆罕默德的寶劍〉一文從學術層面予以辨正。[58] 該文隨即被《人民日報》、《雲南日報》等報紙轉載、被新華社播發，產生很大影響，據說還曾得到毛澤東的肯定。事實上，早在1929年於清華大學所作題為「什麼是回教」的講演中，現代中國著名作家、宗教史家許地山就已指明：「曆代西方宗教史家，都誣賴回教是『一手拿刀，一手拿可蘭』的宗教，但事實上並不如此。我曾到過阿拉伯，覺得回教的產生，實在是阿拉伯民族的一種需要。」[59] 1934年，現代中國兩位著名阿訇達浦生、哈德成在為「中西電台」撰寫的播音稿中也指出，此謠言在中國的廣泛流傳是當時中國人毫無批判地接受西方人所寫世界歷史和地理著作的結果。[60] 他們那時就已對西方殖民主義和帝國主義歷史背景下生產的學術、知識和話語有所警醒。

57　蔡源林：《伊斯蘭、現代性與後殖民》，台北：台灣大學出版中心，2011年，第62頁。

58　見馬堅：〈穆罕默德的寶劍〉，《光明日報》，1951年1月19日；馬堅：《馬堅著譯文集》第5卷，北京：商務印書館，2019年，第7-12頁。

59　許地山：〈什麼是回教〉，《清華週刊》第32卷第2期，1929年10月25日，第19頁。

60　見達浦生、哈德成：《播音》，北平：成達師範出版部，1934年，第40-57頁。該文獻全本收錄於王建平主編、金宏偉副主編：《中國伊斯蘭教典籍選三編》第二冊，上海：上海古籍出版社，2021年。

埃及著名作家、學者、政治家穆罕默德・侯賽因・海卡爾也認為：「西方殖民主義者們支持了對伊斯蘭教、對穆罕默德的誹謗運動。」[61] 本書後文也會以嚴辰（厂民）1938年發表於《抗戰文藝》上的〈揮起正義的利劍——給西北的回教同胞〉和牛漢（谷風）1941年發表於《現代評壇》上的《西中國的長劍》兩首詩為例，討論此謠言在抗戰時期中國文藝實踐中產生的影響，其間也會將如楊人楩編寫的《高中外國史》等當時國內中學歷史教科書中有關伊斯蘭和穆聖的表述納入進來討論。事實上，諸如此類對穆聖興教、伊斯蘭流傳和各族穆斯林生活習俗的誤解和謠言在現代中國比比皆是，這就使得今天對伊斯蘭的重識和重述變得更為迫切和重要。

在後穆聖時代，經各個歷史時期的商貿往來、人口遷流、文化交流、傳教等活動，伊斯蘭逐漸走出阿拉伯半島，橫跨亞、非、歐三洲乃至全球，成為一個跨越疆域、族群、語言、膚色、國界和文明的世界宗教。在此進程中，其在全球不同地方以各種方式不斷被重新解釋、轉化、再造和徵用，呈現並發揮著紛繁多元和各具特徵的歷史樣貌和現實影響。

如果我們跳出對伊斯蘭教及其在全球各地傳衍歷程的教條化理解，那麼就會發現，其並非從中心到邊緣、從「正統」到「非正統」地進行單向散播。世界不同地區和國家的穆斯林也不是被動地完全放棄原有的本土文化和當地傳統，而徹底地「伊斯蘭化」。恰恰相反，在此過程中充滿多重、複雜的對流和相互創造的關係。伊斯蘭教在世界範圍內的流傳，既不是單

---

61 ［埃及］穆罕默德・侯賽因・海卡爾：《穆罕默德生平》，王永方、趙桂雲譯，北京：新華出版社，1986年，第27頁。

向的征服性傳播，同時也不能被理解為外來宗教和本土傳統兩個靜態實體的生硬捏合，而是一種創造性的在地化進程。其產生的結果不是簡單的拼接體，而是一種富有獨特性和生命力的嶄新構造。正如美國學者約翰・沃爾（John O. Voll）在反思人們以往對伊斯蘭教及其流傳過程的教條化理解時所提醒的：「皈依的過程是動態的，新舊兩種因素相互作用，形成一種共同的遺產，而不是對某種已存在的靜態實體的重新確認。不能把這個創造性適應過程簡單理解為一個文化『借鑒』過程，認為只是形成了一種不同文化元素的綜合體。相反，在這個過程中出現的綜合體，會創造一種新的共同遺產。」[62] 張宗奇認為不同文化間的融匯是「不同的文化通過接觸、衝突、調和、適應，在相互吸收、融化而趨於一體化的過程」，而其所產生的結果是「一種新的文化」。[63] 這在伊斯蘭教入傳中國及在各個歷史時期的在地化發展進程中表現得尤為明顯。中國伊斯蘭文化，不僅是兩大文明體系（即中國文明與阿拉伯 - 波斯 - 伊斯蘭文明）「在中國社會、歷史和文化的大環境中相整合而產生的一種全新的文化，她是中國傳統文化中有機的、不可分割的一個部分；同時她又是中國人民，特別是中國穆斯林各族人民對世界文化的又一個貢獻」。[64]

伊斯蘭自唐高宗永徽二年[65]（西曆 651 年、伊斯蘭曆第 30

---

62 [美] 約翰・沃爾：〈伊斯蘭教、中國與印度洋：歷史聯繫與世界史背景〉，劉波譯，《史學集刊》2018 年第 2 期，第 36 頁。

63 張宗奇：《伊斯蘭文化與中國本土文化的整合》，北京：東方出版社，2006 年，「導論」第 4 頁。

64 同上，「導論」第 17 頁。

65 關於伊斯蘭教入傳中國的確切時間，史學界一直存在多種說法，但基

年至 31 年 [66]）入傳中土，至今已有一千三百多年歷史。經唐宋時期的商貿往來和軍事援派、元朝大規模人口遷流、明朝至清初更進一步本土化或中國化，以及在清朝中後期加入對於封建統治和民族壓迫政策的全國性反抗鬥爭行列，伊斯蘭及各族穆斯林人群，已經成為中國社會內部一個不可分離的重要組成部分。

自伊斯蘭教流傳入中國地域以來，中國歷史上對伊斯蘭教的稱謂十分豐繁，據馮今源考證，大致按在歷代漢文典籍中記載的時間先後為序，主要包括如下十七種：「大食法」、「大食教度」、「回回教門」、「胡教」、「回回教」、「清真教」、「清教」、「清淨教」、「淨教」、「無相教」、「聖教」、「真教」、「天方教」、「西域教」、「正教」、「開天古教」、「回教」等。[67] 新中國成立之後的 1956 年 6 月 2 日，國務院發布〈國務院關於伊斯蘭教名稱問題的通知〉並從發布之日起開始實施，其中認為：「伊斯蘭教是一種國際性的宗教，伊斯蘭教這個名稱也是國際間通用的名稱。」因此明確

本上以陳垣 1927 年 3 月 5 日在北京大學研究所國學門所做講演〈回回教入中國史略〉中最早主張的「唐永徽二年」作為有史可稽的標誌性時間開端。陳垣的立說依據來自《舊唐書》《冊府元龜》等史籍有關此年大食最早遣使來唐朝貢的記載，此處的「大食」即指伊斯蘭教創興後正處於正統四大哈里發時期的阿拉伯 - 伊斯蘭帝國。此後，陳垣此說逐漸被學界普遍接受。見陳垣：〈回回教入中國史略〉，《東方雜誌》第 25 卷第 1 號，1928 年 1 月 10 日，第 116 頁。

66 此處對應的伊斯蘭曆年份採用陳垣的考算。見陳垣：〈回回教入中國史略〉，《東方雜誌》第 25 卷第 1 號，1928 年 1 月 10 日，第 116 頁。
67 見馮今源：《中國伊斯蘭教概論》，銀川：寧夏人民出版社，2017 年，第 8-14 頁。

規定：「今後對於伊斯蘭教一律不要使用『回教』這個名稱，應該稱為『伊斯蘭教』。」[68] 自此之後，中國大陸社會開始普遍使用「伊斯蘭教」的稱謂。而台灣、香港、澳門及部分海外漢語社群，直至目前仍沿用「回教」的稱法。

在一千三百多年的演進歷程中，伊斯蘭教及各族穆斯林人群與中國社會之間已經形成水乳交融且命運與共的共同體關係，是構成跨體系社會的中國內部重要的社會體系之一。汪暉指出：「跨體系社會，指的是不同文化、不同族群、不同區域通過交往、傳播和並存而形成的相互融通的社會形態。混居地區的家庭、村莊和城鄉社會常常包含著不同的社會體系（族群的、宗教的、語言的、宗族的等等），以致我們可以說這些體系內在於一個社會、一個村莊、一個家庭甚至一個人。」[69] 毫無疑問，伊斯蘭正是以此種方式和形態內在地融匯於中國社會，已經深度中國化，形成了飽具中國本土特徵的社會文化樣貌。在此過程中，其對中國文明的發展和重塑產生重要作用。不僅孕育出獨特且豐富的中國伊斯蘭文化，同時在科學、技術、天文、醫藥、曆法、建築等領域對中國產生重要且深遠影響。楊懷中曾經將中國伊斯蘭文化的發展歷程以四次高潮來概括[70]，就充分說明這種文明交往的豐富成就。

儘管有如此豐富和瑰麗的交往歷史和文化遺產，但在 20

68　〈國務院關於伊斯蘭教名稱問題的通知〉，《中華人民共和國國務院公報》第 25 期，1956 年，第 605 頁。

69　汪暉：〈民族研究的超民族視角——跨體系社會及中國化問題〉，《西北民族研究》第 1 期，2021 年，第 6 頁。

70　楊懷中：〈中國歷史上伊斯蘭文化的四次高潮〉，《回族研究》第 1 期，1994 年。

世紀前半葉新的時勢條件下,令當時伊斯蘭教內外各族知識分子感到遺憾乃至於不滿的是,中國歷代主流文學／文藝領域(包括在其中享有一定地位的操習漢文的穆斯林文學家)對中國伊斯蘭和各族穆斯林特定物質和精神生活缺乏足夠或應有的文學書寫和文藝實踐。伊斯蘭與中國社會之間,在文學／文藝層面的這種隔膜狀態背後,自是由各個歷史時期內外上下諸種複雜原因所造成。但這種狀況,在20世紀前半葉的知識分子看來,是一直延續到他們所處的那個時代的。1941年6月28日,全面抗戰已經發生近四年,當時在陪都重慶擔任復旦大學教授,並兼任「中華全國文藝界抗敵協會」理事、「中國回教救國協會」常務理事的中國穆斯林文化界的著名人物馬宗融,在〈抗戰四年來的回教文藝〉一文中就曾指出:

> 回教自唐代即傳入中國,論理它對於中國文藝的影響應該和佛教一樣偉大,不料事實上卻大謬不然。……我們有回教信仰者的文藝,而沒有回教文藝,一直到現在,都是如此。前清末季,有位陝西回教人宋曉陽,遊宦來川,詩名震一時;我的業師郭樹屏、郭季屏昆仲,生時也頗負文名,但是從他們的作品,看不出他們的信仰,若不是和他們生在同時,就很難知道他們是回教的作家。[71]

除以上引文中的三位文人外,馬宗融還列舉出元代諸如薩都剌、丁鶴年、馬九皋等諸多在中國古代文學史上成就較高的

---

71 馬宗融:〈抗戰四年來的回教文藝〉,《文藝月刊》第11年8月號,1941年8月16日,第12頁。

穆斯林文人的案例，來說明這種歷史現象。儘管馬宗融也將明末清初諸多穆斯林學者如劉介廉、馬復初等人的漢文伊斯蘭宗教著述（漢克塔布），看作是「宗教文學」，且不論這種看法是否謹嚴，但他同時也認為此類著述「遷就『漢』文作風處多於變化『漢』文作風處」[72]，也就是說，它們對中國主流文學／文藝內容的拓展和形式的新變，所產生的影響極小。而馬宗融沒有談及的是，這些漢克塔布均由中國穆斯林學者撰寫，也基本上在中國伊斯蘭內部的知識階層中間流傳。儘管也有少數教外士人閱讀過它們，並為之作序撰跋，但它們在整個中國主流文化和學術思想領域中的影響十分有限。再加之如清朝政府出於維持腐朽統治的目的，從清中後期開始對包括此類漢克塔布著述在內的各種伊斯蘭典籍進行禁絕，這種影響就變得更加微乎其微。正因如此，抗戰時期的馬宗融才會認為在此之前，伊斯蘭對中國文藝的影響極微。而且他同時認為「有回教信仰者的文藝，而沒有回教文藝」，也就是說連中國穆斯林文人本身的文藝實踐，也不曾參與到對伊斯蘭和各族穆斯林生活的書寫中來，更沒有參與到伊斯蘭對中國主流文藝產生新異與積極的影響實踐中。這種文藝實踐的缺失，是導致歷史上中國主流社會與伊斯蘭和各族穆斯林人群之間陌生、隔膜和誤解關係長期存在的原因之一。

不過，此種舊有關係在 20 世紀前半葉的中國社會進程中則逐漸發生較大改變。伴隨此時期世界局勢的重大變動以及中國社會內部各體系關係的重組，伊斯蘭和各族穆斯林的自身面

---

[72] 馬宗融：〈抗戰四年來的回教文藝〉，《文藝月刊》第 11 年 8 月號，1941 年 8 月 16 日，第 12 頁。

貌及其在中國社會中所處位置均發生劇烈變遷。在此過程中，中國各族文藝者在文藝領域對伊斯蘭和各族穆斯林的書寫和表述，既是此種變遷的明顯表徵，同時也是積極推動此進程的重要塑造力量。文藝在此時期中國伊斯蘭乃至中國社會的改造中前所未有地發揮了生動而刻骨的歷史作用。

從清末興起並持續整個民國時期的中國穆斯林新文化運動，促使中國穆斯林開始摒棄「爭教不爭國」的舊有觀念，轉而積極思考、探索和實踐「興教救國」的新理念。1908年，36位留日中國回民學生在日本東京創刊的中國伊斯蘭第一刊《醒回篇》的「發刊序」中，提出從「宗教改良」與「教育普及」兩個方面發起中國穆斯林社會的文化革新。在他們的論述中，中國伊斯蘭的自我革新與中國社會的整體進步與強盛緊密相關：

> 即此宗教與教育為之起點，推之社會由是開明，國家由是強盛，天下由是乂安，舉無非由邇及遐，由自治以治人也。[73]

身處清末變局的中國回民進步知識青年，已經開始有意識從自身文化革新的角度來思考改變回民及伊斯蘭與中國社會的整體關係。這36位留日中國回民學生中，超過三分之一都是同盟會會員。這種革命思想背景，與他們對中國回民和伊斯蘭歷史和現實處境的思考有極深勾連。他們的聲音儘管在清末時

---

[73] 黃鎮磐：〈《醒回篇》發刊序〉，《醒回篇》第1號，戊申年十二月六日（1908年12月28日），第3頁。

期並未立即產生較大反響，但待到辛亥革命、新文化運動、五四運動之後，他們的這種思考漸趨在中國伊斯蘭社會內部產生出更大的思想共鳴和實踐動能。

伴隨新的歷史大勢的演進，從東京到北京，從內地到邊疆，中國穆斯林新文化運動逐漸在各地開始興起和開展。與此同時，受1917年前後開始的新文化運動的影響，中國穆斯林也借助報刊這種新型媒介，開始以文學的形式（主要以新文學形式為主，但同時也少量運用舊文學形式）進行自我表述。在此過程中，在中國各地如雨後春筍般創辦的伊斯蘭報刊，發表了大量有關伊斯蘭和穆斯林社會生活題材的文藝作品，成為20世紀前半葉中國伊斯蘭文藝實踐的重要組成部分。由此，伊斯蘭的社會生活、文化習俗等經由中國穆斯林之手，開始進入中國文藝的書寫譜系之中。不過，在1930年代以前，這些書寫也僅僅在中國穆斯林內部傳播、閱讀和討論，並未在伊斯蘭教外社會和文藝場域產生較大影響。儘管如此，這些散落在各種中國伊斯蘭報刊上的文藝作品，也仍然見證了經由穆斯林之手的伊斯蘭表述在現代中國文藝中的積極實踐，同時它們也映照出此時期中國伊斯蘭和穆斯林的社會處境、情感樣貌、思想動態和心靈世界。

進入1930年代，伴隨「九一八」事變和「七七」事變的相繼爆發，面對日本帝國主義對中國大陸的侵略，中國的邊疆、民族、宗教等問題開始日益成為整個社會的核心性問題，從而開始被中國各族知識分子在思想和文藝層面予以關注和實踐。在中國傳衍流變千年的伊斯蘭和在中國疆域內廣泛棲居的穆斯林人群在這其中佔據著重要位置。前文所述顧頡剛、白壽彝、馬宗融等教內外各族知識分子對中國伊斯蘭問題的思考和

實踐，正處在此種社會風潮中。在外敵入侵的危機面前，中國社會和民眾在整體參與及動員的過程中，中國內部各族各教間的關係也發生了重大改變，這在當時的文藝實踐中得到相當明顯和生動的反映。為進一步調動中國疆域內各族穆斯林的抗戰意識和行動，也為增強回、漢各族的彼此了解和團結，同時更為抵抗日本在中國北方各地開展的「回教工作」和分裂活動，中國各族文藝者在全面抗戰時期，進行了大量與中國伊斯蘭和穆斯林有關的文藝實踐活動。「中國回教救國協會」及其附屬機構「回教文化研究會」等當時各類中國穆斯林抗日團體，在這其中發揮了十分重要的作用。以老舍和宋之的1940年合作的話劇《國家至上》及其在大江南北、兩岸各地的火熱排演，正是這種文藝實踐的代表性事件。除此，還有諸多教內外作家和詩人創作的有關伊斯蘭題材的文學作品，它們共同反映出抗戰時期中國伊斯蘭和穆斯林人群在中國社會位置的深刻變化。伊斯蘭和穆斯林群體逐漸從研究中國伊斯蘭教史的美國學者李普曼（Jonathan N. Lipman）所說的中國社會「熟悉的陌生人」轉變到「中華民族」的歷史位置上。儘管有關「中華民族」的論述在當時國民黨統治的語境中，仍存有可議之處。

除上述兩條主要的文藝實踐潮流外，現代中國文藝中伊斯蘭表述的譜系也隨1920至1940年代中國穆斯林因考察、留學、朝覲、抗日宣傳等目的赴印度洋-伊斯蘭世界的遊記文學書寫，而拓展至東南亞、南亞、西亞和北非等地區。他們沿海上絲綢之路，同時也循著中國明代航海家鄭和下西洋的路線，西行途中且行且記，這些遊記文學作品數量眾多、內容豐富，它們不僅是中國關於這些地區的較早區域國別研究的珍貴一手文獻，同時也是文學性較高的遊記文學作品。這些遊記顯露

出當時中國穆斯林的祖國意識、宗教觀念、文化心態和個體的情思體驗，以及他們對印度洋-伊斯蘭世界的觀察、認知和思考，構成了現代中國文藝中伊斯蘭表述的特殊而重要的部分。

基於「伊斯蘭表述」這一問題意識，本書主要以上述三大文藝實踐脈絡來考察其在現代中國文藝中的發生和發展過程。通過梳理這條處於中國文藝和思想研究領域「薄弱環節」上的問題線索，為重識現代中國文藝的豐富向度及其學術研究的可能性、現代中國伊斯蘭和各族穆斯林自身的社會變遷和心靈重塑、伊斯蘭與中國社會的歷史和現實關係等問題，提供新的知識空間與思想路徑。

第三節　研究綜述、方法與結構

作為中國學術界一個頗為「冷門」和「邊緣」的學術問題，針對現代中國文藝中伊斯蘭表述的研究總體而言是不足的。這一研究現狀其實能夠反映出諸多學術和現實問題，既有學科或學術方法論的問題，也有伊斯蘭和各族穆斯林人群在中國社會所處位置的問題，還有此問題在大陸正逐漸被「敏感化」而難以討論的原因，更有此方面相關文藝作品沒有被充分整理因而難以查找的現實境況等等。在文獻方面，儘管已有王正儒、李曉靜主編《回族歷史報刊文選・文學卷》兩冊和李存光編《回族現代文學文獻題錄初編》等史料性著作問世，但前者僅限定於回族作者的文學創作，而未收錄非回族作家表現回族或伊斯蘭題材的文學作品，且其中存在文字誤漏等校對方面的問題不少，因此不能直接使用，需要再次查閱原始文獻進行比對、校勘；後者儘管部分地關注到其他族別作家表現回族特

定生活的作品，但因以「題錄」形式編寫，僅交待相關作品的題目、作者、發表刊物及刊次和時間等信息，因而使用者需要根據其所提供的線索親自重新去查閱原文並進行校勘。這都工作需要研究者在資源條件允許的情況下要花費大量時間和精力去完成。

儘管搜集、整理和校讀現代中國文藝中伊斯蘭表述的作品文獻已經是一項艱難工作，但與之相比，查找有關問題的已有學術研究材料卻並沒有容易很多。這是因為，能夠對本書研究真正構成實質參考意義的前期相關研究成果十分稀少。這一方面使本書的研究從史料到方法都只能憑藉勇氣摸著石頭過河，但另一方面，卻也使本書不受既有研究理路和框架的「束縛」，因而能夠依據自身的問題意識自由探索。

在整個20世紀中國，最早對現代中國文藝中的伊斯蘭表述予以實質性考察的人是馬宗融，他在1941年6月28日所寫〈抗戰四年來的回教文藝〉大概是最早涉及此問題的文章。此文寫成後發表於《文藝月刊》當年8月號上，作為該刊分兩期刊載的「抗戰四年來的文藝」特輯之一篇。除馬宗融的文章外，特輯中的其他文章大多按文學藝術門類撰寫，其內容均是對全面抗戰四年以來國內文藝理論、詩、劇本、通俗文藝、民眾讀物、報紙文藝副刊、空軍文學、小說、電影、美術活動等文學藝術創作活動的總結和評介。在這其中，專門為「回教文藝」闢出一席之地，並特約當時中國回民及穆斯林文藝界的先鋒人物馬宗融來撰寫文章，足可反映大後方知識分子對抗戰時期國內伊斯蘭問題和「回教文藝」創作活動的關注和重視，這應是當時大後方普遍的社會和思想氛圍。此外，同輯還有一篇專門介紹「敵國文壇」的文章，當然這不屬於國內文藝的範圍。

前文談到，顧頡剛、白壽彝1937年合作的〈回教的文化運動〉一文在當時中國穆斯林社會中的影響很大。他們二人在文中認為，在促進回、漢人民互相了解、團結與合作的過程中應充分重視文藝的重要作用。在該文末尾，他們指出「回教文化運動」的一個不足之處，就是「不曾培養出一個優秀的文學家把教義作廣大的宣揚」。[74] 為響應顧、白等人的倡導，馬宗融從1939年開始撰寫了一系列文章，如〈向回教救國協會提議組織西北旅行劇團〉、〈理解回教人的必要〉、〈我為什麼要提倡研究回教文化〉、〈精神動員與動員精神〉、〈對《國家至上》演出後的希望〉等，在這些文章中他明確強調要以文藝為方法，來理解和表現中國伊斯蘭和穆斯林特定物質和精神生活內容，以促進各族穆斯林與中國社會其他人群之間的團結，並希望「由文藝的合作，走上抗戰建國種種國民努力的合作」[75]。

在這其中，〈抗戰四年來的回教文藝〉是馬宗融秉持上述思想，真正對當時國內有關伊斯蘭文藝實踐的總結和評介。關於此文使用的「回教文藝」概念，馬宗融在文章開篇解釋為「不是回教的宗教文藝，而是回教信仰者所創作的文藝」[76]。因此，其意指大致近似於「穆斯林文藝」的概念，同時由於該文所涉範圍基本限定於漢文語境內，因而，此概念也較大

---

74 顧頡剛：〈回教的文化運動〉，《大公報・星期論文》，1937年3月7日，第2版。
75 鋒（馬宗融）：〈理解回教人的必要〉，《抗戰文藝》第3卷第5、6期合刊，1939年1月21日，第68頁。
76 馬宗融：〈抗戰四年來的回教文藝〉，《文藝月刊》第11年8月號，1941年8月16日，第12頁。

重疊於「回民／回族文藝」的範疇。正由於此，馬宗融被後來的「回族文學」范式研究者，追溯為「發起和倡導研究中國回族文學和文化的先驅者之一，更是促進和推動研究抗戰時期回族文藝的第一人」[77]。這是馬宗融所說「回教文藝」的第一層意思，在其論述語境中，此概念第二層意思特指在「回教信仰者所創作的文藝」中尤其表現「回教」及其信仰者自身特有物質生活和精神生活內容的作品，按馬宗融自己的話來說是指那類「運用著回教獨用的語言」、「愜心貴當地反映回教生活或表現出回教詩人的特殊風格」以及具有「回教感情」或「回教特色」的文藝作品。[78] 顯然，「回教文藝」的第二層所指內涵在第一層意思範圍中，只不過相比第一層在內容和形式上有更多限定。李存光將這兩層內涵區分為廣義和狹義的「回教文藝」，並認為馬宗融的這種「二分法」能夠為具體民族文學研究提供方法上的參照和啟發。[79]

從1949年新中國成立至今，中國大陸學術界在處理中國文學與少數民族文學之間的關係時，占據主流的是以民族文學範式為研究方法，即以作家民族身分而非作品題材內容來入手進行分類和理解。這種方法背後暗含著與1949年以來中國的民族政治之間的緊密歷史關聯，其一方面能夠揭示具體民族的

77　李存光、李樹江：〈馬宗融：一個不應該被遺忘的人〉，《馬宗融專集》，李存光、李樹江編選，銀川：寧夏人民出版社，1992年，第7-8頁。

78　馬宗融：〈抗戰四年來的回教文藝〉，《文藝月刊》第11年8月號，1941年8月16日，第12、14頁。

79　李存光：《回族現代文學文獻題錄初編》，北京：社會科學文獻出版社，2017年，「前言」第6頁。

政治地位、社會文化、文學事業的歷史發展脈絡，但另一方面卻無法呈現這部分人群與中國社會和中國文學之間的深刻交叉和互動的面向。

而早在抗戰時期，馬宗融在文章中就已對上述問題有所討論。為何馬宗融在「回教信仰者所創作的文藝」之上又著重提倡具有「回教特色」的「回教文藝」呢？這是因為在全面抗戰時期，只有這類作品才可以在表現「回教」以及增進回、漢互相了解和團結方面發揮積極作用。而那些不具備「回教特色」的文藝作品，不僅無法發揮上述這種社會、文化和政治的功能，而且在馬宗融看來，這類作品在此前中國各個歷史時期的穆斯林或回民文人的書寫實踐中幾乎占據全部，而這正是當時身處抗戰時勢中如顧頡剛、白壽彝和馬宗融等伊斯蘭教內外各族知識分子所不滿意，因而要大力扭轉和改善的。

先不論狹義的「回教文藝」，馬宗融在文章中認為，即便是廣義的「回教文藝」在抗戰四年來的中國也整體上呈現出極為不足的創作面貌，因而他不得不把考察範圍擴展到翻譯等領域：

> 回教人所寫的文藝作品中，詩歌、戲劇、小說直到現在，少得幾乎可以算是沒有。我因而只好把視野放寬，除儘量探索四年來回教人的上述一類的作品外，把各種形式的散文也看到，把翻譯進來的外國回教人的作品也算上，作一點極簡略的介紹。[80]

---

[80] 馬宗融：〈抗戰四年來的回教文藝〉，《文藝月刊》第 11 年 8 月號，1941 年 8 月 16 日，第 12 頁。

然而，馬宗融在此所下「少得幾乎可以算是沒有」的判斷有些誇大，與當時的實際情況並不完全相符。事實上，在新文化運動和中國穆斯林新文化運動的雙重影響下，中國穆斯林從 20 世紀初開始便通過報刊媒介積極創作和發表新舊各類文藝作品，在全面抗戰初期更是如此。根據《回族歷史報刊文選・文學卷》和《回族現代文學文獻題錄初編》收錄作品情況可知，中國穆斯林在 1937 至 1941 年期間創作並發表於報刊（主要為伊斯蘭報刊）上的各類文學作品數量可觀。馬宗融對此不可能完全一無所知，因為他在文中透露自己對部分教內報刊及其登載的文藝作品有所關注和閱讀。他之所以會做出如此判斷，原因大概有兩個：其一，其所見「回教文藝」作品數量可能十分有限，同時可能又都普遍不成熟，思想藝術水準較低，也沒有在社會產生較大影響。馬宗融 1933 年從法國留學歸國之後，一直以譯介域外文學為主業，兼或文學創作、文學評論和社會活動等，主要活躍於主流文壇和知識界中。1939 年以前，他始終在一般大眾報刊上發表譯、著作品，而幾乎從未在任何一家中國伊斯蘭報刊上發表過文字。從全面抗戰爆發後的 1939 年開始，他才逐漸關注教內刊物。（這其實也是值得探討的重要現象，關係到中國穆斯林知識分子在現代中國的身分轉變，後文將會談及）直至 1941 年寫作〈抗戰四年來的回教文藝〉時，儘管他對中國伊斯蘭報刊及其文藝發表情況已有些了解，但並不全面。同時，在這種有限的閱讀中，再加上可能少有讓他眼前一亮的出色作品，最終導致他得出上述那種印象；其二，也是更為重要的一點，即馬宗融可能是從他所說的「回教特色」之角度來看待他所讀到的這部分「回教文藝」作品的，因而，在其視野中具備「回教特色」的文藝作品為數

不多的事實，自然使他得出如此判斷。在總結中國伊斯蘭報刊上的新詩創作時，他以「回教特色」之有無作為評判是否「回教文藝」作品的視角，就表現得十分明顯：

> 其中固然也有值得一讀的作品，可是要找一首就一般觀點看來有獨創風格的已屬難能，若要找具有回教特色的更可以說是「絕無僅有」了，哪怕也有幾首，運用著回教獨用的語言，我們且把後一類的，至少具有回教感情的詩引上一二首，以見一斑。[81]

馬宗融在此文中列舉出的「一二首」詩，僅包括厂民的〈給西北的回教同胞〉（即〈揮起正義的利劍——給西北的回教同胞〉，1938 年發表於《抗戰文藝》，後被轉載於《回教大眾》，馬宗融是從後者上面引述此詩的）和沙蕾的〈寄巴立斯坦的回教戰士們〉兩首，它們均是他所說的具有「回教特色」的作品。除此之外，類似的詩在馬宗融看來幾乎再沒有更多。因此他說：「回教詩人的缺乏，和現在糧食問題真有同樣的嚴重性。」[82] 顯然，他在此處所說的「回教詩人」不是指穆斯林詩人之全數，而是專指書寫出具有「回教特色」詩歌的穆斯林詩人。而當時的馬宗融不了解的是，在他所列舉的這兩首詩中，〈給西北的回教同胞〉的作者厂民其實是詩人嚴辰，「厂民」只是他的一個筆名，而他並非穆斯林。因此，剩下的

---

81 馬宗融：〈抗戰四年來的回教文藝〉，《文藝月刊》第 11 年 8 月號，1941 年 8 月 16 日，第 12 頁。
82 同上，第 14 頁。

只有沙蕾一人是「回教詩人」，因沙蕾本身即為回民。這顯然比馬宗融自己想像的還要少。

正因考慮到教內此類「回教特色」文藝作品的缺乏，馬宗融才將爬梳視野從文藝創作，擴展到「對外國回教人作品的翻譯」和「現有的回教期刊」兩方面內容。在對這三部分「回教文藝」成果的有限總結中，他也熱切希望相關主題的文藝可以更多地被教內外知識分子予以關注和實踐。實際上，馬宗融在這篇文章中對抗戰四年來「回教文藝」的梳理並不充分和全面，上文已分析過其背後的兩個可能的原因。但如果將其作為一種文藝現象來看的話，這反映出直到抗戰時期，中國穆斯林中間如馬宗融這類知識分子，對本族群或本宗教的自我文學書寫狀況也知之甚少。如果沒有全面抗戰時勢中的團結抗戰和文化動員要求，可能中國穆斯林的此類自我文學書寫也很難被予以關照，同時現代中國大眾社會和文化中的伊斯蘭表述實踐也可能很難形成現象，因而也不會產生重要影響，而 20 世紀前半葉中國社會中各教各族間的關係，可能也仍是延續以往互相陌生和隔膜之情勢。

伴隨抗戰之勝利與 1949 年新中國之成立，有關伊斯蘭表述問題的探討逐漸淡漠或潛隱於以民族身分為劃分依據的民族文學研究範式之下。1958 年，楊正旺在當年《中國穆斯林》第 2 期上發表的〈中國信仰伊斯蘭教各民族的文學〉是此種問題視角發生轉變的最初表現。及至 1980 年代以來少數民族文學研究範式的正式確立並占據主導，從中國文學的遼闊視角對伊斯蘭表述問題的關照幾乎已很難見到，或均被限定於具體少數民族文學如回族文學的界域之內討論。回族文學與伊斯蘭表述（或穆斯林/回民/回族表述）的研究範式，不論在研究

的對象內容,還是在視野方法上均存在明顯差異。前者以書寫主體的民族身分為分類標準和關注視點,而對書寫內容不加限定;而後者完全打破創作主體民族身分的框架,而以書寫對象和作品題材為考察內容,這是兩種完全不同的研究路徑。直到目前,儘管在汗牛充棟的回族文學研究著述中,也存在對部分回族作家關於本民族和本宗教題材作品的關注和考察,但這僅僅只是零散性地限定在具體民族身分群體之內,而缺乏從整個中國文學的廣闊視角對這一問題進行梳理和研究。因此這也就無法把握伊斯蘭和各族穆斯林在 20 世紀前半葉中國文藝中的歷史位置和表述脈絡的全貌,更不能對伊斯蘭和各族穆斯林在不同歷史時期的中國社會所發生的處境變遷有深刻理解。正由於該問題的重要性,所以在回族文學研究的重要著作《回族文學史》的「前言」中,著者丁一清也不無遺憾地承認:「在文學領域有關與伊斯蘭的關係問題還未得到全面的分析。」[83]

事實上,對中國文學中伊斯蘭表述問題關注的欠缺和不足不是偶然的,即便新千年以來有學者已對此問題有所注意,但相關研究成果卻又不免使人遺憾。在此其中,馬麗蓉的專著《20 世紀中國文學與伊斯蘭文化》頗具代表性。此書作為「20 世紀中國文學研究叢書」之一種,於 2000 年由安徽教育出版社出版。這套叢書內還出版過《20 世紀中國文學與佛學》、《20 世紀中國文學與基督教文化》等專著,馬麗蓉此書應與這兩部專著是屬於此叢書中的同一版塊,分別考察具體三大宗教文化與 20 世紀中國文學之間的關係。儘管以「20 世紀中國文學與伊斯蘭文化」作為考察重心,但馬麗蓉在該書中

---

83 丁一清:《回族文學史》,北京:民族出版社,2015 年,第 2 頁。

所考察的對象均為維吾爾、哈薩克、回等民族中間的穆斯林作家，也就是說其仍舊是以作家的民族身分作為選擇依據，實際上還是沒有脫離民族文學研究範式的窠臼。著者毫不諱言地交待自身因為「不懂維語和哈語，只能就現有的、漢譯的伊斯蘭作家的部分生平資料與主要作品進行研究，這勢必減弱了立論的科學性與權威性」。[84] 因此，其考察範圍的局限也就不可避免，全書幾乎只以回族作家張承志、霍達以及幾位譯為漢文的維、哈族詩人及其文學作品為研究對象。與此同時，該書對這些作家的考察也並不是以「伊斯蘭文化」為問題的真正切入口，使之在相關研究上留有很大缺憾。另外，此書雖以「20世紀」為時間維度，但實際考察範圍主要在20世紀後半葉，而對此世紀前半葉中國文學中的伊斯蘭表述或書寫狀況未作任何梳理和交待，因此，其論述的單薄也就顯而易見。不過該書著者也曾明確坦言，在面對此課題之時「因涉足空白的學術領地，便感到無例可仿、無據可依、無規律可循、無線索可抓」的窘境，深感「本書論述上的不平衡帶來的是莫大的遺憾和無奈」，因此著者希望「但願這歪斜的第一步尚有借鑒與參考的價值」。[85] 此番真誠表露揭示出中國學術界相關課題研究的欠缺和不足。從該書出版的2000年至今已過二十餘年時光，在此期間，中國學術領域對該問題仍未有令人矚目的推進。

本書在方法論層面有意突破以往民族文學研究範式，而是以現代中國文藝中伊斯蘭表述的問題為考察重心，由跨民族、

84　馬麗蓉：《20世紀中國文學與伊斯蘭文化》，合肥：安徽教育出版社，2000年，第9頁。

85　同上。

跨文化、跨區域的方法出發，將視野擴展到整個中國文學的總體場域當中，全面且深入地考察有關伊斯蘭的表述在現代中國文學中的實踐歷程。因此，本書不僅囊括中國穆斯林知識分子對本民族和本宗教的書寫，同時也涉及對漢、滿等各族非穆斯林知識分子有關伊斯蘭表述的考察。由此，本書實際上是從中華民族共同體、中國各民族交往交流交融以及中華民族大文學史觀的視角出發，具體梳理和研究伊斯蘭在20世紀前半葉中國文藝中的歷史位置和實踐譜系。本書在具體研究中採用文本細讀和社會歷史分析相結合的方法，通過對中國伊斯蘭教內外各族知識分子對相關文藝實踐活動的揭示，試圖闡明交互性的伊斯蘭文藝表述，在現代中國各教各族關係變動過程中所發揮的重要塑造作用，以及其本身所呈現的審美性和社會性的種種特徵。

全書章節概述如下：

導論首先對本書的問題意識、主題內容、歷史背景、學術脈絡以及論述方法和結構等方面進行總體闡述。

第一章將新文化運動與中國穆斯林新文化運動雙重影響下發生的中國穆斯林的文藝表述／被表述作為考察重心。借助對民國時期大量相關報刊的查閱、整理和閱讀，本書基本對當時中國穆斯林的報刊文藝實踐的全貌有所掌握。在此其中，部分穆斯林報刊所登載的文藝作品主要討論中國伊斯蘭文化和穆斯林生活習俗及其變革和發展等問題，成為中國穆斯林自我表述的重要內容。在「救國興教」和「經、漢並重」思想的影響下，中國穆斯林在現代國家的建構過程中秉持強烈的國家意識，通過大力革新中國伊斯蘭文化和穆斯林社會生活為振興中

國貢獻自身力量。這些穆斯林作家的文藝作品較為明顯地反映了這種思想潮流。同時，此部分也關注了部分非穆斯林知識分子對中國伊斯蘭的文藝和思想表述，以此形成互文性的關照，從中體察現代中國形塑過程中伊斯蘭和穆斯林人群的歷史地位、思想路徑和心靈變遷。

第二章以1931至1945年期間中國整體處於抗擊日本帝國主義侵略的歷史情勢為背景，具體考察當時中華民族危亡局勢下中國各族知識分子的西北考察和抗戰動員過程中對中國伊斯蘭和穆斯林人群的文藝實踐及其問題。通過對伊斯蘭教內外知識分子的西北遊記和穆斯林題材文藝作品兩大書寫譜系的考察，具體揭示此時期在抵抗外敵入侵的過程內中國各族各教各地民眾逐漸被整合進中華民族的歷史經過，以及在此期間出現的各種有關「回回」的話語表述及其論爭。

第三章以現代中國穆斯林在印度洋 - 伊斯蘭世界的遊記書寫為考察內容。此部分內容在此之前從未被大陸學界系統關注和研究，本書基本上是首次全面將其納入到學術研究的視野之中。作為中國穆斯林的海外遊記，它們不僅是中國較早有關該地區的國別和區域史研究的一手文獻，同時也真實記錄著當時中國穆斯林在印度洋 - 伊斯蘭世界遊歷時的身分思考、國家意識、宗教觀念和情感體驗，具有重要的文學和思想價值。本書在搜集、查閱和整理相關文本的基礎上，以全球史和區域史結合的方法，試圖分析和揭示出這些遊記文本中反映出的諸多值得認真討論的深層問題。

結論將現代中國文藝中的伊斯蘭表述做通盤式的總結和論述，從更為宏闊的角度重新看待和思考此一現代中國文藝中獨特的實踐遺產，及其之於理解過去、解釋現在和想像未來的重

要方法啟示和歷史借鏡意義。

　　最後需要說明的一點遺憾是，由於本人的語言能力有限，再加上現實方面的種種不利因素，使得本書很難對漢文之外的其他少數民族語文中的伊斯蘭表述納入考察的範圍內，例如蒙古文、維吾爾文和藏文等，這是本書的局限和不足之處。這一學術遺憾只能留待條件允許的情況下由合適的學者們來予以彌補，儘管這類課題面臨可以想像到的重重困難，但我仍對此保持期待。

第一章
多重新文化運動與中國穆斯林的文藝表述

第一節　多重時空的中國及其新文化運動

　　何為現代中國？它如何誕生？它與所謂「傳統中國」之間有何種斷裂和延續？對諸如此類問題的重思和辨明，直接關係到我們對發生在現代中國的新文化運動及其他各類事件和問題的理解。上述問題思考的背後暗含著目前中國思想、學術和知識領域面臨的緊迫問題之一，即中國學術話語的自主性問題。如何重新敘述中國？怎樣解釋中國歷史經驗的獨特性和普遍性？如何想像未來中國社會的形態及其與世界其他區域文明間的關係？繼續運用基於近現代西歐地方性條件產生的諸如「傳統與現代」、「世俗與宗教（神聖）」、「帝國與民族國家」等二元知識範式來敘述中國及其他非西方社會已變得愈來愈局促和隔膜。在此過程中，我們又並不能完全以復古的姿態運用脫離現實境況的那套古老範疇和話語。這需要我們超越這些範式框架，從反思和批判的方法出發，用更具穿透性、包容性和想像力的新話語重識並重述中國和世界。

　　有關現代中國及其形成問題，學術界目前最為流行的看法

仍然是將此過程理解為從傳統帝國（滿清王朝）逐漸蛻變為現代民族國家（中華民國、中華人民共和國）。然而，這種主要以西歐民族國家建造的歷史經驗為依據的敘述，正愈來愈受到檢視和反省。馬姆達尼指出：「無論民族國家的條件是什麼，是領土還是文化，是世俗還是宗教，這種由現代西方向世界其他地方輸出的政治形式，作為西方現代性的一部分，需要重新思考。」[1] 梁展的研究充分指明，以往過度依賴民族國家視角將帝國與民族國家涇渭分明的理解並不符合歷史實際，因此他認為，20 世紀並非完全是以往所表述的民族國家的世紀，而是民族國家與帝國相互糾纏的世紀。[2] 此觀點揭示出二者間的複雜糾纏關係，有助於超越單純從民族國家史觀作出的歷史敘述。李懷印在《現代中國的形成：1600-1949》一書中通過考察從清朝建立到民國結束這段時期中國疆域、族群、政治、經濟、軍事等方面的演進歷史，認為帝國與民族國家的二分法不能用來解讀現代中國，因為中國的國家形成過程顯示出與既往歐洲中心主義視角下所形成的「從帝國到民族國家」認識范式完全不同的路徑。[3]

汪暉在其具有全球學術思想影響力的巨著《現代中國思

1　[烏干達]馬哈茂德・馬姆達尼：〈好穆斯林，懷穆斯林：政治視角下的文化與恐怖主義〉，江春琦譯，「澎湃新聞」，2021 年 11 月 15 日 14 點 47 分發布，網址 https://thepaper.cn/newsDetail_forward_15371773，2023 年 12 月 15 日 10 點查閱。

2　見梁展：《帝國的想像：文明、族群與未完成的共同體》，北京：三聯書店，2023 年。

3　見李懷印：《現代中國的形成：1600-1949》，桂林：廣西師範大學出版社，2022 年。此書英文版 The Making of the Modern Chinese State: 1600-1950 由 Routledge 出版社於 2019 年出版。

想的興起》重印本前言〈如何詮釋「中國」及其「現代」？〉中，從更為深層和宏闊的角度對帝國與民族國家二元敘述及其背後的歷史觀問題予以重思。他指出，19世紀歐洲的歷史觀因與直線進化的、目的論的、勻質空洞的時間觀念結合而發生重大轉變。現代民族主義敘述就是在這種時間和歷史的認識論中展開，民族主體也依賴此認識論的框架被建立起來。在此之後西方的政治經濟學和歷史敘述中，以民族國家為中心的敘述是通過和其他敘述的對立被構造出來，所謂帝國和國家的二元敘述，就直接表現了此種對抗。在這種認識論中，所謂歷史就是主體的歷史，而這個主體就是國家。在此意義上，沒有國家也就意味著沒有歷史。因此，將中國說成一個帝國而非一個國家，也就是在說中國沒有歷史、無法構成一個真正的歷史主體。這種西方中心主義的觀念顯然無法真正解釋中國及其現代轉變的複雜和深刻。因此，汪暉認為與重新確證中國到底是國家還是帝國相比，充分討論中國政治文化的獨特性及其轉化過程，才最為重要。與此相伴隨的是，我們需要重新展開一種歷史的視野，超越民族主義敘事來展開豐富的歷史關係。[4]

對中國的現代轉化進程及其內外豐富歷史關係的充分揭示，必定隱含著對既有敘述話語的反思和重審。以往從現代化、民族主義或民族國家的敘述視角出發，學術界比較注重在時間縱向結構上來描述中國社會近現代歷史變遷的演進，而較為忽視內外各種思潮力量在空間橫向結構上的共生、互動與塑造，尤其更為忽視處於「邊緣」位置或「薄弱環節」上的那些

---

[4] 見汪暉：《現代中國思想的興起》上卷第一部，北京：三聯書店，2008年第2版，「重印本前言」第5-18頁。

構成部分和能動因素。這在對現代中國新文化運動的表述中體現的比較明顯。我們一般只注重敘述 20 世紀初從上海、北京等東部大城市主流社會中的知識分子發起的文化啟蒙運動及其單向散播，但卻忽視中國其他地域空間和族群社會中發生的文化革新運動。本書認為，現代中國及其新文化／新文藝的生成和發展內含豐富的歷史肌理，它是在多重時間和空間的交迭互動中實踐和產生的，其中包含多元混雜的浪潮、聲音、形態、方法與脈絡等。因此，在現代化和民族主義的敘述外，我們還可以從其他視角或方法展開對現代中國及其新文化／新文藝豐富實踐的重新認識。這一方面可以讓我們更深刻地理解處在複雜歷史關係中的現代中國及其多重性和獨特性，同時也可以解開既有現代化和民族主義的敘述及其背後幾乎被絕對化的新／舊、中／西二元論方法帶給我們的遮蔽和束縛。本章以晚清民國時期發生在中國穆斯林人群中間的文化革新運動為切入口，試圖揭示現代中國文化問題的普遍性與多重性，說明現代中國的新文化運動存在多種樣態和脈絡，強調以文化為先鋒來對中國進行「療救」和啟蒙的思想潮流不止出現在東部大城市的主流社會階層當中，同時也在中國的其他地方（包括邊疆地區）和非漢族群中間湧現和激蕩，具有自身獨特的樣貌和特徵，這些浪潮也對現代中國社會產生深遠的塑造作用。

　　伴隨晚清民國時期中國社會從政治體制、經濟方式到文化形態等方面整體發生劇烈變動的歷史時勢影響，中國疆域內各宗教、各族群、各地方社會也都相應地從內部結構到外部關係方面發生重大調適和革新。中國穆斯林在清末發起並持續 20 世紀前半葉的以改革宗教、普及教育、革新文化、振興國家為思想和實踐主旨的文化革新運動，就是其中最為具體和明顯的

代表。與一般認為伊斯蘭或穆斯林社會停滯不前、不求變革的刻板印象恰好相反，這場程度和影響均十分深遠的文化革新運動明確顯示出中國穆斯林緊隨時代潮流求新求變、反抗壓迫的意識，這種意識不光晚清民國時期的中國穆斯林具備，同時在此前後其他歷史時期的中國穆斯林也都持有。魯迅曾經在1932年12月2日寫給好友許壽裳的一封信中說：「每當歷代盛衰，回教徒必有動作。」[5] 這句話具體針對的是當年北新書局出版含有侮辱穆斯林生活風俗內容的書籍後各地回民組織起來進行反抗鬥爭的事件而說，但其同時也從側面指明，中國穆斯林並非凝固在歷史幽暗深處不求變動的人群，而是始終緊隨時勢發展，處於流動、鬥爭和革新的進程當中。

在以往有關中國新文化運動的敘述脈絡中，1915年《青年雜誌》（次年更名為《新青年》）的創刊和1919年「五四」運動的爆發通常被視為重要節點，並將反孔教運動、白話文運動、新文學運動，以及其他一系列相關思想潮流的興起和傳衍作為中心視域。但這些敘述均沒有涉及和考察中國的陸海邊疆區域，例如蒙古、新疆、西藏乃至東北、西北、西南、台港澳等地，以及各族群、各宗教、各語言社會（包括各方言社會）的文化革新運動。[6] 實際上，晚清民國時期整個中國的文化革新運動包含著多重的形態、譜系和潮流，其內部的這種多重性構成，既各自具有自身獨特的內容和特點，同時它們之間又相互交匯、互動和融合。它們共同構成的，並非只是

5　魯迅：〈致許壽裳〉，《魯迅全集》第12卷，北京：人民文學出版社，2005年，第349頁。

6　此處觀點受益於筆者於清華大學中文系學習期間面聆汪暉先生講授時的啟發，在此向恩師致謝！

一個從中心向邊緣散播的單一脈絡和單向結構，而是基於同樣的時勢條件，依據各自的獨特性並進而發展出相互間有差異但同時又緊密互動交流的思潮網路。這在中國穆斯林新文化運動與通常主流敘述的新文化運動之間的關係中有明確體現。

與主流敘述的新文化運動是在民國初年興起不同，中國穆斯林新文化運動興起於清末，並且其內容和性質也與前者存在諸多差異。當時的中國伊斯蘭經滿清政權中後期的殘酷鎮壓，整體陷入學術凋敝、教育落後、文化羸弱、教門保守、教派相爭、民眾貧愚的境地。[7] 伴隨中國社會在19世紀晚期20世紀初期發生的時勢變化（主要由西方帝國主義列強侵華、太平天國運動、回民起義、洋務運動、甲午海戰、戊戌變法、日俄戰爭、辛亥革命等一系列重要事件構成），並且同時受到19世紀後半葉以來世界範圍內興起的伊斯蘭現代主義思潮運動的影響，中國穆斯林也在清末中國的歷史空間中發起了本宗教和本族群的社會文化革新運動。從北京到東京，從內地到邊疆，他們從改革宗教、興辦教育（包括女學）、提倡實業、創辦報刊、開展文化運動和社會運動等方面入手，逐漸興起了延續整個20世紀前半葉的中國穆斯林新文化運動。

這場運動以改革宗教為肇始，其中尤以甘肅東鄉縣東鄉族阿訇馬萬福（1849-1934年）的教門革新思想和實踐最為突出。光緒十二年（西元1886年），當時作為北莊門宦青年阿訇的馬萬福因自感學問不足，便偕師友同赴麥加朝覲，此後留

---

[7] 關於清代中國伊斯蘭教的歷史處境，見李興華：〈清政府對伊斯蘭教（回教）的政策〉，《清代中國伊斯蘭教論集》，寧夏哲學社會科學研究所編，銀川：寧夏人民出版社，1981年。

在當地繼續求學和考察，歷時六年。在此期間，他遍訪名師，系統學習了伊斯蘭歷史、哲學、語言、教義、教法、經注、聖訓等各方面知識，學識和思想均得到很大提升，他於光緒十八年（西元1892年）學成回國。有感於當時中國穆斯林面臨經濟貧弱、文化落後、教門陳腐、教派林立等弊病，馬萬福開始萌發改革中國伊斯蘭教的志願。回國後途經湖北老河口時，馬萬福被當地穆斯林挽留執教和講學，在此期間，他開始實踐其教門革新主張，次年返回家鄉開始倡導和踐行「憑經立教、遵經革俗」的伊斯蘭改革運動，即伊赫瓦尼運動（伊赫瓦尼在阿拉伯語中意為「兄弟」）。由於其主張在當時具有進步性，因此得到眾多阿訇和普通穆民的支持和擁護，其影響由西北漸而遍及全國，產生了十分深遠的影響，為當時的中國伊斯蘭注入了新的思想和風氣，使中國伊斯蘭在新的歷史條件下以嶄新面貌參與到中國社會的整體變革進程中。現代中國許多著名的伊斯蘭人物如王靜齋、龐士謙、白亮誠、虎嵩山、馬堅等都與伊赫瓦尼思潮有極深勾連。[8] 王靜齋曾說馬萬福「講經說教，人皆心服」，認為「我東方若河南、安徽、江蘇以及近年天津三義莊等處教門，得以發展，不再為異端惡俗所彌漫，皆不外直接間接受馬老之倡率有以致之也」。[9] 在另一篇文章中，王靜齋評價馬萬福為「在今代回教文化史上打破舊記錄者」，認為他「雖不諳國學，而於改正本教舊誤、發揮回教新的文化上，有極大的努力」，並說後者「一生雖無譯著，遺在人間，而務

---

[8] 見敏文傑：〈二十世紀中國伊赫瓦尼教派維新運動回眸〉，《寧夏社會科學》第2期，2008年。

[9] 王靜齋：〈喂！果園馬老阿衡逝世矣——一代豪傑，生來值得〉，《伊光》第81期，1936年4月，第9頁。

實立行,厥功甚偉」。[10] 白壽彝在〈西北回教譚〉中評價說馬萬福及其伊赫瓦尼運動的勢力「伸張於全中國各處有回教徒的地方,它是一天一天地在發展著」。[11] 從王靜齋和白壽彝的評價中可以見到,馬萬福阿訇自清末開始推行的中國伊斯蘭宗教改革,是處在中國穆斯林新文化運動的整個譜系之內的。

馬萬福的教門改革是基於對中國伊斯蘭凋敝落後的現實境況有深刻體認,同時吸收國內和國外伊斯蘭具有進步面向的思想資源對之進行革新。目前學界對馬萬福的宗教改革爭論的焦點在於其是否為「去中國化」實踐。這個問題涉及到對何為「中國化」這一問題的理解。本書認為,至少在清末時期,「中國」是處於多重的面向之中,有陳腐反動的勢力,也有革新進步的火苗。而馬萬福的宗教改革無疑是要革除中國伊斯蘭中那些壓迫、束縛、阻礙中國穆斯林發展的愚見和陋俗。因此,所謂「中國化」需要辯證來看。我們不能認為中國伊斯蘭繼續實行壓迫的封建教門制度和落後的生活習俗才是「中國化」,而對前者進行革除就是「去中國化」。這顯然在邏輯上無法說通,同時也不能深刻揭示中國伊斯蘭緊隨時代的流動變遷過程,更有可能會將「中國化」的真正精髓予以庸俗化理解。

此外,馬啟西在20世紀伊始於甘肅臨潭創立西道堂,以明清以來中國伊斯蘭教漢文典籍為憑藉,大力闡揚伊斯蘭教正統思想,積極倡導「兩世並重」的入世精神,建立新型穆斯林

10　王靜齋:〈發揚伊斯蘭文化之必要〉,《回民言論》(重慶版)創刊號,1939年1月15日,第15頁。

11　白壽彝:〈西北回教譚〉,《經世》「戰時特刊」第39、40期合刊,1939年6月1日,第11頁。

社會經濟組織,也為中國伊斯蘭教的革新發展做出重要而獨特的貢獻。[12] 即便是中國伊斯蘭教蘇菲門宦內部,也在這一時期出現了宗教變革思潮,其中尤以哲合忍耶門宦第七代「導師」馬元章,在本教派內部推行的宗教改革為代表,而馬元章本人「經、漢」兼通,並有漢文著述的個人造詣,在此前歷代哲合忍耶「導師」中為僅有。[13] 彼時中國穆斯林在宗教方面,進行了大量諸如此類的變革新舉措,這使得中國伊斯蘭教和穆斯林人群更加融入新時勢條件下的中國社會,並在20世紀前半葉的歷史時期積極參與到中國社會整體變革的進程中。

除上述西北地方伊斯蘭的革新思潮以外,其他地區尤其是中東部城市的穆斯林菁英也在這一時期積極尋求宗教革新,其特點為宗教改革從伊始就與穆斯林人群的教育、生計、組織等其各方面的發展更深切地關聯在一起。

光緒三十三年(西元1907年,日本明治四十年)的農曆六月,當時在日本留學的36位中國回民青年學生,在東京組織成立了「以聯絡同教情誼,提倡教育普及、宗教改良為本旨」的「留東清真教育會」(下文簡稱「留東會」)。[14] 這是中國穆斯林在近現代歷史上成立較早的新型社會團體之一。該會的成立得到了彼時即將卸任返國的「大清國出使日本國大臣」(下文簡稱「清國駐日公使」)楊樞在經濟和政治方面的

---

12 見馬志麗、丁耀全:《中國伊斯蘭教西道堂研究》,北京:宗教文化出版社,2018年。
13 見馬通:《中國伊斯蘭教派及門宦制度史略》(修訂本),銀川:寧夏人民出版社,2000年,第311-317頁。
14 〈留東清真教育會章程・總則〉,《醒回篇》第1號,戊申年十二月六日(1908年12月28日),第94頁。

資助和支持。事實上，該會成立時，作為穆斯林的楊樞曾經在東京的「大清公使館」中親自接見過此會的會員代表，並與之合影。翌年，他們在資金條件允許的情況下，出版、印行了具有「會刊」性質的雜誌《醒回篇》。這本雜誌起初擬名《勸告清真同教書》，後定名為《醒回篇》，僅出一期。[15] 這是中國伊斯蘭有史以來的第一份專門探討穆斯林問題的公開出版物。它的出版與在此前後諸多新型穆斯林社會團體和學校的建立、各種穆斯林報刊的創辦、穆斯林實業的興起，以及新的宗教變革思潮的湧現等，共同標誌著中國穆斯林新文化運動的開始。這場運動曾被顧頡剛讚譽為是「近代中國回教徒第一次自覺發動的文化運動」，[16] 同時也被認為開啟了伊斯蘭文化在中國歷史上的第四次高潮。[17]

在「留東會」於東京成立的前一年，曾留學日本的江蘇鎮江回民童琮，在其家鄉發起組建了「東亞穆民教育總會」（後改名為「東亞清真教育總會」，下文簡稱「東亞總會」），這是中國近現代歷史上的第一個穆斯林社會團體，其目的是「欲為中國全體回教謀教育普及」。[18] 該會直接啟發了「留東清真教育會」的成立。

---

15 〈留東清真教育會紀事〉，《醒回篇》第1號，戊申年十二月六日（1908年12月28日），第93頁。
16 顧頡剛：〈回教的文化運動〉，《大公報・星期論文》，1937年3月7日，第2版。
17 楊懷中：〈中國歷史上伊斯蘭文化的四次高潮〉，《回族研究》第1期，1994年，第16頁。
18 〈東亞清真教育總會之狀況〉，《醒回篇》第1號，戊申年十二月六日（1908年12月28日），第89頁。

童琮（1864-1923），號雪薑、雪郵、薑園等，回民，江蘇鎮江人，青年時期中過秀才，曾在晚清著名經史學者王先謙門下學習，之後在鎮江等地創辦「薑園學塾」教授學生。[19] 其編著並刊行於科舉廢止前夕的寫作教科書《薑園課蒙草》流傳頗廣。據在鎮江對岸的揚州長大的朱自清回憶，他在中學時代就曾習讀過這部寫作教科書，而且在寫作方法上受到過此書的重要指點：「記得在中學校的時候，偶爾買到一部《薑園課蒙草》，一部彪蒙書室的《論說入門》，非常高興。因為那兩部書都指示寫作的方法。那時的國文教師對我們的幫助很少，大家只茫然地讀，茫然地寫，有了指點方法的書，彷彿夜行有了電棒。」[20] 可見，此書對朱自清的文學寫作起過重要的早期奠基和指引作用。作為中國新文化和新文學運動主將之一的朱自清可能不知道，給予他早年寫作指點的教材竟是由一位江南的穆斯林所編寫。童琮這部寫作教科書在當時國內很受歡迎，產生了廣泛而深遠的影響。據童琮之孫童家瑨回憶，直到1937年底鎮江淪陷前，他們家仍在舊宅中印刷、裝訂《薑園課蒙草》，用以外銷。[21]

光緒三十一年（1905年），清政府正式宣布從次年開始廢除延續千年的科舉考試制度，此後，新式學堂開始在各地大量興辦。翌年，鎮江當地的回民實業家金恆仁（字聘三，

19　薛龍和：〈童琮——中國近代新式回民教育的先驅〉，《回族研究》第4期，2013年，第61頁。
20　朱自清：〈《文心》序〉，《朱自清全集》第1卷，朱喬森編，南京：江蘇教育出版社，1988年，第283頁。
21　薛龍和：〈童琮——中國近代新式回民教育的先驅〉，《回族研究》第4期，2013年，第61頁。

1869-1907）等人出資相繼興辦了私立穆源兩等學堂和志成小學兩所學校，它們是中國較早的新式回民學堂，同時也是鎮江最早的兩所私立小學。前者校名「穆源」二字有「穆斯林文化知識的啟蒙淵源」之意。由此名可以得知，他們當時已經有革新中國回民教育的意識和願望。儘管有回民背景，但穆源學堂從早期開始就回、漢學生並招。在推行新式教育的同時，也吸收穆斯林傳統經堂教育的內容，以有限課時為回民學生另外開設阿拉伯語和伊斯蘭教基本教義的課程。童琮因為中過秀才，並且在日本留過學，因此也參與了這兩所學校的創建，被委任為「教務總管」，他將自己編著的《蘦園課蒙草》用作學校教習的教材，還親自為學生授課。[22]

正是由於在鎮江當地進行革新回民教育的實踐活動，因此，這可能促使童琮在此基礎中將教育視野逐漸超越地方而擴展到了整個中國甚至「東亞」的穆斯林群體。於是，在光緒三十二年（1906年），即「穆源」、「志成」兩所小學成立的同一年，童琮等人在鎮江發起組建了以革新穆斯林教育為目的的「東亞穆民教育總會」。

不過，由於該會「雖云經理得人，惜交通機關尚未完備，故遠距他省者，多所未聞，雖聞之，亦莫得其祥」。[23] 所以，其成立後的影響十分有限。就連當時正在日本留學、後來創立「留東清真教育會」的這部分思想進步的中國回民青年學生也未能立即知曉，他們後來是在無意中看到報紙上登載的相關消

22　薛龍和：〈童琮——中國近代新式回民教育的先驅〉，《回族研究》第 4 期，2013 年，第 63 頁。

23　〈東亞清真教育總會之狀況〉，《醒回篇》第 1 號，戊申年十二月六日（1908 年 12 月 28 日），第 90 頁。

息後才得知此事的:

> 自吾國興教育之聲洋溢於耳,童氏奮然率先,為里之同教興辦小學,並編纂教科諸書,其經營籌畫,卓卓可觀。既而與數同志發起斯會,初名東亞穆民教育總會。予等留學東瀛,猶未之知也。丙午冬,偶閱《時報》,載有此事,奇之,遂與之函而問焉。[24]

以上所引原文本無標點,如稍不仔細,就會極易將文中的「時報」理解為當時一般時事類報紙的泛指,從而略過不究。但事實上,它指的就是當時一份名為《時報》的具體報紙。《時報》,英文名為「Eastern Times」,光緒三十年四月二十九日(1904年6月12日)由康有為的弟子狄楚青在前者的授意和資助下於上海創辦,梁啟超也曾參與該報的籌辦。此報初期實際上是當時國內保皇派的重要言論陣地,其發行範圍除國內外,也包括日本。在日本留學的中國回民學生看到的關於童琮設立「東亞總會」的消息即登載於此報「學界紀聞」欄目中有關鎮江的內容裡:

> 鎮江回教中人童琮等曾經稟准學務處設立東亞穆民學會以研究學務,現遵奉部章將該學會改為東亞穆民教育會,特稟請丹徒縣轉詳學務處立案。[25]

---

[24] 〈東亞清真教育總會之狀況〉,《醒回篇》第1號,戊申年十二月六日(1908年12月28日),第90頁。

[25] 〈學務匯志(鎮江)〉,《時報》,光緒三十二年十月十九日(1906年12月4日),第3版。

由此消息可知，該會最初以「東亞穆民學會」命名，後改為「東亞穆民教育會」，這與中國留日回民學生所說的「東亞穆民教育總會」不完全符合，缺少一個「總」字。這可能是由於排版失誤所致或留日回民學生記述有誤，也可能是童琮後期又對會名有所改動。但無論如何，該會名稱中的「東亞穆民」四字始終未變，它所囊括的範圍和意義非常明確，即指整個東亞的穆斯林民眾。上引這條《時報》消息的重點還有「學務處立案」，這說明此團體在當時是得到當地政府的批准和許可的。

這條消息登載的日期是光緒三十二年十月十九日（1906年12月4日），這與留日中國回民學生在「丙午冬」（光緒三十二年冬）讀到它在時間上相吻合。這時，雖然「留東會」還未成立，但日後作為其部分成員的11人已經在當年秋季的東京有過一次小範圍聚會：「吾教人留學於日京者，先後接踵，而同時往往睹面不相識。丙午秋，始得十一人，會於上野之精養軒。」[26] 這時，他們的宗教和族群意識已有覺醒。這一時間關係說明，稍後於冬季在《時報》上看到童琮「東亞總會」設立的消息及其之後與童琮的聯絡，可能對他們在次年成立「留東會」在團體名稱和內容上有啟發意義，但卻不是促使他們進行團體組織並在之後出版刊物的根本原因。更為準確地來看，童琮有關回民教育革新的思想，其實暗合了這部分留日回民學生已有的宗教革新思想和族群覺醒意識。這種思想意識使他們敏銳地捕捉到報紙上的這條相關消息，並且此後立即主動與童琮進行聯絡和交流。在他們當時的眼中，童琮儼然是一

---

26 〈留東清真教育會紀事〉，《醒回篇》第1號，戊申年十二月六日（1908年12月28日），第92頁。

位中國伊斯蘭和穆斯林民眾中千餘年來難得的先覺者：

> 夫為一鄉一邑出而為同教提倡公益者，間或有之。至於出而為一省之同教提倡公益者，蓋未之前聞。況出而為全國之同教提倡公益，更自中國千餘百年有回教以來所絕無之事也。嗚呼！舉世夢夢，而彼獨挺身以出，大聲急呼，不顧人之是非，事之難易，非思想之高超，志趣之堅固，魁然有異於眾，曷克臻此！[27]

作為具有相同思想和理念的留日中國回民學生，正是受到同教前輩童琮及其「東亞總會」的啟發，在社會進化論觀念流行的當時，開始大力推進他們在宗教改良和教育普及兩方面的實踐活動：「為同教謀進化，圖生存，義務所在，不容已也。吾儕亦同此人類，同此軀殼，烏可恝置度外，而不亦引為切膚之事，以相與協力圖維，共此善舉乎。」[28]於是，在他們得知童琮組建的「東亞總會」半年多以後，即1907年的農曆六月，彙集了共36位留日中國回民學生的「留東清真教育會」便自此成立。在此之前，他們與童琮磋商將「東亞穆民教育總會」改為「東亞清真教育總會」。而「留東清真教育會」應該是他們有意要與童琮前一年成立的「總會」形成某種呼應和淵源關係的結果。

在「留東會」成立時，當時的「清國駐日公使」楊樞曾

---

27 〈東亞清真教育總會之狀況〉，《醒回篇》第1號，戊申年十二月六日（1908年12月28日），第89頁。
28 同上，第91頁。

對該會給予經濟上的資助：「欽差駐日大臣楊星垣先生助金以資會費，並率諸公子及隨員之同教者，合留學同人，攝影於使館，以為紀念。」[29] 楊樞（1844-1917），字星垣，回民，哈志[30]，清末外交家，廣州人。其祖籍在遼東盛京（今瀋陽），先祖隸屬漢軍八旗，在清初隨軍駐紮廣州，到楊樞時已經是第七代。青年時代，楊樞曾在廣州同文館學習西方語言和文化知識，為此，他遭到家族內部守舊長輩的反對，被迫出族，改籍東莞。[31] 不過，楊樞並未因為此事的衝擊而改變志趣，他在廣州同文館十分勤奮並且成績優異，在學期間參與翻譯過《國際公法》等書籍，1870年（同治九年）畢業，之後被分派進晚清政府擔任翻譯和外交方面的職務。1903年（光緒二十九年），近六十歲的楊樞接替蔡鈞正式就任新一任的「清國駐日公使」。但這並非楊樞第一次來日本，據王柯的究考，在此之前，楊樞已先後擔任過清朝駐日公使館官員和長崎領事，在日本的時間已有9年，一直活躍於清朝與日本之間的外交前線。在此期間，他曾參與處理「長崎事件」並在其中發揮過重要作用。[32] 儘管是清朝的一名外交官員，但由於楊樞精通英文並且很長時間內一直在日本從事外交工作，這使他在政治思想上持

---

29 〈留東清真教育會紀事〉，《醒回篇》第 1 號，戊申年十二月六日（1908 年 12 月 28 日），第 92 頁。

30 音譯自阿拉伯語單詞 حَجِّي，有時也被譯為哈只、哈吉等，意為朝覲者，是對在麥加完成朝覲功課的男女穆斯林的尊稱。

31 王希隆：〈清末回族外交官楊樞〉，《中國回族研究》第 1 輯，西北第二民族學院回族研究所、蘭州穆斯林教育基金會編，銀川：寧夏人民出版社，1991 年，第 90 頁。

32 見王柯：《亦師亦友亦敵：民族主義與近代中日關係》，香港：香港中文大學出版社，2019 年，第 204 頁。

開明態度,對革命派抱有同情,與諸多同盟會會員和革命派人士有所來往。他曾對當時在日本留學的汪精衛和自己的侄子楊殿鏞說:「民主革命,勢所使然,問題在遲早而已。吾老矣,行將退休歸田。而加入革命之舉,雖子侄亦不禁。」[33] 這種政治態度也體現在他資助「留東會」並接見其會員代表一事中,因為當時「留東會」的 36 位留日中國回民學生成員中,至少已經有 14 人(包括會長和眾多骨幹成員)同時也是革命派團體同盟會的會員,[34] 楊樞當時對於「留東會」的這種革命派底色不可能不清楚。

1905 年 7 月,孫中山從法國乘船經南洋重抵日本,開始在中國留日學生中間宣傳革命思想。當年 8 月 20 日,由興中會、華興會、光復會等革命團體聯合而成的中國同盟會(簡稱「同盟」)在東京正式成立,以「驅除韃虜、恢復中華、創立民國、平均地權」為入會誓詞。彼時一部分留學日本的中國回民青年學生也積極參加該會,主張革命思想,成為同盟會中一支獨特的力量。這部分人此後成為組織和成立「留東會」的主要骨幹成員。正由於此,有學者認為「留東會」並非一個文化或教育團體,而是「在孫中山民主革命思想的影響下創立的一個革命團體」。[35] 不過這種說法此後遭到另一些學者的質

33　王希隆:〈清末回族外交官楊樞〉,《中國回族研究》第 1 輯,西北第二民族學院回族研究所、蘭州穆斯林教育基金會編,銀川:寧夏人民出版社,1991 年,第 91-92 頁。

34　許憲隆、哈正利:〈晚清留日回族學生與辛亥革命——基於「留東清真教育會」會員史跡的考察〉,《民族研究》第 4 期,2011 年,第 67 頁。

35　同上,第 72-73 頁。

疑，後者認為此團體的成立，是「以民族宗教認同為前提條件」，主要受童琮「東亞總會」的影響，與同盟會並無直接聯繫，應將其視為「進步團體」。[36] 事實上，儘管「留東會」至少有 14 位成員是同盟會會員，但仍有近三分之二的成員沒有證據顯示他們加入過同盟會，不過在當時的革命氛圍中，他們大概都對革命抱有支持態度。不過無論如何，「留東會」及其會刊《醒回篇》在這種革命時勢條件下出現本身，即說明中國穆斯林受整個中國變革的影響，開始在本宗教和本族群中發起文化革新運動。

中國伊斯蘭和穆斯林人群在現代中國歷史位置的變遷，不僅體現在此時期中國穆斯林「自我」表述脈絡內，同時也體現在中國非穆斯林對伊斯蘭的嶄新敘述中。這些敘述又反過來促進了中國伊斯蘭在現代中國的歷史變革。與 1898 年浙江余杭人章太炎在〈回教盛衰論〉中的「非我族類」表述不同，1908 年《醒回篇》所載江蘇丹徒非穆斯林人士李芍珊所寫〈回教振興策〉一文則體現出另一種以平等、尊重和同情之態度表述伊斯蘭的聲音開始在中國思想歷史中浮現。

有關李芍珊的生平經歷，目前已不可考。他發表此文時，編者將其署名為「江蘇丹徒李芍珊兆芝」，另外題目下的一小段「編者識」是我們今天了解作者及其文章來歷的僅存信息：「李君兆芝，非回而漢，童君雪疆之友也。聞留東同人將刊雜誌，賜寄斯稿，其於回教利弊，言之確鑿。所籌回教振興，必改良宗教。欲改良宗教，必自習經、興學、立會、辦報始，非

36　王希隆、馬振華：〈留東清真教育會「革命團體」說質疑〉，《史學集刊》第 2 期，2017 年，第 76 頁。

灼知回教目下當務之急,何克至此?故急錄之,以餉吾教,並誌此以謝李君盛意。」[37] 由此可知,李芍珊是中國穆斯林新文化運動早期重要的倡導者和實踐者之一童琮在家鄉江蘇丹徒(今江蘇省鎮江市丹徒區)的一位非穆斯林友人。當通過童琮得知「留東清真教育會」要創辦雜誌時,他為此專門撰文支持,在〈回教振興策〉中具體表述了他對中國伊斯蘭和穆斯林社會革新問題的看法。此文在以往有關《醒回篇》的研究中關注不足,但本書認為,它是中國非穆斯林以現代民主和平等意識表述中國伊斯蘭和穆斯林人群的較早篇章,並且其中具有較強的「中華民族共同體」意識,與十年前章太炎〈回教盛衰論〉及其所代表的傳統中國「非我族類」式表述形成較大差異,因此值得重視。

李芍珊是立足於清末社會進化論流行與立憲運動開展的背景下論述的,他認為不論儒教還是「回教」都已失去原有精神:「在儒,則孔學之真詮亡;在回,則穆源之精神失。」因此,在立憲和維新運動下,所有中國民眾都應參與到政治和社會變革進程中。參與的前提即要先改良中國的各個「宗教」。李芍珊也秉持一種社會功用態度看待宗教的現世作用:

> 孔教者,吾國人之宗教也。回教者,亦吾國人之宗教也。提倡宗教之精神,發明國家之思想,形而上則演為道德、法律,形而下則演為科學、製造。庶蚩蚩者,平昔雖無愛國之思想,或有愛宗教之熱誠。借愛宗教之熱誠,增進

---

37 李芍珊:〈回教振興策〉,《醒回篇》第 1 號,戊申年十二月六日(1908 年 12 月 28 日),第 79 頁。

愛同種之熱度。而即因之澎漲其愛國家之熱度,未可知也。……回教之幸福,亦中國之幸福也。[38]

他為此提出「改良回教」的主要措施,包括學習伊斯蘭經典、興辦學堂、設立會社、創辦報刊等。這些表述和建議飽含一位非穆斯林以平等、誠懇之態度對中國伊斯蘭變革發展的殷殷關切,此種聲音在清末的時代中實屬難得。因此,李芍珊此文得到《醒回篇》編者的肯定,並被收錄刊載,從而在中國穆斯林中間流傳。由此可見,中國伊斯蘭和穆斯林社會的革新不光有教內人群的主動發起,同時也有教外人群的積極支持。因而可以說,中國穆斯林新文化運動是在回、漢等中國各族民眾的共同參與和推動下發動展開的。

伴隨光緒三十一年(西元1905年)清政府宣布廢除科舉制度,新式教育理念和模式開始在各地更大程度推廣。幾乎在與《醒回篇》問世的同時,王浩然阿訇1907年從西亞和土耳其朝觀並考察結束回國後,開始在北京等地大力倡導宗教改革和興辦教育,並且親身創立各類新式學校。由此開始,從北京到上海,由江蘇到西北,從內地到邊疆,全國各地的穆斯林均在共同的時代浪潮中開始主要從宗教、文化、教育、實業等方面發起自身的變革運動,使得中國伊斯蘭和穆斯林的整體物質生活和精神狀況,在20世紀前半葉發生了重大而深刻的變化,呈現出自身獨特、嶄新而活躍的歷史面貌。

1911年辛亥革命爆發,次年,孫中山領導建立亞洲第一

38　李芍珊:〈回教振興策〉,《醒回篇》第1號,戊申年十二月六日(1908年12月28日),第81頁。

個民主共和國——中華民國。在繼承清末「五族大同」思想的基礎上，孫中山提出「五族共和」的口號。他在 1912 年元旦就職典禮上發表的《臨時大總統宣言書》中宣布：「國家之本，在於人民。合漢、滿、蒙、回、藏諸地為一國，即合漢、滿、蒙、回、藏諸族為一人。是曰民族之統一。」[39] 在中華民國的政治體制下，各種族、階級和宗教一律平等。中國伊斯蘭和各族穆斯林自此獲得嶄新的生存和發展條件。但這其中又包含著複雜的爭辯和敘述。目前，有關「五族」中的「回」具體所指仍未有學術定論。但至少在當時的中國穆斯林看來，「回」指的就是「回教」所涉區域、文化和人群等。他們藉此歷史變化也極力爭取在新政權中獲得應有位置。1912 年 9 月，北京的「中國回教俱進會」曾開會歡迎孫中山，孫在演說中也確立和承認中國穆斯林在國家建設中的重要位置。其演說大意為：「今日之中華民國，乃五族同胞合力造成。國家政體既經改良，不惟五族平等，即宗教亦均平等。當初地球上最有力量者為回教，崇信回教之國亦不少。現宜以宗教感情，聯絡全國回教中人，發其愛國思想，擴充回教勢力，恢復回教狀態。」[40] 由此，中國穆斯林借此新的文化和政治條件開始更加深廣地進行自我變革。此後，伴隨新文化運動的興起、中國共產黨的成立、抗日戰爭、解放戰爭等歷史進程，中國穆斯林也經此歷史的鍛造逐漸從「五族」之一蛻變為「中華民族」之一員。中國穆斯林的文化運動也因而呈現出豐富且複雜的歷史樣

39　孫中山：〈臨時大總統宣言書〉，《孫中山全集》第 2 卷，北京：中華書局，1982 年，第 2 頁。

40　孫中山：〈在北京回教俱樂部歡迎會的演說〉，《孫中山全集》第 2 卷，北京：中華書局，1982 年，第 477 頁。

貌，這在學術研究中還有值得探究的空間。

　　1929 年 11 月 5 日，民國時期規模最大、持續時間最長的中國穆斯林刊物《月華》創刊，登載在創刊號上的首篇文章為回民知識分子王孟揚[41]所寫的〈回教與中國〉。這篇文章充滿豐富的思想內容，具有重要的歷史價值，但卻極少被研究者重視。王孟揚開篇從世界被西方帝國主義壓迫的歷史講起，他認為從文藝復興到歐洲大戰的漫長時期內，世界處於西方「皙膚民族」的全盛時代，也就是帝國主義者的全盛時代。在此時期，世界多數有色民族，尤其是各「回教國」都被蹂躪在帝國主義的鐵蹄之下。接著，王孟揚談到美國總統威爾遜（Thomas Woodrow Wilson）的「民族自決」原則，他認為雖然此原則存在各種問題，但從此在被壓迫的弱小民族和各「回教民族」的頭腦中深深印刻，為後者抵抗帝國主義、進行民族獨立解放運動起到促進作用。他認為 20 世紀是「民族自決」運動風起雲湧的時代。因此，王孟揚主張世界上被壓迫的各弱小民族要想獲得各自的自決和獨立，就需互相團結和聯合起來共同抵抗帝國主義。他引述孫中山「聯合世界上以平等待我之民族共同奮鬥」的遺囑，認為能夠「平等待我之民族」只能是那些與中國同處被壓迫命運的弱小民族，如土耳其、印度、波斯、阿富汗、埃及、摩洛哥、阿拉伯等。王孟揚接下來又引述列寧（Lenin）的話：「世界上有兩種人：一種是十二萬萬五千萬人，一種是二萬萬五千萬人，這十二萬萬五千萬人，是受那二萬萬五千萬人的壓迫。」由此，世界是由少數的帝國

41　關於王孟揚生平，見中國伊斯蘭百科全書編輯委員會編：《中國伊斯蘭百科全書》，成都：四川辭書出版社，2007 年第 2 版，第 586 頁。

主義者壓迫多數的弱小民族。因此,弱小民族需要團結合作以抵抗帝國主義。王孟揚認為,在所有弱小民族中,中華民族和「回教民族」即占二分之一,因而這二者需要更加團結和努力,才能最終改變世界弱小民族總體的命運。他之後從種族、地理、文化等方面論證二者合作的「絕對可能」。在文末,王孟揚強調:「為了謀全世界的和平,多數的弱小民族,必須聯合起來抵抗而制勝帝國主義者;中華民族和回教民族占了弱小民族的大多數,而且處處有合作的可能,並且是特別優秀者,所以應當聯合起來,領導其他的弱小民族去實行抵抗而制勝帝國主義者以謀全世界的和平的實現」。[42]

王孟揚的文章顯示出,中國穆斯林新文化運動從始至終不僅處於中國近現代社會歷史和政治革命的變遷內,同時也處於全球反帝反殖、被壓迫民族獨立解放以及亞非人民團結合作的革命運動中。後文將會考察的中國穆斯林抗日戰爭期間的思想和實踐行動,以及 20 世紀前半葉中國穆斯林在印度洋 - 伊斯蘭世界遊記中的反帝反殖表述都明確呈現出這種特徵。

由上述可見,即便是中國穆斯林新文化運動本身,在開端、進程和內容方面也是具有多重性,並且各個要素之間卻又相互有機統一。在具體的發展進程中,其與一般敘述中所謂主流的中國新文化運動之間,儘管存在差異,但更是充滿各種頻繁、活躍和深度的互動關係。這尤其體現在中國穆斯林的報刊文學,在形制和體式方面,與白話文運動和新文學運動之間的緊密促動關係之中。在內外諸種新興思潮的共同影響下,中國穆

---

[42] 孟揚:〈回教與中國〉,《月華》創刊號,1929 年 11 月 5 日,第 1、2 版。

斯林在20世紀前半葉借助報刊這一新傳播媒介開始自我表述。

第二節　中國穆斯林報刊文藝的興起

晚清以來，作為新興傳播媒介的報紙、刊物開始在中國大量湧現。受此時代風潮影響，中國穆斯林新文化運動中，也出現了數量龐雜且內容豐富的由穆斯林主辦的報刊。自清末民初興起的中國穆斯林新文化運動，自始至終都十分注重對於報紙、刊物等這類當時的新型傳播媒介的運用，可以說，報刊的大量創辦正是這場運動的一個顯著特點。據馬博忠查考和統計，在整個20世紀前半葉，由中國穆斯林創辦的各類報刊總數不下270種：「北自東三省，南到兩廣，東起江浙沿海，西至新疆，穆斯林報刊分布地域之廣，數量之多，內容之豐富，確屬空前。創辦者既有回民團體、學校、清真寺，也有有志於文化傳播的個人」。[43] 儘管其中已有少部分報刊佚失以致無法看到，但目前存世可見的報刊仍數量眾多。這些報刊是記錄彼時中國穆斯林社會歷史文化的珍貴資料。

作為20世紀前半葉中國伊斯蘭和穆斯林文化的重要文本載體，中國穆斯林報刊不僅大力倡導和推動本族群，在宗教、教育、社會、文化等方面的革新，同時也都十分重視文藝的價值和意義，積極刊發各類文藝作品，為這一時期中國穆斯林新的文藝表述提供了重要的發表陣地。這些報刊中的大多數均刊載過各類文學作品，甚或開設有相關的文學或文藝欄目。實際

---

[43] 馬博忠：〈民國時期中國穆斯林報刊統計表〉，《回族研究》第4期，2008年，第48頁。

上,中國穆斯林報刊在此歷史時期的崛起,從側面助推了中國穆斯林的文學表述在內容和形式層面革新的發生。而此過程又與 20 世紀以來中國社會文化所發生的整體宏觀變遷存在緊密關聯。通過這類主要在穆斯林人群中流傳同時也面向教外人群開放交流的報刊及其文藝欄目,中國穆斯林中的知識分子、文化人士、宗教職業人員、青年學生等群體,均廣泛成為文藝創作實踐的主體,他們用文藝的方式開始表述身處新歷史情境中的「自我」。

《月華週報》上發表的〈我們的文藝道路〉一文,頗能呈現身處於 20 世紀前半葉的中國穆斯林的這種心聲:

> 在這個戰亂、動盪與血火交織的時代,每一個覺醒的伊斯蘭青年,除了加緊主觀的努力,充實自己的學習外,而且還需要自由和盡情地申訴,伊斯蘭已經不是一個無聲的了,今天我們需要繼承光輝的革命傳統,以英勇的戰士姿態來歌頌新生的一代,但主要的是要詛咒和擊退殘酷的敵人所加之於我們的迫害和民族敗類所表現的醜態,這首先就需要我們發出聲音。
>
> ……
>
> 在現在中國的社會裡,伊斯蘭是需要反抗或暴露的作品,伊斯蘭生長在將要滅亡的領域裡,每個穆斯林,尤其是覺醒的知識青年,他有深刻的了解與深沉的憎恨,如果他要發聲音,那將是巨雷,是閃電,而他帶來的將是革命與勝利。因而,我們呼籲寫作的朋友不能再沉默了![44]

---

44 〈我們的文藝道路〉,《月華週報》第 16 號,1947 年 12 月 5 日,第

當時的中國穆斯林試圖通過文藝發出「文明內部」聲音，以此表達他們對時代和政治的覺知以及內心的情感和思想等。文藝成為他們參與中國社會革命進程的重要方式，因而，其內部也飽含強烈的政治內涵。這篇文章末尾引用了魯迅〈革命時代的文學〉中的一句話作為他們思想和精神的資源：「怒吼的文學一出現，反抗就快到了；他們已經很憤怒，所以與革命爆發時代接近的文學每每帶有憤怒之音；他要反抗，他要復仇。」[45] 這一引述不僅顯示出現代中國穆斯林對魯迅的普遍正面接受的事實（後文將會討論的民國時期著名回民知識分子馬宗融對魯迅的崇敬也能說明此點），同時也揭示出現代中國穆斯林新文化和新文藝活動與「五四」新文化運動之間的緊密互動。

　　儘管由中國穆斯林創辦的報刊在清末就已出現，但真正發表文學作品或開設文藝相關欄目則是從民國初年才真正開始。1915 年 3 月，由雲南回教俱進會在昆明創辦的《清真月報》最早設立「文苑」、「小說」等欄目。儘管這類欄目內發表的文學作品仍然使用的是文言文，但這並不表示當時的穆斯林對中國社會越來越強烈的使用白話文的潮流不敏銳和不接受。實際上，《清真月報》在開先河設立文藝欄目的同時，也從第一期就特別設立「白話論說」欄目。只不過在此時，白話文還只是被他們運用於議論時事，還未被正式應用於文藝書寫實

---

　　　3 版；見王正儒、雷曉靜主編：《回族歷史報刊文選・文學卷》第 1 冊，銀川：寧夏人民出版社，2015 年，第 17-18 頁。

45　〈我們的文藝道路〉，《月華週報》第 16 號，1947 年 12 月 5 日，第 3 版。原文見魯迅：〈革命時代的文學〉，《魯迅全集》第 3 卷，北京：人民文學出版社，2005 年，第 438 頁。

踐。中國穆斯林開始以白話文創作文藝作品,還要等到胡適、陳獨秀、魯迅等人發起的新文學革命以後。不過在此之前,中國穆斯林很早就對白話文的大眾傳播和宣傳價值有著充分的認識。比如,由中國穆斯林早在 1906 年創刊的《正宗愛國報》和 1913 年創刊的《愛國白話報》等公共綜合性報紙,就已有意識將白話文作為報紙的主要媒介語言。

　　從《清真月報》之後,中國穆斯林報刊大多數都開闢有發表文藝類作品的版面,甚或特別設立文藝類欄目,這不僅與中國穆斯林文藝觀念的轉變和文藝參與者(創作者和讀者)的壯大有關,同時也涉及到 20 世紀前半葉中國報刊整體的行銷策略問題,即文藝類欄目也會對報刊的廣泛傳播有較大助益。而這種社會流行的報刊運行模式,同樣也影響到眾多的中國穆斯林報刊。據李九華的查證和統計,在整個 20 世紀前半葉,發表過文學作品或設立過文藝類欄目的中國穆斯林報刊(李九華稱為「回族報刊」,儘管這與本書稱法有別,但具體所指基本相同)超過 80 種,並且具體羅列出了這些報刊的名稱。不過這份名單卻也將《醒回篇》這類實際上並沒有發表過一般文藝作品的報刊囊括在內,因此,其統計可能稍有誇大之嫌。[46]不過這類情況在這份名單中屬於少數。考慮到其同時將另一些發表過文藝作品的穆斯林報刊遺漏在外,因此,儘管這份名單存在不準確和不完善的地方,但其統計的此類報刊數量大致上仍具有參考性。在當時,不僅如《月華》、《雲南清真鐸報》(後更名《清真鐸報》)這類大型中國穆斯林報刊積極刊發文

---

[46] 見李九華:〈近代回族報刊文學述略〉,《回族研究》第 1 期,2018 年,第 122 頁。

藝作品或開設相關欄目，另一些小型的穆斯林報刊如《金字塔》、《懷聖》等，也都注重在有限版面上開闢文藝園地。

按照本書的重新梳理和查考，目前能見到的開設過文藝類欄目或刊發過文藝作品的中國穆斯林報刊，從1915年創刊的《清真月報》到1948年創刊的《懷聖》為止，主要包括如下諸種（以創刊時間先後為序）：

《清真彙刊》、《清真週刊》、《明德月刊》、《回光》、《穆聲報》、《明德報》、《中國回教學會月刊》、《清真導報》、《伊光》、《震宗報》（後更名《震宗報月刊》）、《天方學理月刊》、《雲南清真鐸報》（後更名為《清真鐸報》）、《月華》、《穆士林》、《回教青年月報》、《穆民》、《正道》、《成達學生會月刊》、《伊斯蘭學生雜誌》、《醒民》、《回民》、《穆音》、《西北》、《回族青年》、《西北公學五周年紀念刊》、《伊斯蘭青年》、《成師月刊》、《邊鐸》、《人道》、《突崛》、《廣西回教》、《晨熹》、《文化週報》、《回民公論》、《塔光》、《回報》、《昆侖》、《回教青年月報》（南京）、《伊斯蘭婦女》、《清真教刊》、《中國回民救國協會通告》、《回教大眾》、《回教》、《回教論壇》、《回民言論》、《成師校刊》、《回教青年會刊》、《回光月刊》、《星月》、《西北回民正論》、《中國回教救國協會會刊》、《綠旗》、《回教青年》、《西北鐘聲》、《新穆民》、《中國回教救國協會會報》、《金字塔》、《回教婦女》、《回民青年》、《回聲月刊》、《伊理月刊》、《中國回教協會會報》、《真光》、《古爾邦》、《回協》、《西北通訊》、《月華週報》、《回族文化》、《弟妹們》、《天山月刊》、

《帕米爾》、《懷聖》等。

上述所列穆斯林報刊基本上目前可以見到部分或全部卷次，還有若干可能登載過文藝作品的穆斯林報刊因為已經佚失，因此不再列出。除這些由穆斯林主辦的報刊外，中國穆斯林作者也在其他教外報刊上發表過文藝作品，這些也構成中國穆斯林自我表述的重要載體。

事實上，借助伊斯蘭教內外報刊，中國穆斯林對本宗教和本族群的文藝書寫實踐，一方面是為喚起教內的社會文化革新，另一方面也是對教外社會進行伊斯蘭文化宣介以使他們對穆斯林物質和精神生活有更深了解。這種意識反映出身處新的時代和文化政治空間中的中國穆斯林，急切想要借助報刊媒介改變此前與中國主流社會之間隔膜關係的要求和願望。在此過程中，文藝實際上扮演著十分重要的角色。通過在中國穆斯林報刊中設立諸如「文苑」、「藝苑」、「文藝」、「小說」、「清真小說」、「寓言小說」、「創作小說」、「短篇小說」、「詩歌」、「舊詩、「新詩」、「筆記」、「雜俎」、「藝海新潮」、「穆民文藝」、「雜記」等文藝類欄目，中國穆斯林的文藝創作實踐，在這一時期達到空前活躍和豐富的狀態。這使中國伊斯蘭和穆斯林的文化生活真正開始進入中國文藝的書寫實踐系譜中，也使中國穆斯林作者的聲音出現在中國文藝表述的空間內，構成了現代中國文藝多重合奏中不可替代的一曲。

第三節 「做昏暗中的曙光」：阿訇文人及其寫作

阿訇自古以來在中國伊斯蘭發展中扮演重要角色，是中國穆斯林中最具社會文化引領作用的階層和人群。「阿訇」一詞音譯自古波斯語，意為「教師」或「學者」，在漢文中也被譯為「阿衡」、「阿洪」、「阿渾」等。自明後期胡登洲開辦經堂教育起，中國穆斯林開始將教授經文的教師稱為「阿訇」，之後泛指在清真寺或經學院學成畢業具有較高宗教學識的伊斯蘭教職人員。阿訇在中國穆斯林中屬於知識階層，受到穆斯林的尊敬並享有較高社會地位，其職責是向穆斯林教眾解釋宗教經典並領導後者從事宗教活動。[47] 正因此種地位，阿訇群體在 20 世紀前半葉中國穆斯林新文化運動中不僅扮演十分重要的角色，而且也被穆斯林民眾賦予較高的變革使命，即「負有復興宗教，闡揚回教文化的責任」[48]。這種使命和責任，勢必要求阿訇群體本身在知識、視野和能力方面有較高水準，同時不能再如以往那樣封閉和保守，而應該秉持「經、漢」並重思想，在熟習伊斯蘭經學的同時也要積極學習漢文並掌握新知識和新思想，為中國伊斯蘭的變革和振興起到引導作用。民國時期著名阿訇馬松亭在 1937 年的一次題為〈中華民族的回教問題〉的講演中就曾指出：

47　有關「阿訇」概念的詳細內容，見中國伊斯蘭百科全書編輯委員會編：《中國伊斯蘭百科全書》，成都：四川辭書出版社，2007 年第 2 版，第 13 頁。

48　丁德普：〈阿衡的責任是什麼？〉，《月華》第 7 卷第 6 期，1935 年 2 月 28 日，第 12 頁。

一般回人的大病,是教內阿訇少讀漢文書沒有國家意識,沒有豐富的常識;久而久之,演成教內阿訇只是開了大門去教育教民,而不能領導教民對國家努力,參與國家的一切運動。所以要想使回教人民積極地來參加中華民族的復興運動,非要使阿訇先深確有了國家意識、了解國內政治經濟情況、獲得豐富常識不可。[49]

馬松亭的觀點代表了當時一般穆斯林大眾對阿訇的普遍期許。可見,在中國伊斯蘭「興教救國」的時代潮流中,阿訇在其中占據著關鍵的引領位置。1929年6月,廣州的《天方學理月刊》第9期上所載陳應昆的〈阿洪〉一詩,也具體反映出這種認識。這首詩的前半部分,具體描述了這位穆斯林詩人對阿訇群體的期望:

阿洪!
阿洪!
你是繼步穆聖的傳道者,
你是芸芸眾生的導領;
因為:現在世途的奸險,
社會的黑暗;
人們會:
趨向了迷途,
誤進了危路;

---

[49] 馬松亭:〈中華民族的回教問題〉,《突崛》第4卷第2期,1937年2月15日,第29頁。

所以！
你要認定你底使命，了解宗教的人生觀，
做昏暗中的曙光，
在沉沉的黑夜裡閃耀你底光明；
這樣，使旅途中過客仰仗你的導引，
在腦海中永遠遺留著你的影子，
向著你是引領而望之矣；
…………50

　　這節詩中，對阿訇群體既有批評又帶期望的情緒，在當時中國穆斯林群體中間比較普遍。在整個 20 世紀前半葉中國穆斯林新文化運動中，阿訇的角色非同尋常。尤其在宗教改革方面，阿訇實際上主導了該運動的發展。晚清民國時期，從馬萬福到王寬、王靜齋等當時具有新思想的阿訇，最先在西北、京津等地發起本宗教和本族群的改革運動，及至後來各個地方阿訇同樣大力推進中國伊斯蘭革新運動的發展。在這其中，「經、漢」兼通且具有新思想的阿訇，尤其被認為是新時勢中穆斯林社會變革的中流砥柱，民國時期著名的「四大阿訇」（包括達浦生、王靜齋、哈德成、馬松亭）就是在此種時勢思潮中出現。因為這些阿訇不僅需要發起本宗教的變革，同時也在發揚和宣傳「回教」文化、增進教內外人群之間的互相理解方面發揮著重要作用。阿訇文人及其漢文寫作的出現和興起是較為典型的一個反映。

　　1921 年的上半年，當時正在北京馬甸清真寺擔任教長的

50　陳應昆：〈阿洪〉，《天方學理月刊》第 9 期，1929 年 6 月，第 7 版。

李虞宸阿訇[51]以「之屏」、「芝坪」等為筆名，在北京牛街清真書報社主辦的《清真週刊》第1卷第5至9號上，連續發表了一組以中國伊斯蘭歷史文化和穆斯林生活習俗為內容的古體詩，包括〈劉介廉〉、〈馬復初〉、〈過而立法他墓〉、〈王岱輿〉、〈讀劉介廉《典禮》〉、〈湯瓶〉、〈禮拜帽〉、〈油餪〉、〈台速他〉、〈亥的耶〉、〈讀劉介廉《性理》〉、〈游牛街大寺〉、〈遊東四牌禮拜寺〉、〈遊馬店禮拜寺〉、〈遊德勝門外禮拜寺〉等。這組詩在民國時期盈千累萬的穆斯林報刊著述中並不起眼，在以往的「回族文學」研究譜系中也鮮少被關注，但它們卻是中國穆斯林較早有意識地書寫本宗教文化和本族群生活習俗內容的代表性文學作品。其中，如「湯瓶」、「禮拜帽」、「油餪」、「台速他」（波斯語音譯詞，也稱「戴斯塔爾」，意為「纏頭巾」，中國伊斯蘭阿訇的宗教頭飾）、「亥的耶」（阿拉伯語音譯詞，也稱「海迪耶」，本意為「禮物」、「贈品」、「饋贈」等，中國回民將該詞引申並賦予宗教含義，指自願向清真寺、拱北、道堂及阿訇、滿拉捐贈的財物和禮品）等中國伊斯蘭文化和生活習俗

---

51 李虞宸（1884-1936），本名李廷相，字虞宸，回族，中國伊斯蘭教阿訇、經學翻譯家，河北遷安人。青年時期曾在華北等地隨著名經師學習伊斯蘭教經典和歷史，學成後相繼在河北、北京、南京等地的清真寺擔任掌教阿訇。精通伊斯蘭教經典和教義，通曉阿拉伯文、波斯文，古漢語修養很高，並擅長書畫創作。見中國伊斯蘭百科全書編輯委員會編：《中國伊斯蘭百科全書》，成都：四川辭書出版社，2007年。（關於李虞宸的歸真年份，《中國伊斯蘭百科全書》所載為1937年，不確。據與李虞宸熟識的王靜齋記述，應為1936年。見王靜齋：〈吊李虞宸阿衡〉，《伊光》第85期，1936年10月，第2-3頁。）

中的特有意象,可能是由此初次進入中國文藝創作實踐的領域內。

李虞宸阿訇以古體詩的形式書寫這些中國穆斯林生活習俗中的象徵性事物時,對外宣傳介紹的意識是十分強烈的。因為除詩之外,他還在詩前或詩後以細膩的文字為不了解的教外讀者提供說明和解釋。這在他所寫的〈湯瓶〉、〈禮拜帽〉、〈油餜〉、〈台速他〉、〈亥的耶〉等詩中,表現得尤為明顯。其詩如下:

湯瓶

為參大造洗身形,水入池塘分外青。
應是湯盤形式舊,翻新時樣用湯瓶。

禮拜帽

六瓣高冠表美儀,數循六六不為奇。
下圓上銳遵何制,皮弁分明制古時。

油餜

芝麻油和麵勻停,西域傳來似月形。
當日曾充欽聖饌,晶盤今得伴天經。

台速他

在昔中原亦岸巾，天方此制尚因循。
廣廊戴雪千人立，白帽皚皚拜至真。

亥的耶

孔方自古號稱兄，今到經筵表敬情。
應覺當年名姓舊，這番特意換新名。[52]

他在上引每首詩的題目下，還另附一段小號字體文字，對詩題所對應之事物加以說明和介紹。比如，他說湯瓶是「吾教於禮拜之先用以洗濯五體之器也。乃以木制之壺，取義命名，殆亦淵源於湯之盤云」；說禮拜帽是「六瓣尖制，上銳下圓，吾教拜造物主時所用之禮帽也」；說油餉是「吾教慎終追遠，誦《天經》時用以款教士之食品也，用芝麻油炸麵所作，味美異常」；說台速他是「拜造物主時，教士用以飾帽者也，其制用極輕軟白布，長丈餘，沿冠纏之，隆起於額，後餘尺許，披於背，披背者曰巾，隆額者曰岸」；說亥的耶是「經資也，用紙裹錢或鈔票，為酬教士誦經之資」。[53] 從這些說明和介紹性的文字來看，他的言說對象不太像是對這些事物已司空見慣的穆斯林人群，更可能是針對那些對之不太了解或存有誤解的教外人群來說的。因此，他寫這些古體詩的真正用意，主要在於向教外人群介紹中國伊斯蘭文化和穆斯林生活習俗等內容，使

---

52 之屏：〈湯瓶〉、〈禮拜帽〉、〈油餉〉、〈台速他〉、〈亥的耶〉，《清真週刊》第 1 卷第 7 號，1921 年 2 月 18 日，第 13-14 頁。
53 同上。

他們對伊斯蘭和穆斯林有基本了解,並進而希望消除彼此的誤解、增進彼此的理解、拉近彼此的情感。

據在青年時代就與李虞宸相識,與前者是「多年老友」的王靜齋記述,李虞宸擅長繪畫,被時人稱為「畫兒李」,而且在「漢學上造詣極深」,是當時中國伊斯蘭教中先進阿訇的代表人物。[54] 不過在那個時代及以前,能夠在漢文古體詩上有較高造詣的中國穆斯林文人,並不只有李虞宸阿訇一個,僅在20世紀初期有詩稿存世的就有龔選廉(1874-1948)、馬介泉(1876-1933)、馬君圖(1880-1945)、馬福祥(1876-1932)、馬書城(1891-1970)、馬駰(1886-1938)等人。但是李虞宸與上述這些詩人最重要的區別是,他是較早有意識在自己的古體詩中表述對於本宗教文化和本族群生活習俗內容的詩人。

他不僅以中國伊斯蘭歷史上的著名經師,如劉介廉、馬復初、王岱輿及其著作作為書寫內容,而且更具突破性的是他將中國穆斯林生活習俗中具有獨特性的標誌性事物有意識地納入書寫當中。這背後的原因,一方面與李虞宸的阿訇身分有關,這些內容均為阿訇在職業生活中必然要頻繁接觸和研習的對象,因此,對於掌握漢文古體詩寫作技藝的李虞宸來說,將自己在阿訇生活中有更多接觸和更深理解的事物在詩中呈現出來,就具有相較於其他一般穆斯林大眾來說更多機緣;另一方面,同時也更主要的是,這與當時中國穆斯林新文化運動中的宗教革新和振興的時代思潮有密切關聯。而此種思潮的重要舉

54　王靜齋:〈弔李虞宸阿衡〉,《伊光》第85期,1936年10月,第2頁。

措之一，就是借助新興的報刊媒介來介紹和宣揚中國伊斯蘭文化和穆斯林的生活習俗，以便使教外人群都能對中國伊斯蘭和穆斯林人群有更深入的認識和理解。顯然，李虞宸阿訇的穆斯林題材古體詩的寫作正是處在這樣的思想潮流之中。

除上述穆斯林信仰和生活題材古體詩的創作外，李虞宸阿訇還曾經以白話文的形式演繹過阿拉伯古典名著《一千零一夜》，以〈白話講演一千一夜典〉為題連載於《清真週刊》之上。可見他並非一位隔絕於時代發展的保守阿訇文人，而是對當時正在開展的白話文運動持積極學習和應用的態度。而且以宗教之外的域外文學著作作為介紹對象，也顯示出他文學志趣的高遠和造詣的深厚。這些品質均是當時中國阿訇文人最典型的特徵，為此前時代的阿訇們所不及，也是後來以至今天的阿訇們所應學習的模範。從李虞宸阿訇的古體詩寫作中可以看到，在中國穆斯林新文化運動的發展過程中，被主流新文化運動所革命的對象，即舊的文化和文藝本身反而是前者中的重要構成內容之一。等到後來，中國穆斯林普遍接受新文化運動的成果時，舊的文化形式也並未被他們徹底拋棄。換句話說，新文化運動期間新、舊文藝的對立和矛盾在中國穆斯林中間並不如主流社會那般尖銳，它們實際上都是中國穆斯林新文化構造中的重要參與性元素。

從 1920 年代開始，伴隨越來越多的穆斯林報刊的創刊以及中國穆斯林文藝創作實踐的廣泛開展，如李虞宸阿訇那種「經、漢」兼通且具有新思想的阿訇文人，以及書寫中國穆斯林人群特定文化生活內容的文藝作品也開始不斷湧現，成為穆斯林與中國社會關係重塑的參與性力量。

第四節　中國穆斯林的宗教思考及文藝表述

在 20 世紀前半葉新的時勢條件下，中國穆斯林文藝表述的一個重要部分是對本宗教文化的思考和書寫。一方面，這是由彼時中國穆斯林自身的文化開放主義的思想觀念所促使，此時中國穆斯林已經深感不論對於教內教外，宗教文化書寫和宣介的重要性和迫切感；另一方面，秉持文化革新的態度，他們在新的社會政治條件下，迫切需要一種新的文化書寫和表達。由於在社會變革的過程中，普遍具有的一種宗教和族群生存的危機感，因此，這種文學實踐的必要性就變得更為充分。正如 1932 年《穆士林》雜誌上的一首題為〈闡揚聖教〉的新詩開頭所揭示的：「光輝的聖教，／變成荒寒枯萎的禿枝；／穆聖的百折不回的精神，／已將成為幻影！」[55] 正是在這種危機意識和振興要求面前，對本宗教文化的書寫，就不僅是一種內容上的自然涉及，更是當時中國穆斯林宗教文化表達的有意實踐。

1925 年，時年 19 歲且正在雲南昆明明德中學念書的納忠，以他的字「子嘉」為署名在《回光》雜誌發了〈我的祈禱〉一詩。此詩儘管並非中國穆斯林第一次以新詩這種新的文學體式進行寫作，但卻是他們較早以這種新文體來書寫本宗教生活和文化的作品。與當時眾多受到新文化運動和新文學運動感召的中國穆斯林青年一樣，納忠早年也曾積極回應並拿起筆進行新文學實踐。作為一位接受新式伊斯蘭教育的穆斯林，其首先面對的寫作內容便是本宗教和本族群的生活和文化。而這

55　介之：〈闡揚聖教〉，《穆士林》第 10-11 期合刊，1932 年 12 月，第 23 頁。

首〈我的祈禱〉正是他早年眾多文學練習中比較典型地反映了上述寫作面向的文學作品。由於身處在中國穆斯林新文化運動的思潮前沿,因此,他在詩中首先便對「祈禱」這種穆斯林宗教儀禮,進行了批評性反思:

> 祈禱!祈禱!
> 你是悔過,贖罪,懺悔的東西!
> 現在有許多人借你的名,
> 欺騙了多少聰明伶俐的人,
> 種了無數量的禍根。[56]

由此可見,中國穆斯林對本宗教文化的書寫本身,並不必然全是肯定的,同時也有批評反思的一面。納忠這首詩前半部分所反映出的宗教觀念,在現代中國穆斯林群體內部並不單獨。不過,這種批評性反思的書寫背後暗含的,則是更為強烈的宗教變革要求和振興願望。

實際上,在 20 世紀前半葉的穆斯林報刊中,大部分中國穆斯林關於本宗教和本族群書寫,是以闡揚內部特定物質和精神文化作為重心。20 世紀前半葉一位著名的穆斯林作家常步舜所寫的新詩〈燦爛的真光〉,就頗能代表這種書寫潮流:

> 我將我的言語,用在「念」贊上,
> 我將我的身體,用在「禮」拜上,

---

[56] 子嘉(納忠):〈我的祈禱〉,《回光》第 2 卷第 3 號,1925 年 3 月,第 12 頁。

我將我的食欲,用在「齋」戒上,
我將我的富餘,用在天「課」上、「朝」覲上,
我將我所知道的、聽著的,
用在吶喊的筆桿上;
親愛的教友,青年的教友們喲!
我發現了被晦暗的燦爛的真光。
我們大家一起走向著光明之路。

宇宙間永永的燦爛著的真光,
使人們都感著不入於崎嶇之途,
有種種不可名狀的快慰。
但──這光芒漸漸地漸漸地雪亮了,
呵!有了最近的將來:
許許多多的善買來理會,
它引領著永恆的人們在大道上走。[57]

在此,對於「真光」的發現,象徵著詩人對宗教的認同和熱情,這種對伊斯蘭本身的積極態度,與彼時中國伊斯蘭振興的時代潮流暗合。能夠將這種態度用新詩的文體書寫出來,本身就是當時中國伊斯蘭和穆斯林民眾在中國歷史位置發生巨大變動的體現。與此同時,這種書寫和發表,也契合於向更多伊斯蘭內外同胞,介紹伊斯蘭及其文化的時代要求。正如同時期另一位穆斯林詩人馬之驥在其詩作〈振教歌〉中所呼籲的:

---

[57] 步舜:〈燦爛的真光〉,《人道》第 2 卷第 3 期,1935 年 8 月 1 日,第 11 頁。

「快點兒把真理傳布，／為教爭光！／為教爭光！」[58] 通過詩歌等文學形式，中國穆斯林在彼時開始將本宗教和本族群文化大量書寫出來，為中國伊斯蘭本身的革新發展，以及伊斯蘭和穆斯林民眾與中國主流社會之間的互相理解和融入方面，均做出重要貢獻。這些文本也體現出彼時整個中國宗教和族群關係的新變化。

1926年，位於上海的《中國回教學會月刊》相繼刊發了一位穆斯林作家達書庵的〈殉父記〉、〈五十年後之回教〉、〈迷途〉、〈一位覺悟的阿衡〉、〈不回來了〉等小說，能夠在短時期內集中發表五篇小說，這在彼時還不成規模的中國穆斯林作者中是較為少見的。其中，〈五十年後之回教〉和〈一位覺悟的阿衡〉兩篇，主要書寫了彼時中國伊斯蘭的革新問題，同時也是中國文學中較早以此為主題進行創作的現代白話小說作品。關於達書庵其人生平，目前相關學術研究領域還缺乏比較清晰的考察，其是否為民國時期著名阿訇達浦生，或與後者存在何種關係，由於至今沒有比較可信的材料和證據，因此仍未有確切的結論。《中國回族文學通史・近現代卷》可能也是因為缺乏相關文獻的緣故，在提及達書庵時也只是簡略概述了他的作品內容，而對其生平經歷未有交待。[59] 不論如何，從這兩篇小說中所反映出的文學實踐水準和伊斯蘭革新思想來看，他應該是中國穆斯林知識分子中間一位較早受到教內教外新文化運動薰陶的進步人物與積極倡導者。

58　馬之驥：〈振教歌〉，《廣西回教》創刊號，1934年10月，第69頁。
59　見趙慧、拜學英、王繼霞主編：《中國回族文學通史・近現代卷》，銀川：陽光出版社，2014年，第191頁。

在小說〈五十年後之回教〉中，達書庵描寫了一位在中國穆斯林新文化運動中，積極倡導宗教革新，並做出過重要貢獻的新阿訇形象「馬志成」，並通過他在五十年後的一場演講，側面敘述了現代中國伊斯蘭的變革過程。儘管是一篇虛構性的小說作品，但文中故事內容和細節卻並不虛構，而是與現實存在極高的吻合度，就連小說中的主人公名稱和其所創建的「回教學會總會」在現實中都有著真實的對應者。「馬志成」這一名稱儘管含有「有志者，事竟成」的奮鬥勉勵的美好寓意，但是在 20 世紀前半葉的中國穆斯林中卻有一位姓名與之諧音的「馬自成」阿訇。在山西晉城東關清真寺現存有一方有關其傳記的碑刻，碑文由龐士謙與金吉堂撰寫於 1935 年，從龐、金兩位著名的伊斯蘭人物為其撰寫傳記來看，其人在當時中國伊斯蘭內部應該地位不低。據有關其生平信息顯示，馬自成阿訇生於 1886 年，為民國時期的著名阿訇，他曾在山西當地參與創建過「中國回教俱進會」山西分會，在 1926 年赴上海與哈德成、達浦生阿訇研討漢譯《古蘭經》問題，並於 1929 受聘為北平成達師範學校宗教課程教師，1935 年歸真。[60] 達書庵此篇小說是否以現實中的馬自成阿訇為原型，或據後者為小說主人公命名，已不重要。更值得指出的是，小說主人公「馬志成」在 20 世紀前半葉的中國穆斯林阿訇中間有著眾多的現實化身。另外，由小說主人公「馬志成」阿訇創建的「回教學會總會」在現實中可能對應的是 1925 年在上海由哈德成等人

---

60 有關馬自成阿訇的生平經歷，見李松茂主編：《回族、東鄉族、土族、撒拉族、保安族百科全書》，北京：宗教文化出版社，2008 年，第 424 頁。

創建的「中國回教學會」，所不同的是現實存在的「中國回教學會」似乎並未有過分會，因此也就沒有「總會」一說。達書庵本人可能是此學會內部的成員，或至少與該學會存在密切關係，因此希望五十年後學會的分會遍布全國的願望，就是可以理解的了。

作為一位身處 1920 年代新文化思潮之中，且對中國伊斯蘭的未來充滿某種美好期待的穆斯林知識分子，達書庵在小說開頭，有意營造了五十年後中國伊斯蘭和諧、健康的發展狀態：

> 屋宇門前掛著一塊「回教學會總會」的牌子，鐵劃銀鉤，字勢雄偉。屋之中央最高頂處，早已掛上了兩面大旗，一面是五色中華民國的國旗，一面便是星月交輝的旗，隨風飄蕩，彷彿很有精神的樣子。[61]

這是一幅顯示伊斯蘭與國家政權之間和諧關係的畫面，作者同時描述「回教學會總會」會址被鮮豔花草所包圍，也似乎意在烘托這種和諧關係。在這種美好環境中，「一位年高德尊、精神矍鑠之翁」「撚著銀絲般的美髯，笑眯眯地望望四周的事物，覺得皆很精神飽滿」。[62] 這位老翁就是這篇小說的主人公「馬志成」阿訇。據作者接下來的交待，「馬志成」是一位在中國穆斯林新文化運動中，親身參與做出過重要貢獻的新

61　達書庵：〈五十年後之回教〉，《中國回教學會月刊》第 1 卷第 2 號，1926 年 2 月 1 日，第 53 頁。
62　同上。

阿訇，用主人公自己的話來說：「這五十年內一部回教興革史都在我的腹內」[63]。因此，作為一位重要參與者，「馬志成」阿訇親眼目睹了中國伊斯蘭和穆斯林社群在這五十年中所發生的巨大變革：

> 回教的教務、教友的生活在五十年前，都奄奄無生氣，衰敗達於極點。我與同志組織了一個回教學會，經無數同志的精神與力量努力教務，備嘗艱辛，遂將奄奄就滅的回教挽回轉來。至於今日，教務啦、教育啦、經濟啦、教友的職業啦、阿衡的道德啦，都已十分進步發達。[64]

作為一篇小說，上述對主人公身分背景的交待只是前奏，它所要引出的更重要的內容是「回教學會總會」五十周年紀念慶典，和主人公「馬志成」阿訇在此次慶典上的講演。

中國伊斯蘭革新思潮，不僅試圖重塑本宗教／族群和國家政權之間的嶄新關係，同時也力圖使自身與中國社會中的其他宗教和族群的關係，進入新的歷史階段。這細節性地反映在這篇小說內有關此次慶典參會人員的構成之中。據小說的描述，參加此次慶典的人不僅有「回教學會總會」的各地分會代表，同時，「來賓中儒、釋、耶、道各教都有」。[65] 儘管20世紀前半葉，中國各地仍時有針對伊斯蘭教和穆斯林民眾的「侮教案」發生，但是中國穆斯林除了對這類歧視性事件不斷做出

63　達書庵：〈五十年後之回教〉，《中國回教學會月刊》第1卷第2號，1926年2月1日，第54頁。
64　同上，第53頁。
65　同上，第54頁。

抗爭之外，同時也積極倡導各教或各族群之間的互相了解，以使彼此關係變得和諧與健康。達書庵在小說中的這一細節描寫，似乎是中國穆斯林彼時積極宣揚和維護各教和諧關係的典型呈現。因此，在其設想中，五十年後中國伊斯蘭舉辦的慶典中，出現儒、釋、耶、道各教同胞前來祝賀的場景。這是身處1920年代變革時勢中的作者及廣大中國穆斯林民眾，對中國社會各個宗教和族群之間和諧關係的一種美好構想。

小說中主人公「馬志成」阿訇的講演，具體回顧了他從青年時代開始為中國伊斯蘭整體革新所做的各項工作。其中主要包括四個方面：「教務」、「教育」、「經濟」和「生活」。不過，與一般中國穆斯林新文化運動的敘述不同，小說中「馬志成」阿訇的變革實踐首先是從「經濟」方面入手的，其具體舉措為開辦銀行、輪船公司、長途汽車公司和大工廠，並且為了解決穆斯林民眾的職業問題，在這些新型經濟組織中大量招收本教職員，使得「教中並無半個閒人，因才而使，各各滿意」[66]。在經濟積累逐漸充足和穆斯林民眾生活逐漸改善的基礎上，其次便為教育的革新，於是，他們開始成立各類小學、中學和大學等教育機構，使得穆斯林教育得到較為明顯的提升。而教育提升的同時，反過來又不斷激發教中實業的發展，這兩方面形成良性循環，互相不斷促進和充實。在此前提下，伊斯蘭教務的改革則是最後才進行的，小說敘述中採取的舉措主要為：加強伊斯蘭和其他各教之間的溝通、創立報紙和雜誌以宣傳伊斯蘭文化、宣揚伊斯蘭經典的漢譯並成立專門的譯經

---

[66] 達書庵：〈五十年後之回教〉，《中國回教學會月刊》第1卷第2號，1926年2月1日，第55頁。

會、提高阿訇的道德水準等等。小說中這些宗教改革舉措，基本上是對晚清以來中國穆斯林新文化運動中有關宗教改革內容的反映或再現。因此，這篇小說通過講演，並以個人回憶的方式，將現代中國伊斯蘭的革新歷程和內容，簡略而全面地進行了一次文學式的呈現，這一題材內容在整個20世紀前半葉的中國文學中都是少見的。它反映出1920年代中國穆斯林知識分子的一種新的文化態度和宗教革新思想。

達書庵的另一篇小說〈一位覺悟的阿衡〉同樣描寫的是彼時中國伊斯蘭內部的革新問題，尤其聚焦於阿訇群體。故事發生在「下海」這個地方，大概指的是當時的上海，此地阿訇眾多，但其中充斥著大量濫竽充數、良莠不齊的人員，整個阿訇群體學術粗陋、素質低下，教門呈現出破落的頹勢。正是在這種環境中，主人公「魏士穀」阿訇有感於整個伊斯蘭阿訇群體的諸多弊病，有志於改善這種現狀。小說在指出問題的同時，並非一味批評阿訇個人，而是認識到這種問題的背後，存在當時中國伊斯蘭的制度性不足：「罪在教中制度不良，既無教練阿衡之所，又無供養阿衡的經濟機關」[67]。可見，小說由阿訇問題所要引出的是中國伊斯蘭的制度革新問題。在新舊矛盾之下，這種革新的迫切性顯得尤為突出和必要。這集中反映在發生在當時各地阿訇與教眾之間有關「海底燕」問題的矛盾風潮中。

「海底燕」即指中國穆斯林為阿訇捐獻的財物，據小說描述，當時的教眾不滿於阿訇群體中間的不學無術者，因此，

---

[67] 書庵：〈一位覺悟的阿衡〉，《中國回教學會月刊》第1卷第5號，1926年6月1日，第60頁。

開始縮減「海底燕」的捐獻。這導致阿訇群體中出現不滿的聲音，於是發生了部分阿訇「簽名罷工」的事件。這使得小說主人公「魏阿衡」十分苦惱，他有感於阿訇的淪落，發出如下感慨：

> 這道德高尚事業的阿衡們，因著「海底燕」問題，罷工要脅，形同無賴。忍耐在哪裡？道德在哪裡？師表在哪裡？阿衡的人格被這輩敗類喪盡的了。然而那發著不吃「海底燕」話的人，只顧照著刻板的經文，說他全不管人生衣食住問題，可就也非忠恕之道。[68]

因此，「魏阿衡」在這種惡劣環境中最終一走了之，離開「下海」，回到本鄉擔任清真寺掌教。在此，他開始和諸鄉老商量教務問題的改革。他認為：「現在阿衡的行徑，實足啟人輕鄙之心。教民輕鄙阿衡，教務就每況愈下。其結果穆民與阿衡同蒙不利，所以提高阿衡人格是當今急務、刻不容緩的問題。」[69]

關於解決的辦法，「魏阿衡」提出治本和治標兩種，但按當時的處境，治本之法無法實施，只能先施行治標之法。這得到了本地鄉老的支援，並且他們還贊助成立「阿衡研究會」，專門研究阿訇問題，推舉「魏阿衡」為會長。由此，在這些措施之下，當地的教務和阿訇水平均得以提高和改善。這篇小說

---

[68] 書庵：〈一位覺悟的阿衡〉，《中國回教學會月刊》第1卷第5號，1926年6月1日，第60頁。

[69] 同上，第61頁。

的主題到此可以說和前一篇〈五十年後之回教〉是完全暗合的,都是彼時中國穆斯林新文化運動的文學呈現,通過文學的方式更為生動和具體地描述中國穆斯林文化革新的必要和緊迫。小說結尾一段作者自白也能說明這個問題:

> 日前,常君慶三過我恣談,漸及「海底燕」風潮問題。常君治標之策與愚之意不謀而合,因撮大意演為小說。願我教長者起而討論此事。昔英國孤老院之腐敗,至於不堪言狀。經著名小說家迭根司著為小說,描寫入微,政府中人見而愴然。蓋原意養老恤孤,初不料反成罪府,乃銳意整頓,嗣始名實俱至。惜餘拙筆,艱於狀物,不能動人也。[70]

由此可見,達書庵這篇小說可能來自現實中發生的真實事件。他借鑒英國狄更斯的批判現實主義文學,以小說的形式來對彼時中國伊斯蘭和穆斯林社群中的各種問題予以揭露和批判,並試圖喚醒教中人們來對此進行反思和革新。由他的這兩篇小說,可以看出當時中國穆斯林求新求變的時代要求和思想指望。

---

70 書庵:〈一位覺悟的阿衡〉,《中國回教學會月刊》第 1 卷第 5 號,1926 年 6 月 1 日,第 61-62 頁。

第五節 「我們信回教，我們是中國人」：穆斯林與祖國書寫

在中國的現代國家建構進程中，中國的伊斯蘭和穆斯林群體也深度而廣泛地參與其中。與封建王朝體制相比，辛亥革命之後國內各宗教和各民族／族群開始擁有不同以往的平等政治關係。正因如此，他們對於國家的認同意識，也在這一時期變得更加強烈。在此其中，中國穆斯林的國家認同意識，最為典型地反映了此種時勢變動的潮流。早在清末 1908 年問世的刊物《醒回篇》就曾登載有回民留日學生趙鐘奇的文章〈論中國回教之國民教育〉，他在文中認為中國穆斯林在已有宗教教育的基礎上，更應加強現代國民教育。他在論述穆斯林與國家之間的關係時指出：

> 夫人集而成家，家集而成國。不有國，斯無家。不有家，則熙熙而來攘攘而往之人類，亦將如奴隸、牛馬，任人縛掣、宰割而無抵抗之能力矣，是故欲興其國者，不可不先興其家；欲興其家者，不可不先興其人。夫人何以興？非教育不興。家何以興？國何以興？非國民教育不興。又況國家之進行，無異車輪之進行。國家進行在國民，車輪進行在輪齒。輪齒而皆完備焉，則車輪之進行也，迅速而穩固。若輪齒有弱點，或殘缺，則車輪進行必遲滯，而且有顛覆之虞。國民而皆健全焉，則國家之進行也，敏捷而秩序，否則國家進行必參差，而且有危亡之禍。我教亦中國之國民也，辟諸車輪，亦車輪之輪齒也，示弱點以停滯中

國前途之進行,其可乎?[71]

顯然,在趙鐘奇的論述中,中國境內各族穆斯林人群也是現代中國國民之組成部分。因此,在中國整體變革的進程中,中國伊斯蘭和穆斯林更不能將自身隔絕於外。因為伊斯蘭和穆斯林之落後必然影響中國進步的步伐。穆斯林要想在中國變革的進程中發揮重要作用,首先就需要自身在國民教育上有較大提高,這樣一方面可以增強穆斯林人群的國民意識,另一方面也可以學習科學文化知識以便改變穆斯林整體的文化水準,能夠充分發揮出自身的積極力量。此種強調國民教育的思想在《醒回篇》中並不單獨,同時期以及之後中國各地穆斯林都對這一點有強烈關注和認同。他們秉持「救國」與「興教」並重的思想,將國家與宗教之間的認同關係,很好地進行平衡和協調,在發起自身革新的同時,積極參與到整個中國救國救民的思潮運動之中。這種思想觀念在20世紀前半葉中國穆斯林的報刊文藝實踐中有充分體現。他們通過文藝表述對國家的理解和認同。

1937年1月15日出刊的《晨熹》第3卷第1期上,發表了署名為「益甾」的一首題為〈起來穆斯霖!〉的新詩。儘管詩人生平目前很難考證,但可以確定是一位穆斯林,該詩十分典型地體現出20世紀前半葉中國穆斯林的國家意識:

我們信回教,

---

[71] 趙鐘奇:〈論中國回教之國民教育〉,《醒回篇》第1號,戊申年十二月六日(1908年12月28日),第67頁。

我們是中國人：
說中國話，
寫中國字，
脈道裡流著中國人的血，
這塊土地上有我們祖宗的墳！
我們不是客，
我們是主人！

在勞苦大眾的群裡，
哪兒沒有穆斯霖？
中華民族不能棄絕我們，
我們同樣不能棄絕中華民族，
因為我們就是中華民族的一部分！
我們要與中國的弟兄們攜手共進！

假如中國不幸滅亡，
我們逃到天涯海角也是亡國奴！
敵人的炮彈毒瓦斯，
並不認得誰是穆斯霖！

我們該記得——左寶貴、安德馨，
他們是被誰打死的？
活著的人，
要如何紀念他們？

起來！

無論貧富達官顯貴販夫走卒，
以伊斯蘭的勇敢精神——
組織起來，
參加救亡運動，
監視想著出賣我們的漢奸，
驅逐野蠻兇殘破壞和平的××帝國主義！
叫我們的子孫有地方立足！
叫這「和平的精神」在中國永存！[72]

在此詩中，詩人不僅認同自己的中國人和中華民族身分，同時更揭示出伊斯蘭民眾與中國之間的密切關係，即不是外來的客人，而是國家的主人翁。由此認識出發，伊斯蘭和穆斯林人群積極參與中國的救亡圖存運動就是理所當然和不可推卸的責任。同時，此詩也昭示出當時中國穆斯林對伊斯蘭與現代中國之間關係的獨特理解，即中國穆斯林對「伊斯蘭精神」的發揚並不僅僅只是宗教本身的事業，其目的同時是為更好地將穆斯林人群動員到救亡圖存運動之中的一個方法或手段，因此其根本上是立足於中國整體命運而被提出的。基於此，「興教」的目的是為「救國」，「救國」的目的是為「興教」，它們二者之間是互相促進和互為前提的關係。這一點是 20 世紀前半葉中國穆斯林與國家間的關係與在此前後的歷史時期相比都是較為不同的一個特徵。等到 1937 年「七七」事變爆發後的全面抗日戰爭時期，這種特徵和具體實踐就體現得更加明顯，後

72　益旹：〈起來穆斯霖！〉，《晨熹》第 3 卷第 1 期，1937 年 1 月 15 日，第 45 頁。

面章節對此問題將會有專門論述。

正是立足於現代中國國家建構的歷史進程,中國穆斯林對本宗教和本族群文化的文學和文藝實踐就不僅僅只是局限於自身的行為,而是處在更高的層面上表述自身和國家之間的關係。因此,這部分飽含「中國認同」意識的文學實踐也應該被納入到中國整體文藝實踐的範疇之中來看待,而非僅僅將其視為穆斯林為宗教目的而進行書寫的「宗教文藝」。他們憑藉報刊這一新型媒介的文學表述,既是從中國穆斯林的身分進行實踐的,同時也是從作為中國人的國家認同意識進行書寫的。這兩個層面始終交疊和糾纏在一起。在此意義上,宗教與國家並非非此即彼的關係,至少在中國穆斯林的身上,它們是渾然一體的。實際上,在整個20世紀前半葉,無論身處任何具體歷史事件和情境中,中國穆斯林既認同自身的中國國民身分,同時也認同自身的宗教和族群身分,尤其是在國家危亡的局面中,這種雙重認同現象就表現得更為明顯。這兩重身分認同,構成了中國穆斯林與整個國家之間水乳交融的存在關係。

在國家建構的進程中,中國穆斯林菁英和知識分子也在教內積極發起「救國興教」思想的宣傳和普及。1932年6月,《月華》雜誌上一首由中國穆斯林所寫的新詩〈吶喊〉,開篇即向本宗教和本族群如此吶喊:

起來呀!中華民國的民眾!
起來呀!綠旗下的回教教胞!
現在是我們應該覺悟的時候了,
你們不要呀,再依舊的低頭俯首!
……

我們是穆士林的先鋒,
我們是救教救國的基礎;
我們要毀滅所有的束縛,
我們要獲得真正的自由![73]

上引詩句只是這首長詩中的兩節,不過,由此可以清楚看到當時中國穆斯林在國家和宗教的雙重認同中,所採取的並重態度,即「救國」和「救教」缺一不可,而且處於同等重要的地位。

由此認識出發,對於孫中山這類國家領袖的悼念出現在中國穆斯林文學書寫的內容之中,也就不難理解。1936年3月12日,正值孫中山逝世十一週年的紀念日,一位署名為「海明」的穆斯林為此專門在當日寫下一首悼念孫中山的詩,並發表在《崑崙》雜誌第1卷第1期上。該詩通篇在對現實黑暗批判的同時,對孫中山及其精神表達出強烈的尊崇和懷念:

我們決不能將你遺忘,
在我們的周遭還喊著你那悲壯的聲浪!
「和平,奮鬥救中國!」
……
已經是十一年,十一年的長久,
我們失去了照遍宇宙的光亮,
是怎樣令人心傷,怎敢遺忘,

---

73 張幼文:〈吶喊〉,《月華》第4卷第16、17、18期合刊,1932年6月25日,第52-53頁。

> 我們決不將你遺忘，忘記你的主張！
> 我們要繼續你的精神，燃起偉大的光亮，
> 光亮啊！全人類所需要的光亮，
> 將吹散那迷離的煙霧與罪惡的妖像。[74]

事實上，這種對革命和國家領袖人物的懷念本身，即從側面反映出中國穆斯林彼時的政治態度和國家意識。這些報刊文學實踐所體現出的，是他們與國家同患難、共命運的政治取向，這與此前歷史時期相比已大為不同。正是在此種觀念的主導之下，中國穆斯林的報刊文學實踐中充滿國家認同的思想表達。這些作品儘管並沒有在當時的主流文學領域產生較大影響，但是它們卻是中國伊斯蘭和穆斯林人群在國家建構的歷史過程中的真實表述，有十分重要的文學和思想意義，同時它們也是當時中國文藝中有關伊斯蘭與國家關係的重要表述實踐。

本章由新文化運動的多重性，探討中國穆斯林新文化運動的歷史位置和實踐內容，進而導引出受此運動激發而產生出中國伊斯蘭和穆斯林自我文藝表述的譜系和脈絡。首先，本書認為主流敘述中的新文化運動和中國穆斯林新文化運動之間，不是從「一」到「多」或從「中心」到「邊緣」的關係，而是基於相同的時勢條件，在不同宗教和族群之中所生發的，各自擁有特殊屬性但卻相互之間存在緊密聯絡和互動關係的網狀結構。受這種教內教外新文化運動的影響，中國穆斯林憑藉新型

---

[74] 海明：〈總理逝世十一週年紀念〉，《崑崙》第 1 卷第 1 期，1936 年 4 月 1 日，第 9-10 頁。

媒介的報刊,開始在新的時勢條件下展開自我文藝表述。此文藝和文化實踐的潮流,一方面是闡揚中國伊斯蘭和穆斯林文化的需要,另一方面,也有對中國各宗教和族群間(尤其是回、漢間)已有關係進行變革的願望。而這種文藝書寫實際上在這兩方面都充當了十分重要的溝通作用。從具備「經、漢」兼通思想的阿訇文人之出現,到以文藝的形式表述中國伊斯蘭的思想內容和社會問題,再到現代民族國家建構進程中穆斯林的祖國表述,均反映出這種文藝和文化實踐內容之豐富和程度之深刻。

關於這部分文學作品,此前學界對此沒有進行過較為深入的爬梳和研究。一直以來,它們都是處在這一時期中國文學的邊緣位置而塵封在歷史深處,這導致很少有人能夠對它們加以注意和考察。但如果從現代中國文藝中伊斯蘭表述的角度重新來看,它們因為是這一時期中國穆斯林自我表述的主要文藝作品,因而具有十分重要的意義和價值。由此問題意識出發,這些被塵封在歷史深處的文藝作品在本書中又「起死回生」,煥發出歷史的幽幽光亮,為今天人們重新理解和講述彼時中國伊斯蘭和穆斯林的文藝史、思想史、心靈史提供重要的文本依據。

經由對這些文藝作品的梳理和考察可以發現,現代中國伊斯蘭和穆斯林社會始終緊隨中國社會的變遷處於強烈的變革進程中。中國穆斯林菁英積極秉持「興教救國」思想來發起自身的文化革新運動,使得中國伊斯蘭能夠在新的歷史時勢中更深融入中國社會,並參與中國社會的發展變革進程,不斷貢獻著獨特而重要的力量。同時,這些文藝作品也反映出當時中國各族各教間的關係也呈現出不同以往的新面貌,而處在一個新的歷史發展階段之中。

事實上，20世紀前半葉尤其是全面抗戰前中國穆斯林的自我文藝書寫，不僅是針對中國伊斯蘭教內的文化啟蒙實踐，同時也是立足中國社會文化變革運動的組成部分。它們所昭示出的面目，絕非放置在中國伊斯蘭和穆斯林社會內部就可以充分解釋，而應該投射於現代中國社會的整體視野下來審視和辨認。中國穆斯林對本宗教和本族群物質和精神文化的書寫，在彼時充當著向伊斯蘭教內外進行文化啟蒙和變革動員的角色。正因如此，此時期伊斯蘭與中國社會間的舊有關係發生重要變動，中國各族穆斯林也因此成為「中華民族」的重要成員，並且他們秉持強烈愛國思想，在此後全面抗日戰爭時期，最大程度地投身到全國人民抗戰救國的大潮之中，為國家和民族以及中國伊斯蘭本身的生存發展均作出重要努力。憑藉這種社會文化革新和「興教救國」的運動過程，中國伊斯蘭和穆斯林人群在中國社會所處歷史位置相應地發生劇烈騰挪，現代中國文藝中伊斯蘭表述的面貌也發生較大轉變，均迎來不同以往的嶄新歷史時期。

第二章
抗日戰爭時期中國文藝中的邊疆與伊斯蘭（1931-1945）

第一節　反帝反殖運動中的邊疆遊記與穆斯林表述

　　在日本帝國主義侵略危機空前深重的 1930 年代至 1940 年代前半，中國在普遍動員進行抗戰的同時，其內部的疆域（邊疆與內地）、宗教（大眾與小眾）、族群（漢族與少數民族）關係也相應發生深刻變化。西南、西北等邊疆地區不再是蠻荒、落後和邊緣之地，而成為中國政治和文化中心地帶、中華民族抗擊外敵侵略的戰略要地和孕育革命力量的解放區域；各邊緣宗教和少數族群也不再是「非我教者」和「非我族類」，而成為互相平等的中華民族共同抗敵的重要構成力量。在這其中，西北邊疆戰略地位的提升，以及在該區域世代居住的各族穆斯林與其他族群間關係的轉變，尤其充分彰顯著此種時勢變動。作為被美國學者李普曼（Jonathan N. Lipman）描述為中國社會中「熟悉的陌生人」[1]的伊斯蘭和西北穆斯林人

1　見 Jonathan N. Lipman, *Familiar Strangers: A History of Muslims in*

群,也自此從這種歷史位置上開始發生騰挪以致成為中華民族的一分子,並逐漸在文藝領域成為被中國各族知識分子認識、書寫和團結動員的對象。在此文藝實踐過程裡,中國西北穆斯林人群的面目也自此從歷史的昏暗角落中浮現出來,逐漸變得清晰和生動,他們的聲音、情感、思想和生活被重新認識,儘管在這種認識和書寫中也包含著值得重思的問題,但不能否認的是,中國穆斯林伴隨此時期中國反帝反殖運動的歷史變遷獲得新的命運和新的表述。作為現代中國的構成部分和中華民族的一分子,中國伊斯蘭及各族穆斯林正是不斷在現代中國乃至全球的歷史、政治和文化進程中鍛造和激發而持續發生蛻變並做出行動。

在整個抗日戰爭期間,從各族知識分子大批「到西北去」的邊疆考察活動和遊記書寫,到「七七」事變後中國各族文藝工作者對「回教」題材的多重文藝實踐,中國伊斯蘭和穆斯林人群開始在新時勢中以嶄新歷史面貌進入現代中國文藝書寫的譜系內。這使伊斯蘭教外社會和人群,能夠對中國伊斯蘭和穆斯林人群有更為深入和全面的認知和理解,並進而促進不同宗教和不同族群彼此間的感情溝通,為構築抗戰統一戰線與建設多宗教和多民族／族群的現代國家奠定基礎。值得注意的是,赴西北邊疆考察的人群不僅包括漢人知識分子,同時也包括東部接受現代教育的回民知識分子。儘管是在同樣的歷史背景中進行邊疆考察和遊記書寫,他們兩部分人對於伊斯蘭的表述,仍體現出微妙的差異,後文將會論及。在對西北伊斯蘭和穆斯

Northwest China, Seattle And London: University of Washington Press, 1997.

林人群的觀察和描述中,諸多知識分子對中國的跨體系社會的性質有了更為深刻的認識。因此,西北邊疆考察及此過程當中的遊記書寫,不僅是簡單的歷史現象,同時其中也包含著當時這部分知識分子對「何為中國」此一問題的重新理解,當然也暗含著他們對自身及中國所處歷史位置的重新辨認。

1930年9月10日,早先曾在1916年、1918年和1925年三次赴西北考察和任職的林競,在為收錄其相關考察日記的《西北叢編》所寫「自序」中,如此描述彼時他心中的西北:

> 具二百三十八萬餘方英里,居全國七分之四之廣土,蘊五行百產之精英,為歷史文化之起點,江河之所源,萬山之所始,膴膴焉宜牧也,蕩蕩焉宜農也,輯歐亞之中樞,具天然之原料,則宜工而宜商焉。[2]

在詠歎西北的渾厚歷史、廣富疆域和宏巨潛力後,面對當時中國內外危機逐漸加深的現實情狀,他轉而又不無憂憤地感慨:「河山大好,化為修羅之場;黎庶無辜,盡成刀俎之肉」。從幾番前往西北實地考察的切身經驗出發,他將西北讚譽為「天府」,稱其「乃全國未來之生產泉源」。為此,他呼籲整個國家都應對西北予以特別重視:「國人須認明西北之政治、經濟地位,均具有牽動世界之價值,差可比擬於已往之巴耳幹,而重要又過於現在之東三省」。[3] 林競是20世紀前期尤其是民國建立後較早對西北進行考察,並對其之於中國的戰略

2　林競:《西北叢編·自序》,上海:神州國光社,1931年,第1頁。
3　同上,第1-2頁。

重要性有清醒認識的知識分子之一。不過,他在此前考察完所撰寫的有關開發西北、勘建道路的報告提交國民政府後,卻未得到應有的重視和採納。等到1930年代,中國北部邊疆危機日益凸顯,西北問題才逐漸引起國民政府和整個社會的關注。林競本人的西北考察日記在積壓多年後,於1931年4月重新整理出版,背後也應是受此種時勢和思潮影響後的結果。

伴隨1931年「九一八」事變的爆發與此後東北的淪陷,中國的領土疆域開始面臨空前深重的主權危機。作為抵抗日本帝國主義侵略的重要後方戰略基地,同時也是日本及其「大陸政策」預謀肢解和蠶食的下一塊中國領土區域,西北邊疆地區的戰略地位和社會意義在危重的時局中更加深刻地突顯出來。自1932年開始,「開發西北」、「研究西北」、「建設西北」等口號不僅被國民政府在國家層面予以支持和推行,而且也在當時的整個中國社會中形成強烈共識,西北的各個方面和各種問題均得到空前的關注和研究。

1936年,赴西北考察歸平後的梅貽寶在成達師範學校講演時坦誠:「說起來很覺得慚愧,我覺得我對於歐美各國情勢的認識,較比我對於西北的認識,要深刻的多。這點,恐怕也不是我一個人的毛病,具有這種毛病的人,在中國很多,這實在是我們中國一個最大的危機。」[4]梅貽寶的自述頗能說明此前西北在中國所處位置的邊緣,尤其在一般知識分子的認知中更是內部的異域。不過,這種情勢在抗戰歷史背景中逐漸發生變化,梅貽寶本人西北考察的親身行動就頗能說明此點。在彼

---

4 梅貽寶講、馬湘筆記:〈西北概況與回漢問題〉,《成師校刊》第3卷第40、41期合刊,1936年11月25日,第173頁。

時全球正逐漸處於第二次世界大戰的危機時刻,中國西北邊疆地區歷史性地在中華民族救亡圖存的時勢中,開始占據重要核心位置。

1933年赴西北考察的上海《新聞報》記者顧執中和陸詒,在考察後向中國社會大力呼籲:

> 處於嚴重的現時代的我們,已不暇為目前的國難,作無益的呻吟和悲歎;我們只有緊緊地把握住現在,對於已失的領土,我們當以鐵血去收回,對於尚未失去而已經危及四伏的邊疆,尤其是廣大富饒的西北,當奮全力以經營它,充實它,以免重蹈覆轍……我們的西北,帝國主義者也早已環伺垂涎了,國人若不奮起去拯救西北,充實邊防,那麼「九一八」式的悲劇,也許將搬到西北來重演![5]

20世紀前半葉中國的「西北」概念所對應的地理區域,並非如今天這樣明確和具體,而是變動不居,擁有不同的界定和解釋。張恨水在〈西遊小記〉中認為:「西北這兩個字,包括得很廣,計有陝西、甘肅、寧夏、青海、綏遠、新疆六省。」[6] 與之相同,白壽彝在〈西北回教譚〉一文中也將甘、寧、青、陝、綏、新六省作為「西北」的基本範圍。[7] 但是除

5　顧執中、陸詒:《到青海去》,上海:商務印書館,1934年,第2、17頁。

6　張恨水:〈西遊小記〉(一),《旅行雜誌》第8卷第9號,1934年9月1日,第7頁。

7　白壽彝:〈西北回教譚〉,《經世》「戰時特刊」第39、40期合刊,1939年6月1日,第7頁。

此之外，范長江在《中國的西北角‧四版自序》中把緊鄰北平的察哈爾省也納入在「西北」的範圍內。[8] 此外，民國時期的河南、山西甚至西藏等省區，有時也被視為「西北」的一部分。[9] 但在各種關於此概念的界定和解釋中，張恨水和白壽彝所說的「六省」作為「西北」的典型地理空間，在當時人們的頭腦中是基本的共識性認知，並且它也與此概念在今天所囊括的地理區域，有較高的重疊度。因此，本書在考察和論述的過程中，將以此種「六省」說作為「西北」地理空間的基本前提和範圍。

儘管從 19 世紀末 20 世紀初以來，自始都有來自國內外各類人員對中國西北邊疆區域的考察、探險、考古、傳教、旅行、搜集情報等活動。但在現代歷史上，中國人真正大規模、深層次、全方位地對西北地方進行考察和旅行活動，則是從 1930 年代才開始。其主要參與者和實踐者是由當時國內（尤其是中東部大城市）的知識分子、政府官吏和科學技術人員構成。在赴西北的過程中，他們對該區域的地理風貌、自然資源、經濟狀況、政治格局、人文風俗、民族宗教、文物遺存等方面，以現代科學方法進行考察和研究。與此同時，他們也將辛亥革命和新文化運動以來的諸種新的價值觀念和知識思想帶入進來，形成了某種思想文化的互動和對撞。與此前國人對西北的認知不同，這時他們眼中的西北已不再是荒蠻苦寒的遙遠異域，而是中華文明的興源之地和極富潛力的富饒寶地。在赴

8　長江：《中國的西北角》，天津：大公報館，1937 年，第 1 頁。
9　[日] 吉澤誠一郎：〈明清以來「西北」概念的變遷〉，《華東師範大學學報（哲學社會科學版）》2015 年第 4 期，第 24 頁。

西北考察旅行的過程中,其中大部人均寫有與自身考察旅行經歷相關的遊記作品。這些遊記文本或發表或出版,成為當時國人認識西北邊疆地區的重要媒介和通道。同時這些遊記文本也在現代中國的國族建構過程中,扮演著不容忽視的重要角色。據沈松橋保守統計,從1930年代前後到1945年出版的西北遊記類書籍超過四十種,這在數量上幾乎是此前五十年同類著述的四倍。[10] 這其中還不包括大量零散登載於報刊上的相關遊記文章,和一些並不屬於遊記文類的學術調查報告和工作日志等。這些遊記作品中對於西北地方社會的各個方面,均有十分細膩、生動的描寫和記述,其書寫對象中也包括世居於西北邊疆地區的中國伊斯蘭和各族穆斯林人群。

作為古代絲綢之路陸路的重要通道,中國的西北地區是亞洲大陸腹地一塊眾多文明、宗教、民族/族群、語言共存匯融的文化萬花筒地帶。其中,歷史地形成且已高度本土化的中國伊斯蘭和各族穆斯林是這塊文化豐富多彩的社會地理空間中的重要構成部分。在1930至1940年代前半期日本帝國主義侵略背景下,國內各族知識分子赴西北考察的歷史浪潮中,世代生息於西北廣闊疆域上的中國伊斯蘭和穆斯林群體,自然而然成為被觀察和描述的對象之一。這些知識分子當中大部分是長久生活在中東部地區的漢人群體,他們對於西北邊疆少數族群是如何認知和書寫的,能夠較為典型地從側面反映出當時中國國內民族宗教關係的現實和變動。

對於久居漢地並且是初赴西北的人來說,由於缺乏相關

---

[10] 見沈松橋:〈江山如此多嬌——1930年代的西北旅行書寫與國族想像〉,《台大歷史學報》第37期,2006年6月,第158頁。

經驗和知識,西北邊疆地區各族穆斯林對前者來說有時是極為陌生的人群。1934 年,當時已憑藉《春明外史》、《金粉世家》、《啼笑因緣》等作品名聲大噪的通俗小說家張恨水初次來到西北旅行。當在甘肅境內一家客店遇到一群朝覲回國的穆斯林同胞時,張恨水竟誤將他們認作印度人:「頭上紮花布,身上披了大圍巾,還有絡腮鬍子,竟是一群印度人。」他由此疑惑印度人為何要到該地,之後聽這群人與店家說話,發現他們「也說的是極流利的甘肅話」,於是更覺奇怪,後來經過打聽「才知道他們是青海的纏回,由土耳其朝天方回來」。[11] 儘管張恨水通過打聽最終對這群人的身分和來歷有所了解,但是,他用以描述這群人的語詞,如「青海」、「纏回」、「極流利的甘肅話」之間仍相互充滿矛盾而不明確。首先,在民國及其以前,「纏回」一般在漢語中多指新疆各突厥語穆斯林,將之與青海聯繫在一起似乎不合常識;其次,如果青海的確有少量的突厥語穆斯林,那麼,這又與「極流利的甘肅話」相矛盾,「甘肅話」當指漢語的甘肅各地方言,各突厥語穆斯林中間通過經商等活動掌握甘肅方言的人可能存在,但也不至於「極流利」。張恨水是否將青海境內其他信仰伊斯蘭的少數民族如回族、撒拉族,且當時可能正身穿宗教服飾的朝覲歸國人員誤認為「纏回」也未可知。總之,對於當時的張恨水來說,他實際上沒有經驗和能力對在西北遇到的穆斯林做出準確辨識和區分。儘管通過打聽才得知他們同樣也是中國人,是西北的穆斯林同胞,但是他很難再對其做進一步具體的描述,致使今

---

11 張恨水:〈西遊小記〉(十),《旅行雜誌》第 9 卷第 6 號,1935 年 6 月 1 日,第 69 頁。

天的人們仍然不清楚他所遇到的究竟是何族穆斯林。張恨水的此種事例反映出，儘管同屬中國人，但赴西北考察和旅行的人們對西北各族穆斯林仍存有極深的陌生感。不僅如此，張恨水一行接下來的行動也似乎說明，他們與穆斯林之間不僅陌生，而且還存在極深的隔閡。當得知所遇人群為中國西北的穆斯林後，張恨水一行因「回教人是極愛潔淨的，我們為了尊重他們的宗教起見，只好出去，另找客店」。[12] 這句話表面上看是尊重，但深層卻是無法共處的隔閡。

如張恨水這樣的事例反映出當時部分赴西北考察的中國非穆斯林人群與西北各族穆斯林同胞之間的陌生和隔閡。可以想像，這種陌生和隔閡在那些沒有去過西北邊疆地區或未曾接觸中國伊斯蘭的非穆斯林人群中，應體現得更為突出。不過如張恨水這樣的事例畢竟屬於少數，同時期大部分赴西北考察的非穆斯林都能夠對於西北的穆斯林群體有較為深入、具體和準確的描述。顧執中和陸詒旅行至甘肅時，對穆斯林每天五次禮拜的時刻、名稱和每拜的拜數都有非常詳細的記述：「回民篤信回教，每日禮拜五次無間斷，曰『班大』，黎明時十拜行之；曰『撇神』，下午一時九拜行之；曰『地蓋』，下午五時六拜行之；曰『沙莫』，日沒時五拜行之；曰『活佛誕』，初更時四拜行之。」[13] 這些名稱均為波斯語音譯，與西北穆斯林對五次禮拜的稱法大致相同，時間也相符，只是每次禮拜的拜數仍

12　張恨水：〈西遊小記〉（十），《旅行雜誌》第 9 卷第 6 號，1935 年 6 月 1 日，第 69 頁。

13　顧執中、陸詒：《到青海去》，上海：商務印書館，1934 年，第 68 頁。

有差誤，更準確的應該分別為 4、10、4、5、9 拜。[14] 對於當時西北伊斯蘭內部的教派問題，顧、陸二人在考察旅行的過程中也有較為清楚的了解和辨別：「回教內復分舊教、新教和新新教的派別，他們內部也發生不少摩擦」。[15]

除對西北伊斯蘭和穆斯林生活基礎常識的記寫外，有關清朝中晚期以來發生的西北回民事件也在部分考察者的遊記中有所涉及和談論。他們的表述呈現出新的視角和態度。與清王朝自始至終的「剿亂」敘事相比，1930 至 1940 年代赴西北考察的知識分子，對此歷史事件的認識已經發生根本變化。在結合具體史實和他們本身到西北考察的切身經驗的基礎上，他們清醒認識到，相關事件根本上其實並非由於宗教和族群差異導致的結果，而是統治者的壓迫、剝削和分而治之的政策所致：「西北種族宗教極為複雜，自滿清以來，均利用其彼此傾軋，以肆操縱之禍，極其弊也，易發難收，終歸糜爛。此後應絕對本民族共存共榮之旨，施無偏無私之政，以達化除畛域之境」[16]。

在對清王朝統治時期西北族群和宗教關係的重新理解中，「漢回同為被壓迫者」[17] 的新歷史敘述，在這些知識分子中間有著普遍的認同和共識。在部分西北遊記文本中，從晚清至民國以來西北歷次漢回紛爭之外的互相聯合和團結的史事，就得

14　見中國伊斯蘭百科全書編輯委員會編：《中國伊斯蘭百科全書》，成都：四川出版集團、四川辭書出版社，2007 年，第 312 頁。
15　李孤帆：《西行雜記》，桂林：開明書店，1942 年，第 45 頁。
16　林競：《西北叢編・自序》，上海：神州國光社，1931 年，第 2 頁。
17　顧執中、陸詒：《到青海去》，上海：商務印書館，1934 年，第 323 頁。

以在團結敘述視角下被注意書寫出來:「漢回不睦,為西北唯一問題,惟樂都則否,清同治、光緒及民國十八年,西北漢回,互相殘殺,各方無不捲入漩渦,而樂都漢回兩族在緊張時局之下,聯合互相保衛,倖免於禍」。[18] 在民國時期「五族共和」以及「中華民族」思想觀念影響下,當時的人們也極力想要衝破或超越以往陳舊的宗教或族群對抗論,而有意使用新的平等觀念來看待回漢關係和民族宗教問題:「今五族共和,類此界域之見,誠宜剷除以昭平等,而為漢、回感情之恢復,前事固未足為訓矣。」[19]

除認識的加深和敘述的新變外,1930 至 1940 年代西北遊記在對西北穆斯林書寫過程中同時呈現出另外一個新特徵,即部分遊記作者均將西北的穆斯林與漢人群體進行比較,以此呈現西北穆斯林所具有的積極、正面和進步面向。在這種比較敘述中,西北遊記作者們積極呈現西北穆斯林社群不論在團結力方面,還是生活習慣方面優於漢人之處。張揚明這樣描述西北的穆斯林:「他們的團結力很堅固」,同時「也很勇敢」。[20] 1931 年赴西北考察地質的楊鐘健,在記述中對比新疆的維吾爾族穆斯林與漢人:

> 纏回率皆不吸任何煙草,漢人則大半無論男婦皆為癮君子;回人婦皆天足,而漢婦還是纏腳;回人多講清潔,雖

---

18 顧執中、陸詒:《到青海去》,上海:商務印書館,1934 年,第 228 頁。
19 林鵬俠:《西北行》,著者自印,1936 年,第 44 頁。
20 張揚明:《到西北來》,上海:商務印書館,1937 年,第 132-133 頁。

很窮的家庭，十分陋鄙，而卻很潔淨，漢人則處處表現其汙臭。諸如此類，難以枚舉。[21]

民國時期著名新聞記者范長江在他那本流傳廣泛、影響深遠的《中國的西北角》中如此描述他觀察到的西北回、漢二者間的不同：

> 他們（指「回民」——引者）的身體堅強結實，因為宗教教條的訓練，他們養成了幾種非常有益於身體的生活習慣，如早起、勤於沐浴、遵守時間、不吃死後的生物等，特別是不吃鴉片，關係於他們的體格方面，非常重大。西北回民與漢人同樣種植鴉片，販運鴉片，然而回民之吸食鴉片者，百難得一二，而漢人之不吸鴉片者，絕難有一半之人口！此種趨勢，如沒有糾正的方法，則西北之將來，漢人只有漸歸於天然淘汰之途！[22]

此外，李孤帆在蘭州考察旅行時也同樣發現：「我們的漢族同胞，男的多染有吸鴉片的嗜好，女的多數還是纏腳的，反觀回教徒，男不吸煙，女不纏足，人人健康勞作，真替漢族同胞捏一把冷汗。」[23] 林鵬俠在其《西北行》中也指出：「回民軀幹高大，面色紅潤，以無嗜好故也。漢人多不上進，喜嗜鴉片，習於偷惰，十九面黃肌瘦。」[24] 不僅如此，林氏在「西北

21　楊鐘健：《西北的剖面》，北平：地質圖書館，1932年，第296頁。
22　長江：《中國的西北角》，天津：大公報館，1937年，第269-270頁。
23　李孤帆：《西行雜記》，桂林：開明書店，1942年，第13頁。
24　林鵬俠：《西北行》，著者自印，1936年，第44頁。

行」的實地考察過程中，對一些在漢地流傳廣泛的針對西北穆斯林的誣謠之言予以反駁：

> 余嘗聞人言：「西路回回多猜忌而好亂」。余素不肯以未見事實，輕加人罪。乃自潼關至此，所遇數事，已可證明回民實多豪俠仗義之人，濟困扶危，為其風尚。[25]

因此，她對此類的言論批評道：「我漢人之具淺見者，動指回回為猜忌好亂之人，未足據為定論也。」[26] 她在批評這類言論的同時，反而深感中國伊斯蘭「其教教規，確能整齊劃一，訓育有方，其徒一致信仰，無虛矯誕妄之習，此實各宗教中所不及處」。[27] 林鵬俠出自基督教家庭，她的此番於各教對比中對伊斯蘭的評說應是極為真誠的。在對西北伊斯蘭有深切了解和認識之後，她也深感伊斯蘭和穆斯林群體在西北地方戰略位置中的重要性。因此，她在「積數月之體察」之後，深知「將欲開發西北、鞏固國防，除政治必須為徹底之改進外，非積極努力全國人民之團結不為功，而尤以解除回漢歷史糾紛為當前之要務」。[28] 林鵬俠的此番看法明確反映出，中國知識分子當時對西北問題以及回漢關係問題的關注和重視程度之深，並且其中呈現出歷史化的理解態度，注重以個人的實際考察經歷反思和批判已有對穆斯林的刻板認識。她的意見在當時中國社會對於這些問題之解決具有重要參考意義。

25　林鵬俠：《西北行》，著者自印，1936年，第44頁。
26　同上，第45-46頁。
27　同上，第82-83頁。
28　同上，第260頁。

面對邊疆領土主權喪失與民族宗教分裂的危機，中國各族知識分子對西北地方的考察和旅行，一方面增進了他們對西北社會各方面問題的了解和思考，尤其對西北伊斯蘭和穆斯林人群的認識，使他們能夠切實對該地區民族宗教問題予以深入和清晰理解；另一方面，這種考察和旅行活動及其見聞和思考也經由他們的遊記書寫，傳達到西北之外的中國其他區域和人群中間，為增進非穆斯林對中國伊斯蘭的了解以及促進中國各族各教之間的團結合作，發揮了重要的歷史作用。這些遊記書寫所承載的文藝以外的意義是十分廣泛和重要的。它們見證了當時中國各教各族間政治、文化和情感關係的變動。這些非穆斯林知識分子在西北遊記中對伊斯蘭和穆斯林的書寫方式和內容表述，反映出這種關係變動的廣泛和深遠。經由此種遊記書寫和文化實踐，中華民族在全面抗戰時期才能夠更好具備共同團結抗敵的知識、思想、情感和精神基礎，這些西北遊記為此做出過建設性的重要歷史貢獻。

在1930至1940年代前半期的抗戰時勢中，前赴西北邊疆地區考察旅行的人群中，除漢人外，還包括西北地方之外的中國穆斯林知識分子群體。由於兼具中國國民和中國穆斯林的雙重身分，使他們不僅從整體上對處於內外危局中的西北邊疆問題十分關注，同時也倍加注意作為「實足牽動中國之大局」[29]的西北伊斯蘭和回漢關係問題。正是在對祖國命運、宗教發展和中華民族團結抗戰等問題的深切關注下，當時「到西北去」的社會風潮和實踐運動，也在這部分人群中間引發積極

---

29 顧執中、陸詒：《到青海去》，上海：商務印書館，1934年，第323頁。

的思想共鳴和身體行動。與非穆斯林群體相比，中國穆斯林知識分子在他們的西北遊記中，對當時西北的想像與前者其實並無較大差別。1932 年冬，甫從北平成達師範學校畢業的山東籍回民學生馬毓貴[30]，在準備赴甘肅臨夏從事教育工作時，如此想像和描述彼時的西北：

> 「到西北去」的口號，已形成了司空見慣的一個名詞，在我們聽到，或呼喊的時候，無形中象徵著多的景象在頭腦中：大的礦產尚在深藏，多的物產徐徐發現，風俗習慣、社會情況皆有異種風味，頗饒興趣，教育文化尚從幼稚中蠕蠕前進，封建思想仍占有濃厚的色彩，政治經濟形成了紊亂的狀態，軍閥的盤踞，時在昏迷的鬥爭，交通的艱窘表現出懸崖峭壁的山嶺，溝壑深幽的河渠，不可免的產出兇殘的土匪，獰獰的禽獸……在你另一方面思考時，更得到回漢民族的仇視、鬥爭，人們在兇殺著，屋宇在焚毀著，殺氣騰天，火焰千丈，政府為之束手，國境因之動搖，社會則十足地表現出不安的現象，國政的行使則呈現出此路不通的阻梗，結果經濟破產，盜匪遍野，論宗教則日形衰頹，論生計則日形艱窘……[31]

顯然，與當時國內大多數人的想像相近，西北對於馬毓

---

30 馬毓貴（1911-1954），山東青州人，回族，北平成達師範學校畢業，後到甘肅臨夏教書辦學，後輾轉赴寧夏。解放建國後，在銀川創辦過小學。1954 年因病歸真。
31 馬毓貴：〈西北之行〉，《月華》第 5 卷第 3 期，1933 年 1 月 25 日，第 16 頁。

貴來說，同樣也是荒蠻和落後、閉塞和兇險、民族宗教隔閡深重、富饒卻有待開發的陌生地域。儘管如此，但在彼時外部侵略危機日益深重，以及國家內部建設需求日漸強烈的時代環境中，包括馬毓貴在內的中東部地區穆斯林知識分子，相繼大批前往西北進行考察和工作：「開發西北之口號，上至政府，下至人民，皆在熱烈地呼喊著，進而會議進行著，實地調查著，甚囂塵上，吾人既為中國國民，復為回民，雙重關係，自較密切，尤應不惜犧牲，實地西行工作，以解人民之倒懸，而倡宗教於沉寂」[32]。他們的相關實踐活動，是構成當時國內「到西北去」社會浪潮的重要構成部分。

由於具有相同的宗教文化背景、族群認同和生活習俗，同時肩負將清末以來主要在東部地區穆斯林內部開展的中國穆斯林新文化運動向內陸邊疆穆斯林宣揚的責任，中國穆斯林知識分子赴西北考察和訪問的重要對象之一便是此區域的同教群體。這些同教群體，對於前者首先是作為在生活上提供食宿幫助的同胞親人而存在的：「我們此行，每每於萍水乍遇之中，受取各地教胞之熱情，普天下之穆民俱親近如弟兄。」[33]這種幫助使他們感受到「回教人之互助義氣，真是絕非虛言」[34]，「『天下回回是一家』，良非虛語」。[35]但這種在歷史上形成

32　馬毓貴：〈西北之行〉，《月華》第5卷第3期，1933年1月25日，第16頁。。

33　白壽彝：〈綏寧行記〉，《白壽彝文集》第3卷《民族宗教論集》（下），開封：河南大學出版社，2008年，第674頁。

34　馬毓貴：〈西北之行〉，《月華》第5卷第11期，1933年4月15日，第16頁。

35　王夢揚：〈西北回憶錄〉（五續），《回民言論》第1卷第6期，

的族群的親屬感是否就能直接導出回民或穆斯林的排外性？事實似乎並不如此簡單。因為在這種親屬感背後，穆斯林之間同時存在階級、族群、教派、地域、家族等方面的差異和隔膜；並且，穆斯林與非穆斯林之間經由階級、地域、語言（包括方言）等因素也同時形成超宗教和超族群的歸屬和認同關係。如果從「天下回回是一家」只能看到特定族群的內部統一和對外排他，則這種眼光是非歷史的和非辯證的。事實上，中國穆斯林是在對內對外各種矛盾關係中生存和發展的，是在跨體系社會的中國及其多重關係中不斷形成自身的形式、內容和特性。

正由於將穆斯林置於中國歷史命運當中來思考，所以當時赴西北考察的穆斯林知識分子認為西北問題的核心之一是當地穆斯林社會的變革和發展，因而後者就成為他們進行社會調查以及宣揚國家意識、新文化觀念和宗教改革思想的主要對象。

中國穆斯林知識分子赴西北考察的首要工作之一便是調查當地穆斯林社會的各種現實情況，其中尤以各地清真寺和穆斯林民眾的社會和宗教生活為主要內容。1937 年 7 月 1 日，白壽彝、白亮誠、王夢揚、達應徹、曹世華等回民知識分子，隨同由顧頡剛（後因病未成行）、段繩武等人發起組織的「西北考察團」，赴西北各地進行考察訪問。該團分為「普通組」和「特別組」，前者至綏遠各地考察完即返回，而後者除綏遠外又繼續西行到寧夏等地進行考察。上述五位回民知識分子均參加「特別組」，其中，白壽彝在此次考察過程中寫有《綏寧行記》和《甘青行記》，王夢揚寫有《西北回憶錄》。從他們兩人的遊記作品中可以看出，對西北各地清真寺和穆斯林群體的

1939 年 3 月 31 日，第 28 頁。

調查，在他們這次考察工作中占有非常大的比重。這在他們來說，既是考察團的既定工作任務，因為在該團諸多的考察內容中，本身就包括「宗教種族」一項，同時這也是他們個人自覺的學術和文化責任。

根據白壽彝的記述，他們在綏遠、寧夏、甘肅和青海各地考察訪問時，幾乎在每一處休整地點均會對當地的穆斯林社群和清真寺進行調查。由於白壽彝的學者身分，以及彼時其已經逐漸將中國伊斯蘭教史和中國回族史作為自己學術研究的主要領域之一，因此這使得他的相關調查並非走馬觀花式的觀覽，而是極富社會調查的細膩和深入，這在當時赴西北考察人群對伊斯蘭的記述中顯得十分獨特和稀見。這其中，他對西北清真寺的調查尤其仔細和全面，各地清真寺的建立時間、規模、樣式、掌教阿訇及其收入、籍貫、年齡等信息，在白壽彝的遊記中均有較為詳細的記錄。這在他對集寧一座清真寺的調查記述中有明確呈現：

> 集寧南門內朝陽街有禮拜寺一所，為3年前所建，有大殿3間，大殿前廈3間，水房3間，阿洪住室3間。阿訇名海德恭，海南人，年53歲，來此寺已3年矣。有寺役馬明夏，乃歸綏人。另有宰牲之下刀師傅馬子明，乃明夏之父。寺中無常川收入，阿洪賴零星進款維持生活，每月約得七八元。附近教民，據稱約六十餘家。以大殿前廈北壁上揭示本年聖忌日捐款之戶數計之，當可靠也。[36]

36　白壽彝：〈綏寧行記〉，《白壽彝文集》第3卷《民族宗教論集》（下），開封：河南大學出版社，2008年，第660頁。

除此之外,白壽彝也對一些清真寺的管理人員和宗教學生人數、寺內碑刻、寺院所屬教派也有詳細記述,有時甚至連寺內水房的構造和陳設等細節都毫無遺落地有所交待。例如他對彼時歸綏(今呼和浩特)城內最大清真寺洗大小淨的水房有這樣的記錄:「水房儲水者有水櫃,分為溫水、冷水兩種,可以任意灌取。淋浴室無門,設水簾。水池中間設方孔木格,不至墮落物件。池四周之邊沿有水溝,不至積水。此皆未經見者。」[37]

白壽彝的調查範圍,從清真寺也延伸到所經各地穆斯林社群的歷史、政治、人口、教育、教派、職業、生存狀況、與其他族群之間的關係等各個方面。這些記錄真實地反映出,20世紀前半葉中國伊斯蘭和穆斯林群體在中國社會中的所處位置和歷史面貌。白壽彝的學者背景和學術素養,使他得以能夠如此巨細無遺地進行調查和記錄。但他並非唯一對西北各地的清真寺和同教族群社會關注的回民知識分子。與之同行的王夢揚,其遊記儘管沒有白壽彝那般事無巨細,但其考察和記述也非常深入和全面。

對西北地方本教情況進行調查研究其實是當時前往西北考察的中國穆斯林知識分子的共同取向,這在他們的遊記中有充分呈現。1933 年,王曾善在赴西安考察後所寫《長安回城巡禮記》中,對西安的清真寺和穆斯林社會各方面均有十分詳盡的調查和介紹。

這些對西北地方本教社會狀況的調查本身並不單獨存在,

---

[37] 白壽彝:〈綏寧行記〉,《白壽彝文集》第 3 卷《民族宗教論集》(下),開封:河南大學出版社,2008 年,第 661 頁。

其與中國穆斯林知識分子在內陸邊疆地區同教中間宣揚和推進新文化運動的價值觀念緊密聯繫在一起。絕大部分這類調查，均揭示出西北各地穆斯林群體發展狀況的保守和落後，尤其在宗教和教育兩方面。而教育普及和宗教革新恰恰即為19世紀末20世紀初以來中國穆斯林新文化運動的兩個最主要的著力點。

在宗教方面，中國回民知識分子對西北伊斯蘭各教派之間存在的不睦和對立提出過尖銳批評。王曾善將本教內部的這種不團結，歸咎於個別宗教領袖和阿訇的利益驅使：「究其實際，不過一二教師，自詡多學，標奇立異，欺蒙眾愚，供其利用，結果此一二教師自成一部回民之首領，斂財肥己，坐享清福，觀其違背天經聖諭之明訓，破壞回民固有團結之美風，非獨宗教之蠹，亦為宗教之孟賊，與宗教之罪人也！」[38] 在這些穆斯林知識分子看來，宗教派別並不涉及教義根本，只是一些細枝末節的差異而已，並無強調、突顯甚至因此另立派別的必要。回民知識分子馬澤先在甘肅天水考察時初次面對宗教派別問題，而他看待此問題的觀點其實也能啟發我們今天思考相關問題：

> 回教宗派之說，到此已有所聞，我個人除了對伊斯蘭教義如認（念）、禮、齋、課、朝五功有過認識與觀念外，對於宗派之分、門戶之鑒，我還未領教過，這裡既然有人說雲南的穆士林是「哲黑會葉」派，我便問一位阿訇究竟有

---

[38] 王曾善：〈長安回城巡禮記〉（續），《月華》第5卷第8期，1933年3月15日，第15頁。

什麼不同之點呢？我由他的答覆中始終找不出一點差別來，說到結果只是由於地理環境影響到風俗習慣的枝節問題，對於教義中最重要的五功，並未牽涉，這裡所談的宗派大概如此。[39]

為了革新西北伊斯蘭和穆斯林社會，這些回民知識分子將中國穆斯林新文化運動中的宗教變革思想，在當地大力宣揚和傳播，這是他們認為解決相關問題的方法之一。在所經地方，他們均與當地的阿訇等宗教上層人士進行交流。這一過程就成為新的宗教觀念傳播的契機。馬毓貴在甘肅平涼停駐時，就與當地的阿訇和教眾有過密切的交流，他也借此將自己的母校成達師範學校新的宗教教育理念進行宣揚，其效果似乎不差：「各寺阿衡鄉老，對余等頗為優越，談及成達學校之宗旨及狀況，尤為傾耳靜聽，讚不絕口。」[40] 由此可見，當時西北地方穆斯林對北京等地實踐的伊斯蘭教育的先進方法和理念是持開放和學習態度，願意採納和實行。中國穆斯林新文化運動的各種新思想、新觀念和新方法正是通過這些赴西北去的穆斯林知識分子的宣揚和傳播不斷在西北各地扎根、開花、結果。

中國穆斯林知識分子對西北各地宗教變革的呼籲，並不僅僅是從本宗教或本族群角度做出的，更是將之與整個中華民族的命運相關聯。在他們看來，中國伊斯蘭和穆斯林群體只有在宗教層面進行革新和發展，才可以更好地為整個國家和民族的

39　馬澤先：〈西北行紀〉（續），《清真鐸報》第 31 期，1947 年 2 月 28 日，第 7 頁。

40　馬毓貴：〈西行之行〉（續），《月華》第 5 卷第 12 期，1933 年 4 月 25 日，第 19 頁。

救亡圖存事業做出更大貢獻。這在當時部分回民知識分子的呼籲中有明確體現：「深願各地的教徒們！剷除派別，打破地域觀念，更堅定自己的信仰，認清了正路，為我們整個的宗教、整個的中華民族，闢一條生路！」[41]在他們的思想意識內，中國伊斯蘭和穆斯林社會的革新發展與整個中華民族的「生路」緊密相連在一起，並沒有被抽離和分開。正因如此，他們同時也相信「回教徒有堅定的信仰、優良的制度、團結的精神，在適當的領導下，一定會給社會做出許多超卓的成績來。」[42]

在教育方面，中國穆斯林知識分子通過考察發現，當時西北各族穆斯林群體的教育狀況「異常落後」：

> 因知識短淺，思想不免落後，對於子弟教育，多不注意，其肯慨送子弟入清真寺小學讀書者，已屬難得，否則必已強令學齡兒童幫父兄，謀求蠅頭小利矣！女子教育，尤屬幼稚，聞在女子小學開辦之初，許多教民，予以反對，甚至糾眾動武，對於倡辦之人，詆毀無所不至……[43]

這樣的教育狀況在當時整個西北應極為普遍。其中，部分回民知識分子也對西北已有的學校中穆斯林學生稀少的狀況而感到失望，尤其這些學校還是由穆斯林自身所辦。白壽彝在西

41　伯余：〈內地回教徒考察記〉（續），《晨熹》第1卷第18、19、20號合刊，1935年8月5日，第4頁。

42　伯余：〈內地回教徒考察記〉，《晨熹》第1卷第9、10、11號合刊，1935年5月5日，第1頁。

43　王曾善：〈長安回城巡禮記〉（續），《月華》第5卷第8期，1933年3月15日，第15-16頁。

寧參觀由馬步芳和「青海回教促進會」所辦的中學時，發現其中有諸多不健全之處，特別是校內的穆斯林學生和教職員均極其稀少，他因而感到十分遺憾：「尤其使人感到缺憾的，這不像一個回教會辦的學校，不特在宗教上，在國家教育之特殊價值上有所幫助，連回教學生人數也比不上教外人多。學校正式負責人是漢人邵鴻恩老先生，教職員中回教人也差不多沒有。」[44] 當時一般由穆斯林主辦的學校都會回、漢學生兼收，但相較於其他學校而言，這類學校內穆斯林學生的人數會略微多一些，類似於1949年新中國成立後各地創立的「回民學校」。作為「青海回教促進會」所辦中學，其職責正是要重點招收穆斯林學生，改善西北穆斯林群體教育落後的面貌。但顯然，這所中學並未很好實踐相關辦學宗旨，這導致白壽彝內心十分失望和不滿。由此也可以看到，當時整個西北穆斯林教育狀況的惡劣程度。

正是在這樣的現實狀況面前，前赴西北考察的中國穆斯林知識分子，曾在當地積極宣揚教育普及與人才培養。1933年，王曾善在西安考察時，就曾憑藉在同教群體中間講演的機會，著重宣揚教育的重要性：

> 予於遊覽西安之短期內，承當地回教公會及回民抗日救國會分別開會歡迎，遂乘機為之講演，促其注意教育以培養人才，化除意見以鞏固團體，恢復固有之文明，繼續穆聖之精神，以發揚教義，普救世人；並勖彼等在此開發西北

---

[44] 白壽彝：〈甘青行記〉，《白壽彝文集》第3卷《民族宗教論集》（下），開封：河南大學出版社，2008年，第706頁。

全國注意之際,占西北人口最大多數之回民,急應迎頭活動,為之前趨,則將來西北繁榮之日,即回教發達之時也。[45]

可見,穆斯林教育的普及和提升,是與整個國家開發西北、建設西北的歷史進程緊密相連。中國穆斯林知識分子在赴西北考察過程中並不僅在本族群中間宣揚教育的重要性。與此同時,他們實際上也將中國伊斯蘭及其新文化運動,向漢、蒙等民族進行介紹和宣傳。王夢揚在歸綏時,就曾為假期培訓的綏遠全省中小學教員做過題為「北平回民教育概況」的講演。其內容從大到小,既宣揚各民族間的團結,同時對於中國回民的發展狀況有較為充分的介紹:「先由全國民族團結問題講起,繼即述及回民之歷史、信仰、分布、特殊美德、現在情況及對於國家之地位,而述到回民教育之重要。再引到文化城——北平回民教育之概況,縱的方面,由王浩然阿衡興學講起;橫的方面,分述西北、成達、新月,及去年成立之二十一處短期小學。末再闡明回民教育之性質:一係促進全身之促化,實即促進中國全國文化之一大部;二係欲於回民宗教意識之上,再養成其充分之國家意識。而以希望全國民眾合作,互促進步,俾資應付國難,而期民族於復興合作。」[46]從這裡可以看出,中國穆斯林知識分子在1930-1940年代赴西北考察過程中,不僅只包含到各地調查、宣揚伊斯蘭教內外新文化運動

---

45 王曾善:〈長安回城巡禮記〉(續),《月華》第5卷第10期,1933年4月5日,第16頁。
46 王夢揚:〈西北回憶錄〉(二續),《回民言論》第1卷第3期,1939年2月15日,第35-36頁。

的價值觀念，同時也積極向回民之外西北其他族群宣傳和介紹中國的伊斯蘭、宣揚各教各族的相互了解和團結、激發和動員各族共同抵禦日本帝國主義侵略等等。因此，從這個意義上來說，他們的西北考察活動並不僅屬於回民和伊斯蘭內部的事情，還應被放置於中國和中華民族抗戰的整體視野下來進行考察和審視。

第二節　「七七」事變後中國文藝中的「回教」書寫

伴隨1937年「七七」事變爆發，中國進入全面抗戰的歷史時期。面對日本對中國邊疆地區和少數民族的侵略和分裂活動，特別是其主要在中國北方各地所開展的「回教工作」，及在西北地方預謀扶持成立「回回國」的策略，中國內部的民族宗教問題在此危機局勢下也相應發生重大變動。為激發和動員中國各地各族穆斯林參與對日抗戰，以及消除回、漢間歷史形成的誤解和隔膜，進而達成最廣泛的抗戰統一戰線，中國各族知識分子在文藝層面對伊斯蘭和穆斯林人群的創作實踐行動，構成了這種整體關係變動的一個重要方面。從1930年代後期開始，中國伊斯蘭教內外各族知識分子開始注重在文藝領域展開對穆斯林的書寫和動員。在此時期，出現了數量不少的有關伊斯蘭、回民及其他穆斯林人群題材的文學作品，它們以各種形式在彼時國內的報刊和公共社會空間中傳播，為當時和此後中國各教各族關係的變動，產生深遠影響，成為現代中國文藝中獨特而又可貴的實踐遺產，值得認真梳理和研究。

顧頡剛在1937年「七七」事變即將爆發時談到他自己關

注中國伊斯蘭和穆斯林問題的起因時如此說道:「我不是回教徒,在民國二十年前也不曾注意過回教⋯⋯直到東四省失掉,日本的大陸政策給我們以最嚴重的壓迫,才使我瞿然注意到邊疆,因注意邊疆而連帶注意到在西北各省最有力量的回教,因注意到回教而和教中人士多所往來,才敬服他們信仰的忠誠,團結的堅固,做事的勇敢,生活的刻苦,使我親切知道,中華民族的復興,回教徒應有沉重的擔負,但要回教徒擔負起這沉重的職責,必先使非回教徒儘量知道教中一切,才能激起彼此的同情心,造成合作的大事業。」[47]

按照顧頡剛的看法,在中國穆斯林更好地參與到抗戰和中華民族復興的事業之前,首先需要「非回教徒」對中國伊斯蘭及穆斯林群體有所了解,消除彼此之間歷史上的誤解和隔閡,如此才能夠更好地實現團結與合作。在介紹伊斯蘭的過程中,文學／文藝被看作是一個重要途徑。顧頡剛在總結清末以來中國穆斯林新文化運動時提出後者存在若干不足之處,其中一條為「不曾培養出一個優秀的文學家把教義作廣大的宣傳」。[48]

除顧頡剛等教外知識分子大聲呼籲用文學／文藝來介紹、宣傳、闡發伊斯蘭文化之外,與此同時,中國穆斯林內部的一部分知識分子也同樣具有這種意識,並且在努力從事相關工作。1938年5月,當以「團結回民抗戰救國」為宗旨的「中國回民救國協會」(簡稱「回協」)在漢口成立之後,時為「回協」理事、復旦大學教授、著名回民翻譯家、作家、學者

---

[47] 顧頡剛:〈回教的文化運動〉,《大公報・星期論文》,1937年3月7日,第2版。

[48] 同上。

馬宗融從次年開始相繼發表〈向回教救國協會提議組織西北旅行團〉、〈由中國回教抗日到世界回教抗日〉、〈理解回教人的必要〉、〈精神動員與動員精神〉、〈我為什麼要提倡研究回教文化〉等文章，同樣呼籲作家們以「文藝」的方式來促進和加深中國社會對「回教」及穆斯林人群的了解，他認為中國各族知識分子對於穆斯林應「把握他們的生活，由之表現或誘導其教中人自己表現他們的生活，並翻譯阿拉伯文學，以滋養中國的文藝，使文藝上得另闢一個新的境界。同時由文藝的合作，走上抗戰建國種種國民努力的合作，我們民族的團結於是就可達到堅凝而不可破的程度，敵人縱欲乘機離間也永不可能。」[49]

其實，在顧頡剛、馬宗融的倡導之前，彼時中國穆斯林知識分子如傅統先在全面抗戰爆發三年以前就已提出過要「以優美之文藝輔助宗教情緒」[50]，但此種主張主要還是面向伊斯蘭內部而言。等到全面抗戰爆發以後，這種主張就完全匯流於顧頡剛、馬宗融等人的論述脈絡之中。傅統先後來在看到顧頡剛認為中國穆斯林新文化運動缺乏優秀文學家將教義做廣大宣傳的相關論述後，也非常認同和支持，並且呼籲本教有識之士對包括此條在內的穆斯林新文化運動的種種不足「奮起以彌補之」。不過傅也認識到，中國穆斯林新文化運動的不足不是僅靠少數穆斯林有識之士在短時間內可以彌補，需要團結教外知識分子共同努力才能實現。因此他贊同白壽彝發起的聯合教內

49　馬宗融：〈理解回教人的必要〉，《馬宗融專集》，李存光、李樹江編，銀川：寧夏人民出版社，1992年，第95-96頁。

50　傅統先：《中國回教史・自序》，長沙：商務印書館，1940年，第2頁。

外知識分子成立中國「回教」文化研究機關的倡議。[51]

正是在「七七」事變後全面抗戰的時代背景下，中國伊斯蘭教內外知識分子和作家詩人均對以文藝闡釋和宣揚伊斯蘭、促進回漢團結抗敵的主題進行了積極的倡導和書寫實踐。對於很多非穆斯林作家來說，他們開始史無前例地將伊斯蘭和穆斯林納入到自身的寫作視野範圍內，這在整個中國文學史中都具有開創性的歷史意義。

在各族各教團結合作抗日救亡的歷史時勢中，中國的非穆斯林作家對伊斯蘭的書寫同時也受到當時中國穆斯林報刊的宣介和啟發。1938年2月25日在武漢創刊的《回教大眾》，就曾直接促使一位署名為「安妮」的非穆斯林女性主動去了解和書寫中國伊斯蘭和穆斯林，尤其是其中的婦女群體。在題為〈回教婦女訪問記〉的散文篇首，她如此交待寫作的起因和過程：

> 我訪問回教婦女的動機和目的是這樣的：當我在《大公報》上看到《回教大眾》半月刊出版的廣告時，我被求知心所驅使，立刻到漢口華中圖書公司買了一冊，仔細讀閱數遍，對一向懷疑生疏的回教發生了一點高興和希望，繼著這，為了要更急切地明瞭占著五千萬半數或過半數的回教女同胞對於回教的信仰與實生活起見，我終於探聽到了一位回教信徒艾太太的住址。於是，訪問記的內容便這樣

51　傅統先：《中國回教史·自序》，長沙：商務印書館，1940年，第4頁。

寫出了。[52]

在抗日救亡過程中,回、漢互相了解(主要是漢對回的了解)的時代要求空前高漲,而中國伊斯蘭本身的自我宣介顯得尤為重要,這是抗戰時期部分穆斯林報刊創辦的主要原因之一,他們需要解答或回應外界對中國伊斯蘭和穆斯林人群的種種疑問和誤解。其中,當時在大後方主辦發行的《回教大眾》就是在這種時代氛圍中應運而生。「安妮」的這篇散文最終也是投稿並發表在《回教大眾》第3期上,並受到刊物編者、回民詩人沙蕾的熱情歡迎和稱讚:「使我們感到特殊高興的,是安妮小姐投來的〈回教婦女訪問記〉;這位小姐能那麼溢滿著同道的熱忱,實值得大書特書。我們想,假如每一位非回教徒能如此,那麼回漢的隔閡簡直是幻想中的名詞!」[53] 由此可見,中國穆斯林對於教外人群的主動了解持開放和歡迎態度,並且與之形成良好的互動關係,這是抗戰時期伊斯蘭和穆斯林人群與中國主流社會形成嶄新關係的微縮鏡頭之一。

在「七七」事變後的全面抗戰初期,「安妮」的此篇紀實性散文是國內非穆斯林作者較早對中國伊斯蘭進行書寫的文學作品,尤其是她對中國穆斯林婦女的書寫,更是開創了非穆斯林作者在相關題材上的先河。作為一位先行者,其對武漢穆斯林婦女「艾太太」的描寫,非常典型地反映了當時中國各教各族從陌生隔膜到相知相識相交的歷史新情態。尤其需要提及的

---

52 安妮:〈回教婦女訪問記〉,《回教大眾》第3期,1938年3月25日,第53頁。
53 沙蕾:〈編後〉,《回教大眾》第3期,1938年3月25日,第54頁。

是，她在作品中所寫的穆斯林婦女「艾太太」其實並非回族，而是一位入教時間已有二十年的漢族皈依穆斯林，即今天通常所稱的「漢穆」。在初次見面時，她們二人之間產生猶如親人般的情感：「她伸出手來和我握手，半晌不放，如遇到了一個最熟悉的朋友或最親睦的親戚一樣；這一來，已使我如陶醉在慈母懷裡般，一句話都說不出來了。」[54] 在此前有關中國穆斯林婦女的想像中，林鵬俠的西北遊記作品《西北行》中的相關記述可能對這位作者產生過十分重要的塑造影響：「她把我引到一間房子裡，我展眼一望，使我想到了林鵬俠女士所著《西北行》裡頌揚回教婦女清潔的話，而感到窗明幾淨不足以形容這件整齊、清潔、簡單、樸素、莊嚴的小室。」[55] 此處記述也可證實前文所講 1930 至 1940 年代西北遊記對內地人群關於邊疆族群宗教的想像和認知中起到的深遠塑造作用。因此，中國現代邊疆民族宗教的知識及其被內地人理解都是在諸如此類互動交往實踐中不斷被建構和形塑。

從文中這位皈依穆斯林婦女對自身入教經歷的自述中，可以看到當時一種新的伊斯蘭觀的出現：

> 我理想裡的宗教並不教人消極，如佛教是；並不令人柔弱，如耶教是；我擇回教信仰，因為他是積極的，反抗的，是真愛和平的。你知道，回教更絕對提高婦女地位，使男女真正平等……[56]

---

54 安妮：〈回教婦女訪問記〉，《回教大眾》第 3 期，1938 年 3 月 25 日，第 53 頁。
55 同上。
56 同上。

此種對伊斯蘭的嶄新理解和皈依行為，呈現出伊斯蘭在中國社會中的歷史位置和現實面貌已然發生較大變化。文中記述的皈依穆斯林的事例出現在 20 世紀前半葉並非偶然，與清末以來中國穆斯林在宗教和文化上的革新運動以及積極對外宣介緊密相關，也與之在中國社會中的處境變化有關。在「七七」事變後的全面抗戰時局中，面臨日本帝國主義對中國的進一步侵略，中國社會各教各族團結抗敵的要求變得愈加迫切和強烈，中國伊斯蘭和穆斯林也以一種新的歷史關係，更深入緊密地嵌入到中國現代民族國家的結構之中，成為中華民族內部重要的構成力量和體系之一。在這種新的歷史時勢中，伊斯蘭和穆斯林與中國社會之間形成一種互動塑造的嶄新歷史關係。中國各族非穆斯林作家對伊斯蘭大量具體的書寫和表述，尤其體現出這一歷史進程的深刻、廣泛和獨特。

記者袁塵影 1939 年所作〈綏西前線的回回軍〉是一篇記寫西北回民抗戰鬥爭史實的報告文學作品。該文生動記述了在綏遠西部與日軍戰鬥的回民軍隊的英勇事蹟。1937 年 10 月，綏遠西部的包頭等地相繼失陷，馬鴻賓部軍隊立即開赴前線在兩年多時間內不斷抵抗日軍對西北地方的進逼和侵略。這篇報告文學記述的就是此次事件。記者開篇盛讚回、漢團結抗戰的歷史事實：「不管敵人如何陰謀分化我民族的團結，鐵一般的事實卻證明瞭中華民族是不可分的。在抵抗暴敵的戰線上，他們的血——不論回、漢都是流在一起，綏西前線的回回軍便是最大的明證。」[57] 同時期，中央社記者徐竟成的〈活躍線上的

57　袁塵影：〈綏西前線的回回軍〉，《新蜀報》，1939 年 11 月 26 日，第 3 頁。

陝西省回民救國運動〉同屬此類報告文學作品，通過調查訪問後記述「中國回民救國協會」陝西分會的抗戰動作，以此向國內更多民眾（尤其是穆斯林）進行抗戰宣傳和動員。他開篇說：「回教徒素以勇敢善戰著名，他們今日已成為中國西北的新長城。」[58]儘管這句話的表述包含對穆斯林的刻板印象，但以「西北的新長城」來喻指他們卻顯示出作者對穆斯林之於西北邊疆國防的重要性有充分認識。這些作品及時而真切地將西北各地穆斯林的愛國思想和抗日行動通過文藝形式展現出來，增強中國各族民眾抗戰的信心，同時也激勵全體中華兒女採取更為團結的抗戰行動。事實上，這些報告文學作品因為其高度的紀實性在中國各族民眾中間起到不可替代的抗戰動員之作用。

在全面抗戰時期有關伊斯蘭和穆斯林題材的創作實踐中，詩與歌因為其精短、迅捷、有力和普及的特性，成為主要運用的文體之一。1938年4月發表於《回教大眾》上由左翼青年詩人蔣錫金創作的敘事詩〈唐官屯〉是其中較早的典型之作。這首詩根據真實歷史事件創作，記述的是全面抗戰初期中國華北穆斯林民眾如何在日本軍隊的殘酷迫害下起身反抗的事蹟。1937年9月4日，日軍占領位於津浦鐵路沿線的唐官屯（今天津市靜海區唐官屯鎮），占領期間在當地大肆屠殺中國平民，其中包括大量回民。次年發表的〈甘寧青抗敵救國宣傳團告全國回教同胞書〉對此事件有真實記載：「河北省唐官屯禮拜寺，因為做聚禮，未向敵人方面預先報告，以致教長、鄉

---

[58] 徐竟成：〈活躍線上的陝西省回民救國運動〉，《回教論壇》第2卷第5期，1939年9月15日，第12頁。

老三百餘人,在禮拜堂的時候,竟被敵人包圍,用機關槍掃射,當時血肉橫飛,同歸於盡,同時並將大殿縱火焚燒,連死者屍骸,均成焦土。」[59] 此事件被當時正身處武漢的詩人蔣錫金作為題材寫成敘事詩〈唐官屯〉並發表於中國穆斯林刊物上。這首詩呈現出這位非穆斯林詩人,在當時對中國伊斯蘭已有較為深入的認知。這體現在他能嫻熟運用並準確注釋如「主麻爾」、「以麥穆」等中國伊斯蘭概念上,比如他在詩後解釋說「主麻爾是星期五,回教的聚禮日」,「以麥瑪目——引者)是教長之稱」等。[60] 這背後與戰時大後方各族知識分子倡導對邊疆和中國伊斯蘭問題展開了解和研究的時代思潮有關,詩人蔣錫金也應在此期間主動學習了伊斯蘭知識,並對後者有較為深入的了解。同時這也與中國穆斯林新文化運動對教外社會介紹伊斯蘭各方面知識的社會思潮有關,這種介紹無疑為非穆斯林人群對伊斯蘭進行充分了解提供了較好的機會。除對中國伊斯蘭相關概念有清楚掌握外,詩人同時也對伊斯蘭經典《古蘭經》和《聖訓》也較為熟悉,並且援引其中的語句來推進全詩的敘事:

「真主的語言將互垂千古,」
以麥穆揭開了《古蘭經》:
「被侵略是最大的禍患,
要遠過戰爭的殘酷!」

59　〈甘寧青抗敵救國宣傳團告全國回教同胞書〉,《回教大眾》第 2 期,1938 年 3 月 10 日,第 26 頁。

60　錫金:〈唐官屯〉,《回教大眾》第 5 期,1938 年 4 月 25 日,第 89 頁。

至聖也曾經那麼啟示：
「我們愛護國土，
應如鳥的愛護巢窩！」⁶¹

　　這節詩中所引經文和聖訓均屬中國伊斯蘭歷來強調保家衛國重要性的教義和教法依據，並被中國各個歷史時期的穆斯林忠實恪守。在抗日救亡的時勢中，詩人在詩中將其引用和強調，一方面有意要向非穆斯林人群宣揚中國伊斯蘭和穆斯林家國情懷傳統，增進前者對後者的深入理解；另一方面，其也是向中國穆斯林進行致敬和動員，從宗教層面鼓舞後者在保家衛國的反侵略戰爭中做出更大貢獻。其詩後半部分以敘事手法再現了中國華北穆斯林在日本侵略下的悲慘狀況，以及他們此後奮起抗敵的歷程：

六個骯髒的日本兵，
偷偷地摸索進來像夜間的鼠子，
「集會的不許！」揚聲大呼：
「反叛者統殺！你們在做什麼？」
所有的解釋全白費了，
一個命令，要教把：
「大日本萬歲三呼！」
人們用憤怒的沉默來反抗，
反抗那再番的催促。

61　錫金：〈唐官屯〉，《回教大眾》第 5 期，1938 年 4 月 25 日，第 89 頁。

兇橫的暴怒激發了，
刺刀插入了以麥穆的胸口，
再無從忍耐，
冒著爆發的槍彈，
人們解決了不可赦的暴徒。
出得門去，
外面早被團團圍住，
殘忍的掃射像是狂風急雨；
突出了重圍，
將兩百多死難者遺下了，
一聲號召聚集起，
教徒們要展開鬥爭的血路。[62]

在這條「鬥爭的血路」上，抗日戰爭時期中國各地各族穆斯林民眾和戰士進行了艱苦卓絕的鬥爭。[63] 海燕的紀實文學作品〈一支少數民族的隊伍——回民支隊〉記述的就是受八路軍領導的冀中回民支隊的抗日故事。在細述「回民支隊」誕生和戰鬥的歷程後，作者認為其在整個抗戰局勢中發揮的作用主要有三項：一是粉碎了敵寇挑撥分裂的陰謀，團結回漢同胞結成堅固的統一戰線；二是正確執行了關於少數民族的政策，樹立了少數民族參加抗戰的一支鮮明旗幟，給華北少數民族以極大振奮與良好影響；三是擴大了八路軍在群眾中的政治影響，

62　錫金：〈唐官屯〉，《回教大眾》第 5 期，1938 年 4 月 25 日，第 89 頁。
63　相關史實見周瑞海等：《中國回族抗日救亡史稿》，北京：社會科學文獻出版社，2006 年。

建立了軍民合作的親密關係。[64] 憑藉此類紀實文學作品，諸如「回民支隊」這類英雄事蹟才得以更廣泛地傳揚，激勵各地人民參與抗戰。同時，諸如馬本齋等華北抗日戰場上湧現的回民英雄人物及其事蹟在當時及後來以各類文藝形式不斷被講述、改編和傳播，使之成為整個中國和中華民族的人民英雄。[65]

除蔣錫金的敘事詩〈唐官屯〉外，全面抗戰時期有關「回教」主題比較有代表性的詩歌作品還有唐祈的〈回教徒〉、〈穆罕默德〉、李白鳳的〈穆罕默德的兒女們〉、嚴辰（厂民）的〈揮起正義的利劍——給西北的回教同胞〉、牛漢（谷風）的〈西中國的長劍〉、馮玉祥的〈回胞〉等。這些詩篇均是在1930年代末創作發表，它們顯示出在抗日戰爭時勢下中國非穆斯林知識分子對國內伊斯蘭和穆斯林人群的新認識。

1938年8月，被後世稱為九葉詩派的詩人之一唐祈因其父親在蘭州任職之故隨家庭從南昌遷往蘭州，時年才滿十八周歲的詩人第一次領略西北的風物、社會、人情，自此開始與西北結下不解之緣。此年，在地理空間的遷移過程中，他相繼寫下諸多與西北特有風土人情相關的詩篇，其中，〈回教徒〉和〈穆罕默德〉就是其中的兩首。作為首次從南國踏上西北之地的漢人非穆斯林，唐祈對中國伊斯蘭和穆斯林的理解和書寫懷有相當尊重的態度。由於並非直接從抗戰動員的角度來寫，所以他的這兩首詩均透露著十分私人化的詩學氣息。這種氣息正好是同時期其他抗戰動員性質的同題材文藝作品所缺少的。在

64　海燕：〈一支少數民族的隊伍——回民支隊〉，《新華日報》，1940年6月11日，第2版。

65　見吳昊：〈書寫民族英雄：馬本齋事蹟的文藝改編研究〉，《回族研究》第2期，2021年。

這兩首詩中,唐祈對伊斯蘭的理解和想像彌漫著聖潔、神秘、肅穆、寧靜的氣氛。比如,他在〈回教徒〉一詩中這樣寫道:

黑色的圓頂屋,
滿腮絡鬚的回教徒,
像神潔的香料洗過的,
蒙著青紗的穆斯林少婦

到禮拜寺:脫下鞋
脫掉地上走過的塵埃;
生活的靜素間默禱片刻,
救主啊,你的榮名穆罕默德!

白色的教堂裡沒有神像,
黎明時,向太陽希望;
右手提壺,流動的水;
生命永在洗滌中不斷的懺悔……

回教徒啊,每日清潔吧;
神的心靈乃在於淨化。[66]

此詩以穆斯林到清真寺禮拜的生活情節作為書寫內容,部分表述呈現出詩人的細緻觀察和體認,例如他較為準確地看到

---

66 唐祈:〈回教徒〉,《唐祈詩全編》,張天佑、李唐、高芳編,北京:人民文學出版社,2018年,第19-20頁。

伊斯蘭不崇拜偶像的特徵，以及穆斯林的清潔、熏香實踐與禮拜功修和心靈淨化間的緊密關係。儘管如此，這首詩同時也呈現著初涉西北的青年詩人唐祈對伊斯蘭的諸多觀念誤解和知識缺漏。比如，詩人將「救主」與先知「穆罕默德」誤以為一體，另外也將穆斯林向位於伊斯蘭聖地麥加的克爾白聖殿禮拜的方向，誤認為是「向太陽」等。事實上，麥加在中國以西，從常理來說中國所有清真寺都是按照向這個方向禮拜而設計營建的，因而，黎明時分的中國穆斯林在禮拜時並非朝向旭日升起的東方，而恰恰是它的反方向。

與〈回教徒〉聚焦於西北穆斯林宗教生活的神秘化、靜默化書寫不同，〈穆罕默德〉一詩則關注的是他們的社會時代生活主題。此詩著重描寫1930年代末中國穆斯林民眾在戰亂和災禍面前的痛苦生活和悲慘命運：

這些夜，我放逐在回教徒一起；
當他們地上沒有糧食，房屋被毀棄；
婦人哭著禮拜寺被熊熊的火燒掉；
當他們臉上的皺紋再藏不住悲戚。[67]

面對此種現實苦難，詩人顯露出對宗教的某種微妙不滿，因為與宗教功修相比，詩人認為現世的奮鬥才是真正緊迫和重要的。所以他在這首詩的末尾說「主啊：生活中我尋找宗教；

67　唐祈：〈穆罕默德〉，《唐祈詩全編》，張天佑、李唐、高芳編，北京：人民文學出版社，2018年，第21頁。

／服役更多人民將替代你的崇高！」[68] 在此，詩人實際上不滿於那種一味禮拜祈禱而忽視現世奮鬥的宗教信仰做法，所以他認為「服役更多人民」相較於造物主的「崇高」來說更具現世意義，並且前者完全可以替代後者，而成為人們信仰的另一種「意識形態」。但實際上，伊斯蘭並非講求出世的宗教，其教義本身主張「兩世」奮鬥精神，即穆斯林應在今世（或現世）和後世都要和平、努力、奮鬥，主流伊斯蘭也反對只抓後世而忽視今世的做法。唐祈的表述一方面可能與他當時對伊斯蘭的認識不夠全面有關，另一方面，他可能也將「回教」等同於在漢地更為普遍的主張脫離塵世苦海和追求清淨無為的佛、道等宗教來看待。唐祈上述兩首詩歌中的表述及其問題，表徵出中國社會長久以來形成的對伊斯蘭的某些認知模式和特徵。這背後不僅涉及到中國伊斯蘭的在地化或本土化歷史進程，即主動以中國本土宗教文化和概念重塑自身，比如「清真」概念被穆斯林借來用以表述伊斯蘭的「清潔」精神即為典型案例；同時也涉及中國社會對伊斯蘭表述的本土化面向。雖然，這兩首詩存在各種表述問題，同時在唐祈全部作品中可能處於邊遠位置，但它們卻是全面抗戰時期中國文藝中較早對伊斯蘭予以關照和書寫的作品，而且其中呈現出有關中國伊斯蘭問題的「景觀」及反映出的現象也值得深思。

坦誠來說，全面抗戰時期中國文藝中的伊斯蘭題材詩歌作品，大部分都以強烈的抗戰動員的屬性問世。李白鳳的詩〈穆罕默德的兒女們〉通過對被誤解的伊斯蘭精神的闡揚，進而傳

68　唐祈：〈穆罕默德〉，《唐祈詩全編》，張天佑、李唐、高芳編，北京：人民文學出版社，2018年，第21頁。

達出希望穆斯林秉持此種精神來抵抗外敵的入侵：「可憐穆罕默德的兒女們／難道忘記祖先們／創世的利劍嗎——」「拿起你們犀利的投槍／打開 Burnoose 伸出頭來／像雄獅似的狂吼著／衝向酣睡的敵人」「重新恢復自由的邊疆／收回失去的土地」。[69] 如同此時期諸多非穆斯林所寫同題材作品一樣，此詩也包含對伊斯蘭的知識和認知偏差。如將穆斯林與先知穆聖間之關係誤解為子女與父親的關係，將穆聖興教行動誤解為用「利劍」「創世」等。該詩 1938 年 7 月在復刊後的《文藝》第 2 號上發表後，又於 1940 年 5 月被轉載於《詩》新 1 卷第 4 期上。從在當時兩份重要文藝刊物上接連登載的事實來看，此詩對於李白鳳來說是一首不可忽視的詩作。但由河南大學出版社在 2014 年出版的《李白鳳新詩集》卻並未收錄此詩。[70] 出現此種情況的背後原因可能有二：其一大概是詩集編者因視野有限未曾讀到這首兩次見刊的詩作；其二是詩集編者或認為此詩不重要，因而不值得收錄，或受外在不可控因素導致無法收錄此詩。這必然減弱此詩集的權威性和全面性，是否還有其他詩作未被收錄也未可知，同時也不利於真實、完整地呈現李白鳳詩歌創作的全貌。無論如何，〈穆罕默德的兒女們〉一詩無法被收錄進由後人整理編輯的《李白鳳新詩集》這一結果所反映出的現象，卻包含著諸多耐人尋味的東西。其中至少明確反映出人們對現代中國文藝中伊斯蘭和穆斯林題材的作品缺乏應有重視，甚至有時可能還帶有主觀的忽視和人為的抹除。

---

69 李白鳳：〈穆罕默德的兒女們〉，《文藝》復刊 2 號（第 5 卷第 5 期），1938 年 7 月 1 日，第 63 頁。
70 見韋緒智編：《李白鳳新詩集》，鄭州：河南大學出版社，2014 年。

第二章　抗日戰爭時期中國文藝中的邊疆與伊斯蘭（1931-1945）　｜ 167

這種對歷史事實無意或有意的遺忘，對現代中國文藝史上的作家、作品、現象和問題的去歷史化取向正是本書所要檢視和反思的。

在全面抗戰時期中國文藝所有動員性質的伊斯蘭題材詩篇中，詩人嚴辰所寫〈揮起正義的利劍——給西北的回教同胞〉是較為著名的作品之一。這首詩曾得到過當時回民作家馬宗融的肯定，被其認為是抗戰四年來「回教文藝」中比較重要的兩首詩之一。不過馬宗融對署名「厂民」的詩人的民族和宗教身分有所誤會，「厂民」其實是詩人嚴辰的筆名，他並非回民，也非穆斯林。這首詩在1938年11月最初發表於《抗戰文藝》第2卷第9期上，其詩前半部分如下：

> 伊斯蘭教的弟兄們
> 你們總不會忘記
> 當年主謨罕默德
> 一手執了《可蘭經》
> 一手揮舞著長劍
> 怎樣穿越萬里荒漠
> 克服過多少頑強的敵人
> 今天，東方的暴敵
> 闖進——我們的國土
> 受殃的不僅只是
> 東北的，沿海的，以及
> 所有已淪陷和快要淪陷的
> 土地上的兄弟姊妹……
> 連你們，僻居在

西北高原上的兄弟
明天，或者是後天
保不住也會遭到同樣的蹂躪[71]

　　詩人嚴辰在這首詩中也表現出與唐祈同樣的對伊斯蘭的誤解，即將「主」與先知穆聖誤認為是一體，這幾乎是當時中國非穆斯林知識分子對伊斯蘭共有的誤識。另外，詩中有關伊斯蘭先知穆聖「一手執了《可蘭經》／一手揮舞著長劍」的說法完全來自一種流行觀念，即認為穆聖興教是「一手執經，一手執劍」，這應該是20世紀以來中國社會普遍流行的對伊斯蘭的主要偏見之一。這種說法最早源自何處以及何時流行於中國，目前中國學界還缺乏相關的精深研究。本書導論部分對此已有初步探討，也揭示出20世紀前半葉中國知識分子對此問題的可貴思考和表述。比如，著名作家、宗教學者許地山1929年於清華大學所作題為「什麼是回教」的講演中曾指出，此誤解主要來源於西方宗教史家的歷史建構。[72]中國回民阿訇達浦生、哈德成也曾在1930年代認為，這背後有現代中國人毫無批判地接受西方人所寫世界歷史和地理著作的原因。[73]諸如此類的思想言說均為我們今天深入了解相關問題提

71　厂民：〈揮起正義的利劍——給西北的回教同胞〉，《抗戰文藝》第2卷第9期，1938年11月5日，第138頁。
72　見許地山：〈什麼是回教〉，《清華週刊》第32卷第2期，1929年10月25日。
73　見達浦生、哈德成：《播音》，北平：成達師範出版部，1934年，第40-57頁。該文獻全本收錄於王建平主編、金宏偉副主編：《中國伊斯蘭教典籍選三編》第二冊，上海：上海古籍出版社，2021年。

供了重要參證。毫無疑問，這類誤解乃至汙名化看法是由西方殖民主義和帝國主義學術和知識著述歷史性地建構而成，存在可以重識的較大空間。蔡源林在其專著《伊斯蘭、現代性與後殖民》中對此已有深入揭示和辯駁。[74] 這裡僅以 20 世紀前半葉中國歷史教科書上的有關表述作為補充討論。

1931 年，楊人楩在其「以歐洲為中心」的方法原則下編譯的《高中外國史》中認為，伊斯蘭教在創興後短時期遍布歐亞非各地的歷史事實背後，「所靠的便是武力傳道」。此書同時還認為：「回教的信仰以為，為神而戰死的便可入天堂，所以教徒左手拿了《可蘭經》，右手拿了利劍，四方布教。各種宗教都是主張仁慈，反對殺戮的，而回教則尚武力，主張戰事。」[75] 不過此種本質主義的「回教尚武」論卻又與該書後文有關伊斯蘭的表述形成較大矛盾和反差。該書緊接上述武斷表述後同時又說：「回教徒對於異教徒是寬容的，自摩罕默德出奔以後，自己既不曾受到什麼大的迫害，而他們也不曾去迫害人家。他們雖以武力布教，但是他們以經典、租稅、利劍任人選擇。他們所征服的地方，不一定要被征服者接受他們的信仰。」[76] 此種自相矛盾的表述，反映出當時中國社會對伊斯蘭的認知存在不深入、不自主和不成體系的問題，這些著述大多編譯自西方學者所寫的歷史地理著作，呈現出零碎化、片面化、簡單化和自相矛盾的面貌。與此同時，這也說明當時中國

74　見蔡源林：《伊斯蘭、現代性與後殖民》，台北：台灣大學出版中心，2011 年。

75　楊人楩編譯：《高中外國史》上冊，上海：北新書局，1931 年，第 183 頁。

76　同上，第 184 頁。

知識分子在編譯過程中大多缺乏應有的辨識能力和批判視野，更無自主的學術研究和知識體系。

　　此種現象並非個別。1935 年，朱鴻禧編寫的《外國史》教科書中則以更為直接和絕對的方式複製了西方人關於伊斯蘭發展史的「一手執經，一手執劍」說：「回教徒布教的方法——以左手執《可蘭經》（Koran），以右手拿刀劍，全用武力傳教。」[77] 相當耐人尋味的一點是，包括上述兩種書在內的民國時期眾多外國歷史教科書對伊斯蘭「武力傳教」說都有相同的刻板表述模式，即都認為穆斯林是左手拿經、右手拿劍，而不是相反。如此固化和千篇一律的對應表述不是偶然的，而是反映出這些說法間互相複製且都共同源於西方歷史地理著述的事實，包括當時這些國內中學教科書普遍將阿拉伯稱為「薩拉森」也均為因襲歐洲人稱法的結果。這些教科書編者並不清楚伊斯蘭史上有關先知穆聖的畫像描繪是不會出現具體面部細節的（但這並不代表伊斯蘭繪畫史上沒有關於先知穆聖的畫像，更不意味著伊斯蘭或穆斯林反對圖像藝術）。伊斯蘭為防止偶像（包括具體人或物等）崇拜，並不支持對先知穆聖面容的具體刻畫和呈現，而他們在教科書相關章節中卻配有穆聖的面部圖像，且這些圖像均複製自西方人的「東方主義」手筆。這也間接證明當時中國非穆斯林知識分子對伊斯蘭及其歷史缺乏基本了解，同時他們有關伊斯蘭的知識大多因襲自西方殖民主義和帝國主義脈絡中「東方學家」們的相關著述。這些教科書關於伊斯蘭歷史和先知穆聖的表述就是在此種不了解和複製西方「二手」知識的基礎上被持續大量地生產出來，通過

77　朱鴻禧編：《外國史》，上海：商務印書館，1935 年，第 81 頁。

廣泛流傳被深深根植於當時中國伊斯蘭教外民眾和知識分子的頭腦中,這導致了包括詩人嚴辰〈揮起正義的利劍——給西北的回教同胞〉一詩在內的當時眾多文藝作品對伊斯蘭及其歷史的誤識和訛述。

1941年,當時年輕的詩人牛漢以筆名「谷風」在《現代評壇》上發表的詩作《西中國的長劍》對伊斯蘭也存在與嚴辰類似的表述。詩中寫道:「活在西中國的回民／……他們不會忘記／他們是愛武的民族／騎上駱駝／迎著撲面的風沙,／去追蹤當年／穆罕默德不朽的靈魂。」[78]

歷史總是充滿吊詭和令人意想不到的情節。儘管「武力傳教」論是對伊斯蘭歷史的根本誤解,但此誤解卻在全面抗戰時期成為中國非穆斯林知識分子對穆斯林民眾進行文學想像和文化動員的著力點,它不僅不再是伊斯蘭的「汙點」,反而搖身一變成為非穆斯林眼中伊斯蘭本身所特有的積極和正面價值。由此誤解出發,就順理成章地衍生出一種觀念,即認為中國西北各地穆斯林民眾應繼承和發揚先知穆聖所謂「武力傳教」的精神,來抵抗日本帝國主義對中華大地的侵略。儘管這些穆斯林民眾身居亞洲腹地的中國西北疆域,但在詩人嚴辰的表述中此地區與整體中國之間是命運與共和唇亡齒寒的關係,同樣也面臨著被侵略的危機,「明天,或者是後天／保不住它也會遭到同樣的蹂躪」。因此,在這種中華民族命運共同體的敘述中,中國穆斯林的抗戰行動就必然成為整個中國乃至世界反法西斯戰爭事業的重要一環。嚴辰〈揮起正義的利劍——給西北的回

---

[78] 谷風:〈西中國的長劍〉,《現代評壇》第6卷第12-17期合刊,1941年5月5日,第28頁。

教同胞〉整首詩的後半部分均是詩人的抗戰動員敘述，在對穆斯林以親切的「兄弟」相稱中，詩人認為中國穆斯林應暫時放下宗教信仰，毫無保留地參與到中華民族抗敵行動中去，給敵人以深刻痛擊：

> 因此，兄弟們
> 你們不等到明天
> 就該毅然的放下《可蘭經》
> （因為這已不是
> 講教義，講和平的時候）
> 揮起正義的利劍
> 穿過荒涼的高原
> 穿過風沙蔽天的漠野
> 向東方馳去，對準
> 敵人的咽喉直刺
> 正為他們不遵守
> 人類和平的教義
> 你們絲毫不用憐惜
> 縱使汗血濺滿了劍頭
> 隨手在襟袖上一抹
> 不用遲疑，依然策馬向前
> 迎戰那接續而來的暴徒
> 永遠是堅強的戰鬥
> 戰鬥，要使敵人領悟
> 怎樣是真正的回教精神
> 那時候，敵人在

我們的面前垂首懺悔
你們可以用粗獷的嗓子
朗誦起和平的《可蘭經》[79]

在詩人的敘述中，伊斯蘭及其經典《古蘭經》的和平教旨和精神逐漸被理解和表述出來。處於被侵略和被壓迫位置的穆斯林及其抗敵事業，屬於施行人類正義力量的行動，其背後也隱含著包括穆斯林在內中國各族人民抗日戰爭事業的正義性。而且在戰爭勝利後，詩人認為穆斯林應該在戰敗的帝國主義侵略者面前以誦讀宗教經典的形式，來宣揚伊斯蘭所代表的人類和平精神。詩中對伊斯蘭的這種客觀正面理解在全面抗戰時期出現並不偶然，與當時整個國內社會中洶湧的抗戰動員之潮流有緊密關聯。整首詩的價值取向和表述基調與這種時勢潮流之間存在密切的賦予關係。這也是戰時大後方多數同類題材文藝作品的共同特徵。比如牛漢的〈西中國的長劍〉一詩結尾也有類似表述：「用敵人的血／去痛浴洗淨禮／讓仇敵在長劍下／泣血而懺悔／／呵，你們——／可任情而驕矜地／站在世界最高原／掀開粗野的喉嚨／朗誦著《可蘭經》的『和平章』。」[80]事實上，牛漢此詩與嚴辰的詩之間存在較大相似度，連末尾兩句都是基本一樣，這可能是牛漢參考後者作品寫出的一首仿照之作。

嚴辰這首詩在當時來說是書寫比較成功和流傳相對廣泛的

79　厂民：〈揮起正義的利劍——給西北的回教同胞〉，《抗戰文藝》第2卷第9期，1938年11月5日，第138-139頁。

80　谷風：〈西中國的長劍〉，《現代評壇》第6卷第12-17期合刊，1941年5月5日，第28頁。

作品,它在 1938 年 12 月 23 日稍有修改後於 1939 年元旦被轉載於中國伊斯蘭報刊《回教大眾》(重慶版)第 1 期上,這說明此詩也得到了中國穆斯林的肯定。可能是受到穆斯林友人的善意提醒,詩人對這首詩主要修改的點都是在有關伊斯蘭的錯誤或不妥表述上,比如將「主謨罕默德」改為「至聖先知穆罕默德」等。另外,可能詩人也認識到自己對伊斯蘭先知穆聖興教「一手執經、一手執劍」的說法存在誤解,因此,他特意在重新修訂的詩後對其中「一手執了《古蘭經》/ 一手揮舞著長劍」的詩句作了一條尾註予以解釋,該條注釋基本可以表明詩人對這句詩有所反省並呈現出一種嶄新理解:

> 人們往往誤解回教以武力傳教,說穆罕默德一手執有利劍,一手執著《古蘭經》;但我們也不妨加以承認,假使說《古蘭經》是代表正義,利劍是代表對付破壞正義者之武器的話。[81]

從詩人嚴辰〈揮起正義的利劍——給西北的回教同胞〉一詩的書寫及修訂過程,可以真切和具體地看到中國社會有關伊斯蘭的誤識是如何被歷史性地塑造形成,又是如何在抗戰時勢中被修正和重塑。儘管其程度和範圍都十分有限,但也代表了中國社會重新理解伊斯蘭文化的真實歷史印記,其中呈現著中國社會關於伊斯蘭和穆斯林表述改觀的可能性。

除詩外,歌曲也在全面抗戰時期的伊斯蘭書寫與文化動

---

[81] 厂民:〈揮起正義的利劍——給西北的回教同胞〉,《回教大眾》(重慶版)第 1 期,1939 年 1 月 1 日,第 9 頁。

員的過程中扮演過重要角色。有「西部歌王」美譽的王洛賓在1939年編譯和創作的〈中國穆斯林進行曲〉是其中的代表性作品。該歌的曲調來自哈薩克族民歌，在原有歌詞的基礎上又填進一些新詞，使得這首歌曲成為抗戰時期的流行歌曲。該歌曲的歌詞基本上延續了抗戰動員的基調，其中的詞句如「我們愛教，更愛祖國」、「青年的穆斯林勇敢前進，侵略者來了把他們趕回去」、「發揚穆聖精神」、「打倒敵人」、「用我們的熱血捍衛祖國」[82] 等等均體現出這種基調。這首歌曲被帶到內地後還曾在「中國回教救國協會」的機關刊物《中國回教救國協會會刊》創刊號上發表，該刊編輯薛文波曾撰寫過一段按語對之予以介紹，其中認為「這個曲子，涵義很深，愛護國家民族和宗教的情緒完全流露出來，並且調子很悲壯，我以為各分支會及各回民學校都應當採用，藉以表示我們民族的情感和加強我們為正義而奮鬥的吼聲」。[83] 事實上，這首歌曲自從被傳入內地後在各地傳唱，產生了十分廣泛的影響，儼然屬於抗戰時期流行於中國各地的「時代主旋律」之一。

另外，由許地山作詞的歌曲〈穆罕默德〉曾在1933年被收錄於北京師範大學音樂系教授柯政和編的《高中模範唱歌教科書》第一冊中，並被列於卷首。在此之後，回民知識分子趙振武、王孟揚等分別寫文章對這首歌曲予以介紹，使其在中國穆斯林中間得到廣泛傳播。歌詞全文如下：

---

82 見王洛賓編譯、填詞：〈中國穆斯林進行曲〉，《中國回教救國協會會刊》第1卷第1期，1939年10月15日，第6頁。
83 見薛文波為〈中國穆斯林進行曲〉所寫按語，見《中國回教救國協會會刊》第1卷第1期，1939年10月15日，第6頁。

偉哉穆罕默德，天生大聖人。誕降天方國，正教傳清真。人類皆平等，同是神子民。畛域何必分？偉哉穆罕默德，天生大聖人。誕降天方國，正教傳清真。人類劣根性，該當早悔懺。為善神所愛，該當爭最先。萬眾都靜默，恭敬讀《可蘭》。[84]

此歌問世後曾在中國穆斯林中引發較大反響。趙振武在1936年所寫〈由許地山作穆聖歌說起〉一文中對許地山給予高度評價，認為後者「對於清真教之認識，已鞭辟見裡，深得三昧。」作者認為這種深入認識和準確創作背後是由於許地山對伊斯蘭有充分的知識掌握和正確的思想方法。事實也的確如此，趙振武可能不曾了解的是，許地山1929年在清華大學所作〈什麼是回教〉的講演是一次相當精深和公允的表述，透露出其對伊斯蘭各方面問題有較為深入、透徹和自主的鑽研，確能印證其對許地山的如此評價。同時，在與當時中國各地層出不窮的「侮回案」對比後，趙振武將許地山樹立為國人知識和思想的典範，指出「許氏以非回教徒而認識回教若是之真切，誠令吾人十二分敬佩。」[85] 從許地山創作的歌曲〈穆罕默德〉為例，趙振武進而提出兩點意見：一是穆斯林應努力「把回教的真理宣傳到任何階級的民眾方面，使任何一個人都明白回教之所以為回教」；二是中國非穆斯林「在預備描寫或記敘回教的某事件之先，應該持極端公正的友誼的態度，像許先生樣徹

84　許地山作詞：〈穆罕默德〉，《高中模範唱歌教科書》第一冊，柯政和編，北平：中華樂社，1933年，第1頁。
85　振武：〈由許地山作穆聖歌說起〉，《月華》第8卷第7期，1936年3月10日，第1頁。

底的研究回教的真義,探索回教的教訓,而後著之楮墨,自不致措詞逾範,招致糾紛」。文末,他還代表中國穆斯林向國人鄭重聲明:

> 回教是公開的,回教的真理不是神秘的,回教是歡迎人參加研討的;若是把回教看成神秘的,把回教教義認成是不可究詰的,或深不可懂或俗不可道的,那都是應該急速的改正錯誤認識。[86]

許地山這首歌曲的影響從全面抗戰爆發前一直持續到抗戰勝利之後。1947年,另一位回民知識分子王孟揚在〈介紹兩首回教詩歌〉中仍在向中國穆斯林民眾推廣介紹許地山的這首歌曲。作者在文中表示:「我們對許先生的深度了解回教,並且肯費一番心思研究它,表示深的敬意。這首歌發揮回教和平、平等、勸善、懺悔等美德是非常正確的。」因當時許地山早已謝世,因此,作者也在文末交待,重新介紹此歌也包含著對許先生的紀念。[87] 從許地山創作〈穆罕默德〉一歌到兩位回民知識分子專門對之作出的回應和評價,都真切反映出當時伊斯蘭教內外各族知識分子在文藝和思想層面有機互動的歷史實踐,也昭示出學術和知識在中國各族各教間的理解和團結事業中發揮著至關重要的作用。這種遺產和方法難道不應成為我們今天在思考和實踐相關問題時的思想參照嗎?或至少也應在學

---

86 振武:〈由許地山作穆聖歌說起〉,《月華》第8卷第7期,1936年3月10日,第1頁。

87 孟揚:〈介紹兩首回教詩歌〉,《中國回教協會會報》第7卷第5期,1947年3月,第1頁。

術層面將此類歷史上的文藝實踐進行挖掘、研究和總結,以便使我們更深刻、更全面和更順情順理順心地理解歷史、解釋現在並創造未來的中國和世界。

第三節　1940 年《抗戰文藝》與「回民生活文藝特輯」

全面抗戰時期最為集中書寫伊斯蘭及穆斯林主題的文藝實踐,當數《抗戰文藝》在 1940 年 3 月推出的「回民生活文藝特輯」。此輯包括四篇作品,按刊載順序分別為馬宗融文章〈阿剌伯文學對於歐洲文學的影響〉、梁宗岱譯歌德詩〈謨罕默德禮讚歌〉、宋之的與老舍合著話劇《國家至上》以及張秉鐸譯埃及作家陶斐克·哈肯文章〈伊朗(波斯)詩人費爾島西的羅密歐與茱麗葉〉,它們共占據刊物 24 頁篇幅,體量可觀,形式多樣,內容豐富。

作為抗日戰爭時期中國最重要的文藝刊物,《抗戰文藝》以回民或穆斯林為主題專門推出特輯,這在其發刊史上是僅有的一次,同時也是其唯一一次以國內少數族群為主題推出特輯。儘管特輯以「回民生活」為題,但從四篇作品的題目和內容來看,除老舍和宋之的合著話劇《國家至上》明確以回民為題材外,其他三篇則都與此沒有直接關係,而分別涉及阿拉伯文學對歐洲的影響、歌德對穆罕默德的禮讚以及伊朗詩人費爾島西(今譯菲爾多西)。實際上,此特輯題目與其複雜內容之間的這種不對恰關係,該刊編者姚蓬子在當期的「編後記」中已有所交待,他不失無奈地說:「《回民生活文藝特輯》這一

個名詞不頂妥帖,然而一時也想不出其他更恰當的字眼。」[88]這四篇內容駁雜的作品之所以會被拼組在同一專輯中被刊出,可能最為主要的線索是因為它們均與伊斯蘭主題有關。這也就是說,此專輯儘管是以促進回漢團結抗戰為實際用意,但具體主要是從伊斯蘭主題的層面來進行文化宣傳和抗戰動員的。因而,「回民生活」僅是專輯題目,其中內容還是以伊斯蘭為實質性串聯線索。這兩個層面是有機、深層和辯證地結合在一起。

這樣做的目的,一方面可以使以漢族為主的國內其他族群,能夠從根本上了解回民的精神信仰和物質生活習慣,進而消除彼此間的誤解和隔閡,更好地實現團結合作;另一方面也是為與當時日本以伊斯蘭為工具在中國北方穆斯林中間開展的分裂滲透活動相抵抗。這在姚蓬子於當期《抗戰文藝》的「編後記」中有明確說明:

> 所以出這個特輯,不僅因為回教同胞在抗戰中發揮了和其他同胞一樣巨大的力量,參加了和其他同胞一樣艱苦的戰鬥,作家們應該不忘記這一部分同胞的努力,從他們的較為生疏的生活習慣中去發掘寫作的新題材。更因為敵人正在淪陷區域通過文化的麻醉,挑撥分化著我們的回教同胞,據我個人所知道,除各種關於回教問題的單行本外,單是定期刊物就有日文的《回教事情》和中文的《回教》二種,我們出這個特輯,雖然內容很薄弱,也可算是對於

---

[88] 蓬子:〈編後記〉,《抗戰文藝》第6卷第1期,1940年3月30日,第83頁。

敵人的文化進攻的一個回答罷。[89]

正是在對內要實現包括回、漢在內中國各族各教間的空前團結，對外要反抗日本侵略和分化中國的時勢背景下，「回民生活文藝特輯」才由此誕生。這僅是宏觀的歷史時代浪潮，還需要由歷史中的具體團體和具體人物來實踐。這次特輯能夠從最初的倡議到最後成功推出，當時成立僅一年的「回教文化研究會」（以下簡稱「回研會」）在背後發揮了具體而重要的推動作用。實際上，此次特輯本身其實就是該會內部的一項文藝和文化工作成果。

「回研會」是「中國回民救國協會」（1938 年 5 月在漢口成立，後遷重慶，並被白崇禧在蔣介石民族論述的壓力下改名為「中國回教救國協會」，以下簡稱「回協」）的附屬機構，由唐柯三、馬宗融等當時回民進步文化人的倡議和推動下於 1939 年 2 月 26 日在重慶成立。當時的《申報》、《中央日報》、《前線日報》、《新聞報》等國內重要報紙以及《綠旗》等回民報刊都作了報導。其中，《申報》的報導在國內是較早的，「研究會」成立第二日它就登載了如下一則電訊：

> 回教文化研究會二十六日在渝開成立大會，計到唐柯三、馬壽齡、馬宗融、王曾善、王禮錫、鄭伯奇、衛惠林、姚蓬子、白澤民、王夢揚、楊敬之等數十人，對目前抗戰第二期開會研究回教文化之重要，以及今後回漢精誠團結，

---

[89] 蓬子：〈編後記〉，《抗戰文藝》第 6 卷第 1 期，1940 年 3 月 30 日，第 83 頁。

共同致力於中華民族之復興等問題,發揮詳盡,該會工作計畫已經擬定,即將開始工作。(二十六日電)[90]

據「回研會」在成立後不久發布的「簡章」來看,它的初始宗旨為「研究回教文化、介紹回教教義」。成立一年後,在1940年4月15日才正式發布的「成立宣言」末尾,有兩段文字具體說明該會成立的原因與目的:

我們覺得現在中國發動研究回教文化的這件工作,決不是毫無意義的事。由於回教教義的闡明和回教文化的發揚,對內可以消除回胞與非回教同胞間的隔膜,對外可以聯合全世界三萬萬五千萬的回教同胞為反侵略而共同奮鬥。對於中國的抗戰建國的大業,這將會有極大的幫助。回教文化研究會便在這旨趣之下宣告成立了。我們的會員不分國籍或教籍。我們要以客觀的精神,科學的方法,熱烈的態度,來徹底尋繹回教文化的真相,以期對於抗戰建國和人類進化上有所裨益,歡迎關心回教文化或對回教問題有興趣的同志們熱烈的參加。[91]

顯然,介紹研究伊斯蘭教義和文化並非最終目的,背後更重要的意義在於可以更好地實現國內回漢各族共同「抗戰建國的大業」。除此之外,這項工作還被他們納入到聯合全世界穆

---

[90] 〈回教文化研究會在渝成立〉,《申報》1939年2月27日,第4版。
[91] 〈中國回教救國協會回教文化研究會成立宣言〉,《中國回教救國協會會刊》第2卷第1期,1940年4月15日,第18頁。

斯林來共同反抗帝國主義侵略的廣闊思想視野中看待。也就是說，「回教文化研究」不論從宗旨、內容和意義上來說既指向國內各族各教團結抗戰，同時也指向世界人民反帝反殖運動。因而擁有極為開闊的思想視野和積極進步的實踐願景。從「會員不分國籍和教籍」以及「人類進化上有所裨益」等內容來看，「回研會」在最初自我期許的是一個跨族群、跨宗教、跨國界的具有全球維度的文化團體。因此，這一組織性質可能對「回民生活文藝特輯」內容層面的跨國界與作者層面跨族群、跨宗教的最終面貌產生過影響。

正因為在會員層面上的開放性，所以使「回研會」與此前後諸多回民和穆斯林社團之間有很大不同，即它的會員並沒有局限於回民和伊斯蘭內部，而是朝向全社會各族人群開放。任何研究伊斯蘭文化的人士，不論民族、信仰、國籍等都是可以被納入到該團體當中。這在「回研會」的「簡章」中有明確規定：

> 本會由熱心研究及協助回教文化事業者組織之。凡文化學術界人士不論是否信奉回教，經會員二人以上之介紹，幹事會之通過，皆得為本會會員。[92]

因此，這種開放性使得「回研會」吸納了當時文化學術界眾多關注或研究伊斯蘭問題的非穆斯林人士。從該團體「成立宣言」後所附123人的初始會員名單來看，其中不僅包括王靜

---

92 〈中國回民救國協會回教文化研究會簡章〉，《中國回民救國協會通告》第30號，1939年3月17日。

齋、白壽彝、馬宗融、馬松亭、馬金鵬、馬堅、納子嘉、張秉鐸、龐士謙等回民阿訇和知識分子，同時還包括如王魯彥、宋之的、姚蓬子、胡風、胡愈之、郭沫若、洪深、陳子展、梁宗岱、梁漱溟、陽翰笙、賀綠汀、陶行知、章靳以、舒舍予、萬家寶、楊成志、鄭伯奇、顧頡剛等非穆斯林知識分子。[93] 由此名單可以清楚看到，《抗戰文藝》「回民生活文藝特輯」中的五位作者和譯者馬宗融、梁宗岱、老舍、宋之的和張秉鐸其實都是「回研會」的初始成員。其中，除梁宗岱和老舍之外，其他三人還在該團體內部擔任主要職務，是其中的骨幹成員。尤其馬宗融還是領導該團體的「總幹事」，也就是總領全部事務的主要負責人之一。因此，從作者構成來看，此次特輯完全是「回研會」內部成員共同完成的一項文藝工作成果。

　　「回研會」自成立後始終注重文藝工作，將文藝看作是介紹研究伊斯蘭文化的重要途徑和方法。在該會「簡章」的「工作」一欄中就包括「刊行回教文化刊物、發表有關回教文化之學術論文及文藝」的內容。成立後不久，「回研會」還專門向社會上諸多知識分子和文化人發送過徵稿函，徵集「有關回教文化之著作或翻譯及文藝創作」的成果，目前還無文獻資料可以證明此徵稿函具體發送的對象都有哪些人，但可以確定的是「回研會」內部成員應該都是此次徵稿活動的主要對象。或許是想要擴大徵稿的範圍和影響，「回研會」此後還專門將這份徵稿函公開登載在《中國回民救國協會通告》上，使之有更為廣泛的傳播。

93　見〈中國回教救國協會回教文化研究會成立宣言〉，《中國回教救國協會會刊》第 2 卷第 1 期，1940 年 4 月 15 日，第 18 頁。

1941年10月1日,「回研會」在戰時中國大後方的政治文化中心重慶創辦了一份公開的綜合性刊物《回教文化》,專門刊載介紹研究伊斯蘭問題的各類成果。茅盾的〈談新疆各回教民族的文化工作〉一文就是在馬宗融的主動邀請下撰寫並首次刊發在《回教文化》創刊號上。目前還沒有充分證據顯示茅盾加入過「回研會」,但其能夠受邀並專門撰文,說明該會在當時大後方有著較為廣泛和重要的影響力。該會之所以能夠在戰時大後方吸納當時國內眾多著名知識分子和文化人加入其中,並且在社會上有著廣泛和重要影響,這必然與當時國內文化界在抗戰背景下興起的對邊疆族群和伊斯蘭問題的關注和研究思潮有關。不過,作為「回研會」的「總幹事」,馬宗融在其中發揮的重要溝通、組織和黏合作用是不能忽視的。

馬宗融,字仲昭,1892年9月5日出生於四川成都皇城壩一個靠宰牛和經營牛雜生意為生的傳統回民家庭,為家中長子。置身於晚清民國大變局的歷史時勢中,作為西南地區穆斯林的馬宗融自然也受到時代思潮的洗禮。同那時代如魯迅那樣追求進步的青年一樣,青年馬宗融也從私塾中逃出,「走異路,逃異地,去尋求別樣的人們」[94]。辛亥革命爆發以後,他秉持科學救國理想,曾立志像孫中山那樣從學醫入手。為此,他先後在成都、上海甚至於1916年東渡日本去學習當時被東亞地區的人們認為是最發達的醫學語言:德文。1918年5月,為反對段祺瑞政府準備與日方簽訂賣國的中日秘密軍事協定,中國留日學生在東京舉行了示威抗議運動,這場運動一直

---

94 魯迅:〈《吶喊》自序〉,《魯迅全集》第1卷,北京:人民文學出版社,2005年,第437頁。

蔓延至國內的北京等地，被認為是次年「五四」運動的前奏。留日學生提出「誓不東還」的口號，紛紛罷學歸國。馬宗融也參與了這場運動，他於 1918 年跟隨留日學生歸國隊伍到達上海，參與創辦《救國日報》，宣傳反日愛國思想，後因報社經費問題無法維持，他又走上留法勤工儉學的道路，於 1919 年乘船赴法，同船的還有陳獨秀的兒子陳延年、陳喬年等人。在此期間，馬宗融開始接觸、學習和研究無政府主義思想。他曾將在法勤工所得部分薪金用於資助李卓吾和陳延年兄弟在法合辦的無政府主義刊物《工餘》週刊。[95]

馬宗融還直接參與了中國早期無政府主義與以李璜、曾琦為首的國家主義之間的論爭，他曾在《時事新報・學燈》上發表〈辨正李璜批評蒲魯東學說底失實與錯誤〉一文對李璜等人的國家主義提出批判。李璜曾在同一報刊上發表文章予以回應。阿里夫・德里克（Arif Dirlik）認為，20 世紀初期中國無政府主義的特點在於「它從一開始就與中國和現代世界的碰撞、衝突而產生的早期革命話語聯繫在一起，並促進了這種話語的形成。」而且，當時的中國革命左派「把無政府主義當作自己的一種思想，而無政府主義（特別是在早期）也是使用這種革命話語的語言來表述自己的思想，並且還作為一種必要的構成因素進入這種革命話語的。」[96] 儘管在 1920 年代初伴隨中國馬克思主義的發展和政黨化，中國的無政府主義逐漸走向衰落並在後來被前者所拋棄，但無政府主義的思想仍然在中國

---

95 見馬小彌：〈走出皇城壩——父親馬宗融生平〉，《新文學史料》第 2 期，1992 年，第 157-158 頁。

96 [美] 阿里夫・德里克：《中國革命中的無政府主義》，孫宜學譯，桂林：廣西師範大學出版社，2006 年，第 3 頁。

社會繼續留存和延續,成為「社會主義-資本主義」衝突模式之外的另一種視角,其對於民主概念的討論和設想,成為20世紀前半葉中國政治思想的重要構成部分。馬宗融的無政府主義思想以及他在國內的文藝實踐和社會民主行動,均內生於此種思潮脈絡之中。這種思想影響一直延續到他生命的最後時期。根據曾和馬宗融同在復旦大學共事的蕭乾回憶,1947年國民黨軍警鎮壓上海的學生運動時,數百名復旦學生被捕,在學校教職工會議上,馬宗融對學校放任軍警進校逮捕學生的作為進行了嚴厲批評。蕭乾說:「在那次會議上,不少人發了言,但最為慷慨激昂的是宗融同志。他厲聲責備學校當局不應讓警車開進校園,更不應容忍他們帶走大批男女學生。講時,他聲如洪鐘,氣概軒昂。大約不久後,他被解聘了。然而他那義憤填膺的形象,一直深深銘刻在我心中。」[97] 這無疑是馬宗融的民主革命思想在其生命晚期最生動的體現。正是由於共同的無政府主義思想背景,馬宗融與巴金在1929年結交,並形成長久深摯的革命+文學的友誼。馬宗融1949年因病歸真後,巴金還收留照顧了前者的兒女。巴金在晚年所寫的〈懷念馬宗融大哥〉一文中深情記述了他和馬宗融之間的這份深厚情誼,這篇文章後來被作者收進《隨想錄》中。

　　1925年,馬宗融由法歸國,開始以文藝為業,尤以法語文學譯介為重。年末發表於《東方雜誌》第22卷第24期上的法國作家米爾博(Octave Mirbeau,1848-1917)的短篇小說〈倉房裡的男子〉是其譯介首作。馬宗融首選米爾博的小說

---

[97] 蕭乾:〈紀念馬宗融誕辰百周年學術座談會賀信〉,《拾荒與拓荒:馬宗融文存》(下),李存光編,內部資料,第963頁。

翻譯，自然有借後者小說主題來暴露和批評中國社會問題之意，但更深原因可能是米爾博的無政府主義思想底色正與當時馬宗融的政治取向相合。除〈倉房裡的男子〉外，此後他還譯過米爾博的小說〈嬰孩〉、〈一條狗的死〉、〈麥忒畢朵的憂愁〉、〈初級裁判廳〉、〈銳波里底懺悔〉等。

從1925年到1937年全面抗戰爆發前，馬宗融從事的主要都是一般的文藝活動，通過法語翻譯（或轉譯）和介紹法語文學和其他西方作家和作品，如譯過左拉的《萌芽》、屠格涅夫的《春潮》，並與李劼人合譯過左拉的《夢》等，偶爾也會通過法文將阿拉伯文學介紹給國內讀者，但這類篇目很少。在〈我對於翻譯工作的希望〉一文中，馬宗融曾談到自己是要通過翻譯工作為中國「開創廣大遼遠的文學前途」，以此豐富中國文學的形式和精神。[98] 但其視野不光局限於文藝，同時也關注和研究歐洲社會的政治和歷史等問題，比如他曾編寫過一本《法國革命史》，作為王雲五主編的「萬有文庫」之一種於1930年在商務印書館出版。

除譯介工作外，馬宗融在一生中也有較為豐富的個人文藝創作，尤以散文、隨筆和雜文為主。他的雜文寫作深受他所摯愛的魯迅雜文的影響，呈現出銳利和辛辣的特點，這是他主動學習魯迅雜文的結果。1938年10月19日是魯迅逝世兩周年紀念日，馬宗融曾在一篇紀念性文章〈寫在魯迅逝世二周年紀念日〉中，坦露出他對魯迅為人為文的熱愛，並表達了他對

---

[98] 馬宗融：〈我對於翻譯工作的希望〉，鄭振鐸、傅東華編：《我與文學》（《文學》一週紀念特輯），上海：生活書店，1934年，第310頁。

魯迅最深摯的懷念。儘管當時社會上存在著對魯迅的偏見和詆毀，但馬宗融卻極力為魯迅辯護。馬宗融在文中評價魯迅說：「他這恰似一閃的一生給人們留下的不止悲哀的火，還有別的足以使人藉以把自己的生命鍛煉成精鐵純鋼般永遠不滅的東西的火，他給人們留下的悲哀的火是有時而滅的，而後一種火卻要愈燃愈烈，只要世間上還有人在生。」[99] 馬宗融對魯迅的接受，不僅映襯其自身思想的屬性和方向，同時更從側面昭示出魯迅的文學、思想和精神早在 1949 年前就已深入少數民族人群中得到接受和認同。

1929 年，馬宗融與其同鄉兼同學羅世安的妹妹羅世彌結婚。羅世彌後來用「羅淑」為筆名創作了〈生人妻〉等作品，成為中國現代文學史上一位著名的女作家。儘管從 1935 年發表第一篇譯作開始到 1938 年逝世，羅淑的文藝活動只有不到三年時間，但卻取得了較高的文學成就。其逝世後，巴金、沙汀、李健吾等人均撰文悼念。王瑤在《中國新文學史稿》中認為羅淑「雖然寫的數量不多，但每篇都是比較結實的。」[100] 唐弢主編的《中國現代文學史》將羅淑歸為「創作傾向與左翼作家相似」的作家，認為她的〈生人妻〉與柔石的〈為奴隸的母親〉相似，並指出這篇小說「不僅寫出了農民的深重苦難，也表現了他們最初的覺醒。由於寫得深切動人，〈生人妻〉發表後受到文藝界的重視和好評」。[101] 儘管羅淑有其個人極好的文

---

99 馬宗融：〈寫在魯迅逝世二周年紀念日〉，《文藝後防》「魯迅先生逝世二周年紀念特輯」，1938 年 10 月 19 日，第 1 頁。
100 王瑤：《中國新文學史稿》，上海：上海文藝出版社，1982 年修訂重版，第 289 頁。
101 唐弢主編：《中國現代文學史》（二），北京：人民文學出版社，

藝素養，不過她走上文藝道路，並且在創作中採取關注底層勞農的視角，這背後不能說沒有其丈夫馬宗融的影響。事實上，羅淑最開始的文藝活動是翻譯，而翻譯正是當時馬宗融擅長和重視的文藝路徑。因此，羅淑很大程度上是受馬宗融的影響才走上翻譯道路的。而她日後創作小說，正是在翻譯域外文學的基礎上開始的。羅淑和馬宗融這對1930年代的文學伉儷，在文藝觀念和創作道路上無疑是互相影響和彼此成就的。

1949年4月10日，馬宗融在解放前夕的上海因病歸真，終年五十七歲，後被安葬於上海回民公墓。他生前著述不豐，只在1944年的重慶出版過一本文集《拾荒》，是典型的「述而不作」的文學者。但這並不影響他在中國現代文學史上擁有獨特而重要的位置。

在中國現代文學史上，馬宗融真正做出不可替代的文學和思想貢獻是在全面抗日戰爭時期。此期間，他秉持文化救國思想，主動以文藝為方法動員回漢各族民眾團結抗戰，在大後方積極撰寫和發表文章、倡議並邀約各族作家創作文藝作品、參加各類抗敵文藝活動等，大力促推中國各族各教的理解和團結，為中華民族抗日戰爭的最終勝利貢獻了不可替代的文藝和文化力量。同時，他也對諸如中華民族、中國各民族的文化交往交流交融、少數民族文學發展等議題進行思考。

早在1936年7月，馬宗融就與魯迅、茅盾、巴金等人一起簽名發表〈中國文藝工作者宣言〉，其中指出：「一種偉大悲壯的抗戰擺在我們的面前的現在，我們絕不屈服，絕不畏懼，更絕不彷徨、猶豫：我們將保持我們各自固有的立場，

1979年，第292頁。

本著我們原來堅定的信仰,沿著過去的路線,加緊我們從事文藝以來就早已開始了的爭取民族自由的工作」。[102] 1937年「七七」事變爆發後不久,馬宗融撰寫並發表了〈抗戰時期的文人〉一文,其中,他不僅揭露和批判日本帝國主義侵略的罪行,同時認為在民族和國家危機越深重時,文人及其寫作的作用也就越重要。此觀點一掃抗戰初期社會上流行的「文人無用論」,恰恰相反,馬宗融認為在抗戰時期,文人的重要性不亞於戰士。因為文人的書寫「內則可以激起我們同仇敵愾的熱情,可以鼓起我們後繼軍士殺敵致果的勇氣;外則可以引起國際人士的同情,並可以將此種不屈不撓的民族精神昭示於後世。」最後,他還以法國作家雨果於1870年普法戰爭時寫作詩集《凶年集》為例,宣揚全中國的文人都應拿起筆「作我們這世紀的證人」。[103] 馬宗融此種堅決的抗日愛國立場貫穿於他在整個全面抗戰時期的文藝和文化實踐中。

從文化抗戰的主張出發,馬宗融在1938年初曾積極參與籌備「成都文藝界抗敵工作團」,該團體因受國民黨政府壓制流產後,他又受當年3月於武漢成立的「中華全國文藝界抗敵協會」(下文簡稱「文協」)推舉,與周文、李劼人、朱光潛、羅念生等人籌備成立了「文協」成都分會,此後擔任「文協」理事。除文藝界的抗戰團體紛紛成立外,當時大後方的各少數民族和各宗教信眾也相繼成立了各自的抗敵組織,而一般研究抗戰史和抗戰文學的人往往對這部分史實關注不足。比

---

102 魯迅等:〈中國文藝工作者宣言〉,《現實文學》第1卷第1期,1936年7月1日,第160頁。

103 馬宗融:〈抗戰時期的文人〉,《拾荒》,重慶:光亭出版社,1944年,第1-3頁。

如，早於「文協」成立兩個月前，當時身處鄭州的王靜齋、時子周、劉鐵庵等回民人士就成立了「中國回民救國協會」（簡稱「回協」）並發行有多種會刊，而馬宗融此後於1939年開始被推選擔任「回協」的常務理事。事實上，在加入「回協」以前，馬宗融的文學活動基本很少涉及中國的回民和伊斯蘭問題。縱觀他1939年以前的譯介和創作，其中幾乎沒有對這些問題的討論和書寫。而且，他此前也從未在民國時期眾多的穆斯林報刊上發表過文字。也就是說，馬宗融在此之前與20世紀初興起的中國穆斯林新文化運動之間交集甚少。

20世紀前半葉中國回民知識分子的成長教育路徑可以大略分為兩種：其一是以馬堅為代表的內在於穆斯林新文化運動的成長路徑，他們接受的是回民新式教育，在穆斯林報刊撰文討論本民族和本宗教的革新和發展問題，此後留學埃及，學成歸國後成為革新中國回民社會文化的主力與溝通中國和阿拉伯-伊斯蘭世界的重要橋樑，此種可以概括為「內生路徑」；其二就是以馬宗融等為代表的外在於穆斯林新文化運動的成長路徑，他們雖然保持著本民族的價值觀念和生活習俗，但接受的是和大多數中國人一樣的私塾或「洋學堂」教育，留學目的地也是以日本、歐美為主，著述極少涉及本民族精神文化和特定物質生活的內容，此種可以概括為「外生路徑」。這兩種教育路徑並不是20世紀的產物，而是中國回民此前就有的傳統，從明代「經堂教育」出現後與大眾儒學教育並存開始就一直綿延不絕。不過，這兩種路徑並不是始終隔絕和對立的，而是存在深刻、複雜的交往交流交融的過程。明末清初蔚為壯觀且影響深遠的「伊儒會通」思潮就是兩條教育路徑融通而成的結果之一，產生了眾多實踐伊斯蘭教中國化的優秀思想家和理

論著述。20世紀前半葉是兩條路徑融通的又一個主要時期，尤其在全面抗戰時期的文化實踐中呈現得更為明顯。

馬宗融走的是中國回民教育的「外生路徑」，只不過其接受教育的內容從傳統的儒家四書五經轉變為源自西方的現代科學知識和文化價值。這也就可以理解為什麼馬宗融在1939年加入「回協」以前的著述中極少涉及本族本教話題。這本來是歷史上中國回民或穆斯林文人的「常態」，就像那些在中國古典漢語文學史上取得輝煌成就的回民或穆斯林文人的詩文幾乎從不書寫本民族的精神文化和特定物質生活內容一樣。然而，這樣的「常態」歸根結底也是傳統社會政治和文化權力長久塑造而成的結果。因此，在抗日戰爭的時勢中它很快就被認為是不合理的。首先對中國文學的這種現狀表達不滿的其實並非回民知識分子，而是當時著名的歷史學家顧頡剛。「九一八」事變以後，面對日本帝國主義對中國領土和人民日益加深的侵略，顧頡剛逐漸將學術研究聚焦於中國的歷史地理、邊疆和民族問題。其中，回民因在中國疆域內分布廣泛且人口眾多，因此成為顧氏關注和討論的重要學術問題之一。1930年代中期開始，顧氏與其回民弟子白壽彝之間針對回民問題和回漢團結問題有過較多討論。他們之間達成了觀念上的共識，即都認為在國家主權危機加深的時局下，回漢之間不能再繼續隔膜下去，應該亟需找出改變此種狀況的可行途徑，必須加強回漢之間的了解和團結（在顧氏的語境中主要指漢對回的了解），共同抵禦外辱、保家衛國。[104] 1937年3月7日，即「七七」事

---

104 白壽彝：〈致顧頡剛先生〉，《禹貢》第4卷第8期，1935年12月16日；顧頡剛：〈回漢問題和目前應有的工作〉，《獨立評論》第

變爆發整整四個月前,顧氏在《大公報・星期論文》上發表的〈回教的文化運動〉是國內首篇集中全面介紹研究中國穆斯林新文化運動的文章。

儘管此文是顧氏和白壽彝合作而成,但其中推動回漢精誠團結的急切心情確是發自顧氏內心深處無疑。因此,他才會在公共報刊上發表此文來介紹中國穆斯林的「文化運動」,意圖是讓中國社會對穆斯林有更深刻的了解,在此基礎上形成鞏固團結。在此前後,他利用《禹貢》相繼出版「回教與回族專號」和「回教專號」也是其躬身實踐此種介紹溝通工作的具體表現。實際上,顧氏這些工作確實取得了較為理想的效果,在當時社會上引起了很大反響,包括在回民內部也引發很大的討論。當時諸如《月華》、《晨熹》、《中國回教青年學會學報》等主要穆斯林報刊均轉載刊發了顧氏的這篇文章。

顧氏文章在介紹中國穆斯林新文化運動取得諸多成績的同時,也指出了其中的若干不足,其中之一是「不曾培養出一個優秀的文學家把教義作廣大的宣揚」。他認為穆斯林中的有志之士「如果想堅強自身的工作,博取輿論的同情,不在這方面下些切實工夫是不行的。」[105] 事實上,此前的穆斯林報刊也刊載過不少相關主題的文藝作品,但這些作品僅限於在穆斯林中傳播,並未在大眾社會引起注意。另外,這些創作較為零散,確實也沒有湧現出一位比較具有代表性的「優秀文學家」。顧頡剛論述的出發點是抗戰動員,因此它在當時很快就引起包

227號,1936年11月15日。

105 顧頡剛:〈回教的文化運動〉,《大公報・星期論文》,1937年3月7日。

括馬宗融在內的回民愛國知識分子的共鳴和回應。從 1939 年起，在復旦大學任教之餘的馬宗融，開始將精力和時間主要投入到通過文藝路徑來動員回漢團結抗日的工作中。他與一些穆斯林知識分子共同組織成立「回協」下屬機構「回教文化研究會」（簡稱「回研會」）就是此種回應動作之一。

全面抗戰時期的馬宗融在大後方其實充當著十分重要的文化橋樑角色，他身處「文協」和「回協」之間，有力促進了兩者之間的互動和交流，不僅促成「回研會」的成立，同時也代表中國穆斯林組織積極動員重要作家和刊物創作和發表伊斯蘭和穆斯林題材的文藝作品。老舍和宋之的共同合寫的回民抗戰題材話劇《國家至上》以及《抗戰文藝》在 1940 年初出版「回民生活文藝特輯」均是馬宗融出面倡導、邀約、組稿的結果。除溝通回漢間的文化和學術交往以外，根據陽翰笙的憶述，馬宗融在抗戰時期的重慶擔任由周恩來領導的「文化工作委員會」的專任委員，在國、共兩黨建立抗戰統一戰線的過程中發揮過積極作用。陽翰笙當時擔任「文化工作委員會」副主任，受中國共產黨指示協助周恩來、郭沫若領導戰時大後方重慶的文化抗戰工作，因此他的憶述比較可信。1992 年 9 月，在為「紀念馬宗融誕辰百周年學術座談會」所寫的「賀信」中，陽翰笙說：

> 一九四○年第三廳被迫解散，成立了「文化工作委員會」。馬老是「文工會」的專任委員。「文工會」在周恩來同志領導下，大力開展團結各民主黨派、各進步人民團體共同與蔣介石右派作鬥爭，以求一致抗日的統一戰線工作。馬老當時身為「回教救國協會」的負責人，做了大量

團結的工作。眾所周知,白崇禧將軍是回族人,是「回教救國協會」的主事人。共產黨對國民黨進行有理、有利、有節的鬥爭,也通過「回教救國協會」,通過馬老與白崇禧的關係,主要是通過馬老的工作,爭取白崇禧的支援。所以馬老在這方面是很有功勞的。[106]

由於早年的無政府主義的思想經歷,使得馬宗融後來在政治態度和文化觀念上主動接近中國共產黨。這不僅體現在抗戰時期他在抗日統一戰線中的溝通作用,而且也體現在1942年他對〈在延安文藝座談會上的講話〉的態度上。1942年5月,毛澤東在延安召開的文藝座談會上發表講話以後,其內容和精神很快便傳播到重慶並引發熱烈討論和反響,給國民黨文藝路線以沉重打擊。當時身在重慶的馬宗融,也身臨於毛澤東〈講話〉在重慶所引發的文藝浪潮中。儘管馬宗融並沒有就此而有過專門的表述,但據當時在重慶與馬宗融交往密切的陽翰笙回憶,〈講話〉曾在馬宗融、老舍等支持中國共產黨文藝政策的非黨員作家那裡「也引起強烈反響」,「他們帶著非常崇敬的心情,說〈講話〉解決了文藝方面的一系列的問題,過去還從來沒有見過這種高水準的論著」。[107]

除此之外,馬宗融對國民黨的「中華民族宗族論」也持拒絕態度,而認可中國共產黨的民族論述和民族政策。從1920年代末國民黨提出「中華民族宗族論」開始,回民內部就明確

---

106 陽翰笙:〈紀念馬宗融誕辰百周年學術座談會賀信〉,《拾荒與拓荒:馬宗融文存》(下),李存光編,內部資料,第962頁。
107 陽翰笙:〈《講話》在重慶傳播以後〉,《人民日報》,1982年5月26日。

地存在著兩種民族觀的鬥爭，一種認為回民不構成一個民族，如國民黨地方軍閥馬鴻逵，另一種肯定回民的民族地位。馬宗融明顯屬於後者。當顧頡剛於1939年2月13日在《益世報‧邊疆週刊》第9期上發表〈中華民族是一個〉的文章後，馬宗融為表達自己的觀點，曾借用顧氏文章的題目在1940年9月26日的《新蜀報‧蜀道》上發表了一篇同題短文，藉此傳達他對中華民族和回民的理解。他認為應將「回族」和「回教」概念予以區分，並明確表示回族的民族地位是成立的：「『回族』一詞的應用是要它縮小範圍，而不是要它從字典上消滅。果要如此，除非先刪改了我們的歷史與地理。」[108] 當時與馬宗融持相同觀點的回民知識分子和普通民眾並不在少數。他們明確反對國民黨的民族論述，而認同中國共產黨的民族論述和民族政策。因此，從總體上看，馬宗融在政治態度、文學觀念和民族理論方面均跟當時的中國共產黨接近。作為一個可靠的革命「同路人」，馬宗融成為當時中國共產黨爭取同為回民的白崇禧等國民黨高層進行抗日的一個關鍵橋樑。

為爭取和激發中國各族穆斯林抗戰，在文學行動之外，馬宗融在全面抗戰時期還專門就此問題撰寫和發表了一系列相關文章。目前所見最早的一篇是他於1939年1月17日發表在重慶《新蜀報》上的〈向回教救國協會提議組織西北旅行劇團〉，他在此文中提出以「文藝」的方式在穆斯林中間宣傳抗戰。馬宗融曾在〈對《國家至上》演出後的希望〉中提及該文：「一年前，我在《新蜀報》發表了一篇〈提議組織西北旅

---

108 馬宗融：〈中華民族是一個〉，《新蜀報‧蜀道》第240期，1940年9月26日。

行團〉的文章。」[109] 不過，馬宗融在提及該文時並沒有將文章的題目寫完整，也沒有交代發表的時間，致使該文一直難以見到。一直關注和研究馬宗融的中國社會科學院教授李存光在他所編的《拾荒與拓荒：馬宗融文存》也未收錄這篇文章。筆者仔細翻閱《新蜀報》從創刊到停刊期間的所有期次後，才得以發現馬宗融的這篇佚文。文中，馬宗融首先交待他向「回協」提議組織西北旅行劇團的一個重要原有，就是日本帝國主義從民國初年開始在西北回民中間從事滲透和策反活動。

1938 年 5 月 12 日，日本在東京建成一所清真寺，邀請阿富汗、土耳其、埃及、沙特阿拉伯、荷屬東印度、滿洲國以及日占中國華北地區的公使和穆斯林代表參加落成典禮，試圖在伊斯蘭世界形成對於日本的「大東亞政策」的支持力量。與此同時在中國，日本也加緊與西北各地回民軍閥的聯絡，試圖謀劃在中國西北建立所謂的「回回國」，以便達到肢解、分裂中國的政治和軍事目的。當時包括馬宗融在內的回民知識分子對於日本的這個陰謀是十分清楚的：「他們（指日本人——引者）國內沒有回教信徒，就要製造回教信徒；沒有回教禮拜寺，就要趕建回教禮拜寺，想藉以聯絡世界回教徒扶擁他們稱雄東亞」。[110] 根據馬宗融的記述，他在 1925 年剛從法國回到上海後，曾被冒充為穆斯林在中國從事「回教工作」的日本大亞洲主義者左東山拉攏，但馬宗融在與之會面交談後便識破了後者的身分和目的。不過讓馬宗融感到震驚的是，這些日本人

---

109 馬宗融：〈對《國家至上》演出後的希望〉，《新蜀報・蜀道》第 89 期，1940 年 4 月 7 日。
110 馬宗融：〈由中國回教抗日到世界回教抗日〉，《新蜀報》，1939 年 1 月 22 日。

是十足的「中國回教通」，他們對中國回民的了解程度之深、結交回民人物之多是他沒有想到的。[111] 馬宗融所接觸的左東山，即日本黑龍會浪人佐久間貞次郎，「左東山」是他在中國從事侵略活動時進行偽裝的姓名之一。佐久間貞次郎1886年出生於日本東京，後與日本大亞洲主義提倡者頭山滿交往，曾到中國東北、蒙古、中亞、西亞、南亞等地從事情報收集活動，1920年他皈依伊斯蘭教，1923年他在上海成立名為「光社」的穆斯林社團，次年創辦《回光》雜誌，他通過這些活動試圖拉攏中國的回民並藉此向他們灌輸「民族自決論」，但因他的假冒身分和侵略目的，這些活動在中國均未獲成功。1928年他因受上海回民的抵制和反對，被迫離開中國返回日本。[112] 1925年，佐久間貞次郎對馬宗融的拉攏，正是其在中國回民中間從事侵略活動的內容之一。這次事件給馬宗融很大刺激，使他深感中國邊疆、民族的危機正日益深重。

因此，在這種危機面前，一方面要在海外伊斯蘭世界宣傳包括穆斯林在內的各族中華兒女抗戰的事實，這在「回協」先後派遣「中國回教近東訪問團」和「中國回教南洋訪問團」有明確體現，後文對此會有詳細論述；另一方面，則是要在國內動員各族穆斯林抗戰，同時也要消除回漢間的歷史矛盾，增進彼此的了解（尤其是漢對回的了解），實現最廣泛的團結抗日局面。馬宗融於1939年1月在《抗戰文藝》上發表的〈理解回教人的必要〉由團結抗戰的角度出發，呼籲中國社會從兩個

---

111 馬宗融：〈向回教救國協會建議組織西北旅行劇團〉，《新蜀報》，1939年1月17日。
112 柴亞林：〈近代早期的日本穆斯林的產生及其活動〉，《世界民族》第2期，2013年，第91-92頁。

方面去理解「回教人」：

> 從社會學的觀點我們應該理解他們的信仰，生活，習慣，感情等等，至少要弄清楚他們一樣是中國人。從文藝觀點我們要去了解他們的生活，把握他們的生活，由之表現或誘導其教中人自己表現他們的生活，並翻譯阿拉伯文學，以滋養中國的文藝，使文藝上得另闢一個新的境界。同時由文藝的合作，走上抗戰建國種種國民努力的合作，我們民族的團結於是就可達到堅凝而不可破的程度，敵人縱使乘機離間也永不可能。[113]

馬宗融認為這種互相理解以及宣傳普及抗戰意識效果最好的文藝形式當推大眾化程度較高的話劇，因為它可以使一般讀寫水準較低的穆斯林民眾也可以看懂和聽懂劇中的故事內容和思想情感。因此，他才會在全面抗戰爆發後積極提議組織西北旅行劇團，在西北各族人民中宣傳團結抗日思想：

> 我們宣傳的方法，自然可以用文字、出版物，但這種方法的效力只能及於識字的人們，而且還只能及於識字而又留心時局的人們，是不能普及的。倘使我們能採取回教同胞抗敵殉國的事實寫成劇本，劇本是較能普及於群眾的，在其中描寫回教人物時，更有意無意地帶著說明一下回教教理與習慣，把他在舞台上演出，豈不一面可以激勵回教與

---

[113] 鋒（馬宗融）：〈理解回教人的必要〉，《抗戰文藝》第3卷第5、6期合刊，1939年1月21日，第68頁。

非回教同胞間的抗敵熱情,一面也可以使非回教同胞對回教同胞的信仰漸次得到理解,彼此既理解,感情不期然而然地融洽起來,我們內部的團結就可以像鐵一般的堅固,我們抗敵的力量就可以十二萬分地增強起來。並且日人已往的活動就會被我們無形給他消除。[114]

實際上,馬宗融的上述思路一直貫穿到1940年老舍和宋之的共同創作的《國家至上》這部話劇中。此外,同年1月22日,馬宗融在《新蜀報》上發表〈由中國回教抗日到世界回教抗日〉一文,其中他肯定回民在全國抗戰中的作用和貢獻,但他認為這還不夠,還應該「延展我們的影響到世界各回教民族間,使之對我國抗戰表深厚的同情,給我們以最大可能的精神的及實力的援助」。[115] 這種倡導,一方面是他認識到中國需要和國際社會聯合起來進行抗戰,尤其是和命運與共的廣大阿拉伯-伊斯蘭世界的人們聯合,以此共同打倒帝國主義和殖民主義勢力;另一方面,這一倡導也包含著他對日本在亞洲其他地區對侵華戰爭進行美化宣傳的憂慮。而馬宗融的這一倡導無疑是為了回擊日本對侵華戰爭的美化宣傳,讓更多阿拉伯-伊斯蘭世界的人們知道日本並非亞洲的「解放者」,日本在中國發動戰爭目的也不是為了所謂「共存共榮」的事業。

除在大眾報刊上發文倡導外,馬宗融還在穆斯林報刊上積極撰文。1939年10月15日,他在《中國回教救國協會會

---

114 馬宗融:〈向回教救國協會提議組織西北旅行團〉,《新蜀報》1939年1月17日。
115 馬宗融:〈由中國回教抗日到世界回教抗日〉,《新蜀報》,1939年1月22日。

刊》上發表〈精神動員與動員精神〉一文。這是馬宗融為配合當年 3 月國民政府發起的「國民精神總動員」運動而寫的一篇文章。其中，他從古今中西思想層面論證抗日戰爭的正義性，並從他任職的「回協」和復旦大學來介紹抗戰動員的具體實踐。[116] 此後，馬宗融還相繼發表〈我為什麼要提倡研究回教文化〉、〈抗戰四年來的回教文藝〉等文章，繼續從文化和文藝的角度倡導回漢互相理解和團結抗戰。正因如此，馬宗融被後來的研究者認為是「發起和倡導研究中國回族文學和文化的先驅者之一，更是促進和推動研究抗戰時期回族文藝的第一人」。[117]

不過，除抗戰動員的現實政治目的之外，馬宗融對「回教文化」和「回教文藝」的提倡和介紹，還有從文化和精神層面實現世界大同的理想願景。因為他認為：

> 各民族間的文化是補益、互相推進的。將來各色民族的大聯合，世界的大同，就在這些精神上的交相融合的可能性上，使我們覺得是可以期待的。[118]

馬宗融在全面抗戰時期的表述和行動，是從中華民族團結的思想角度出發的，他對伊斯蘭文化的思考、倡導和介紹也內

---

116 馬宗融：〈精神動員與動員精神〉，《中國回教救國協會會刊》第 1 卷第 1 期，1939 年 10 月 15 日，第 14-17 頁。
117 李存光、李樹江：〈馬宗融：一個不應該被遺忘的人〉，《馬宗融專集》，銀川：寧夏人民出版社，1992 年，「前言」第 7-8 頁。
118 馬宗融：〈阿剌伯文學對於歐洲文學的影響〉，《抗戰文藝》第 6 卷第 1 期，1940 年 3 月 30 日，第 63 頁。

在於這一思想脈絡中。在他看來，各民族間的互相深刻理解才是中華民族團結的前提。在具體的歷史情境裡，這是包括馬宗融在內的當時一批回民知識分子愛國思想的體現，他們力圖促進回漢之間的理解和團結，目的是為中華民族抗擊日本帝國主義侵略作文化和文藝的助推。也正因此，如馬宗融這類回民知識分子在抗日戰爭時期的文藝實踐就不能被粗簡地視為認同政治的體現，相反，這應被看成是一位少數民族知識分子對於中華民族、對於祖國和人民以及對於世界大同理想最赤誠的情感體現。

馬宗融在法國留學期間，基本上已接受西方啟蒙主義運動以來的世俗觀念。1925 年，他從法國回國以後就曾表示自己「對宗教活動已不感興趣」[119]。他早期的文學活動基本極少涉及中國的伊斯蘭和穆斯林問題，也從未在中國穆斯林報刊上發表過文字。然而，在 1937 年「七七」事變爆發後，為更好地宣傳抗戰、促進回漢團結抗日，他又義不容辭積極撰文倡導「回教文藝」。此時期，他參加「回協」並成立「回研會」、創辦《回教文化》雜誌，並撰寫和發表了一系列倡導回漢之間互相理解和團結抗戰的文章，這些著述和行動生動體現出一位生活在中國的回民知識分子在中華民族危難時刻的國家意識、思想道路和文藝方向。歷史地來看，這是馬宗融在全面抗日戰爭期間結合中國社會真實的歷史現實所選擇的思想路徑和文化舉措，傳達出他心繫中華民族、心繫祖國和人民、追求世界大同的崇高理想和深厚情感。在抗日戰爭時期曾經與馬宗融並肩

---

119 馬宗融：〈向回教救國協會提議組織西北旅行劇團〉，《新蜀報》，1939 年 1 月 17 日。

作戰的陽翰笙在後來評價說：「我和馬宗融同志相識是在抗日戰爭重慶時期。那時馬老是復旦大學的著名教授，又是中華全國文藝界抗敵協會的理事。馬老熱心於抗戰文藝工作，我們接觸很多，彼此成了很好的朋友。馬老為人熱情、坦率，對祖國、對人民、對事業，一片赤子之心，我們都很敬重他。」[120] 巴金曾在〈懷念馬宗融大哥〉一文中說：「我看見中國知識分子的正氣在他的身上閃閃發光」。[121] 陽翰笙和巴金的評價無疑是對馬宗融及其一生文學、思想和精神的最好總結。

在全面抗戰時期，作為「回研會」的領導者之一，馬宗融不僅積極組織和推動《抗戰文藝》「回民生活文藝特輯」的誕生，同時也以寫作文章的方式直接參與其中。馬宗融的文章〈阿剌伯文學對於歐洲文學的影響〉被排版於該專輯的首篇，在其中占有一種理論指導性的地位。這篇文章簡略地對歷史上阿拉伯文學和文化對歐洲文明所產生的影響進行了歷史性的梳理研究。其時間上溯自默罕默德創興伊斯蘭之前，由此一直下溯至 19 世紀。憑藉以往累積的知識，並通過參證多方文獻和研究成果，馬宗融論證了阿拉伯與歐洲之間，在文學和文化層面上密切的歷史互動。他的這篇論文是中國在這一學術議題最早的研究。之所以寫這篇文章作為專輯首篇，其用意在於試圖引起國人關注阿拉伯-伊斯蘭文學的興趣和熱情，以此為中國新文學帶來新鮮空氣。在此之前，他曾遺憾發現伊斯蘭儘管已經傳入中國有千餘年，卻不曾給中國文學帶來積極的深遠

---

120 陽翰笙：〈紀念馬宗融誕辰百周年學術座談會賀信〉，《拾荒與拓荒：馬宗融文存》（下），李存光編，內部資料，第 962 頁。

121 巴金：〈懷念馬宗融大哥〉，《隨想錄》，北京：人民文學出版社，2018 年，第 339 頁。

影響。於是他在從 1939 年開始廣泛關注研究中國伊斯蘭問題的時期，逐漸萌發在中國引介阿拉伯 - 伊斯蘭文學的心意與行動。關於此種思想緣由，他在這篇論文的開篇有具體說明：

> 佛教輸入中國，因其教徒忠實地、大量地譯經的關係，給中國文學以極大影響；即輸入中國較遲的耶教，其所譯的白話《聖經》給與我們新文學運動的幫助也不算小；獨有回教輸入中國已有千餘年的歷史，信徒達五千萬人，卻不曾給中國文學帶來一點新鮮東西。這只因回教向來傳道之士僅據經典原文口譯講解，而不從事譯經工作，即偶有少數賢哲從事譯著，卻又力摹諸子老莊文體，且摭拾其古奧玄虛的語彙，即至少也是純粹文言，遂使阿拉伯文學的特色埋沒以盡，讀此項翻譯典籍，如讀中國古書，而又更無作文學的介紹與翻譯者，它不能在中國文學發生影響，自是意中之事。[122]

馬宗融認為伊斯蘭在傳入中國一千多年時間內，之所以對中國文學的影響程度不如另兩個外來宗教——佛教和基督教，其中一個重要原因是中國歷來的伊斯蘭「傳道之士」不注重宗教經典的翻譯工作，即便有少量的文言翻譯，但對於中國文學（尤其是新文學）的影響也十分有限。除此之外，中國社會以前專門針對阿拉伯 - 伊斯蘭文學進行的翻譯和引介就更為缺乏。

馬宗融作出上述描述是在 1940 年。此時，儘管《古蘭

---

[122] 馬宗融：〈阿剌伯文學對於歐洲文學的影響〉，《抗戰文藝》第 6 卷第 1 期，1940 年 3 月 30 日，第 59 頁。

經》漢譯版本在清末中國穆斯林新文化運動以來的漢譯潮流下已經問世多種，但大多均為文言和經堂語譯本（部分經堂語譯本中還混合有「小經」和方言的語言形式，如馬福祿和沙忠譯本《天方尊大真經中華明文解》和馬振武譯本《古蘭經》）。而中國第一部漢語白話文《古蘭經》譯本——《可蘭漢譯附傳》直到 1943 年才在淪陷區的北京刊印問世，譯者為劉錦標。馬宗融完全是站在中國新文學運動的角度來說這段話的。因為，如果從穆斯林內部來看，《古蘭經》直至 1940 年能有如此眾多的漢譯版本（包括文言和白話）已經是近現代中國穆斯林新文化運動下的結果，即他們已經超越了自古以來秉持的「天經不可譯」的遵經原則，開始實踐經典的漢譯。因此在這個脈絡下，不論文言還是經堂語譯本均為文化革新後的成果體現。然而與此同時，此譯經過程又是發生在中國新文化運動的歷史脈絡中。因此，所譯的文言或經堂語《古蘭經》譯本很快就在白話文運動浪潮中面臨著無法緊跟時代的處境。這也就是王靜齋阿訇為什麼會在譯完文言版《古蘭經譯解》（甲種本）和經堂語版《古蘭經譯解》（乙種本）之後，又在 1938 年底開始翻譯白話文《古蘭經譯解》（丙種本）的歷史原因，這一譯本最終直到抗戰勝利之後的 1946 年 10 月才在上海正式出版印行。所以，當回過頭來看馬宗融的描述會發現，他對於 1940 年以前的所有非白話文《古蘭經》譯本均持一種不滿的態度，這背後完全是他從白話文和新文學運動的角度出發所作出的評判。所以在這個意義上，他認為中國穆斯林對於阿拉伯-伊斯蘭文學始終都「無作文學的介紹與翻譯者」。但實際情況可能更為複雜，並非如馬宗融所言。因為早在 1848 年，清末著名的回民學者馬德新（字復初）在結束西亞、北非的朝

觀和遊歷歸國時，曾將馬穆魯克王朝時期的阿拉伯著名詩人蒲綏里（1212-1296）的長詩〈斗篷頌〉帶回中國，計畫與弟子馬安禮一同譯為漢文。但此後馬德新即被清廷殘酷殺害，這部長詩後來是由馬安禮和馬學海譯成，以〈天方詩經〉的詩名在1890年的成都刊刻印行。如果將其視為中國社會譯介域外文學的成果，那麼這比林琴南翻譯的《巴黎茶花女遺事》還要早問世八年。

馬宗融之所以認為此前中國穆斯林沒有做出過譯介阿拉伯-伊斯蘭文學的工作，可能的原因有兩個：其一，他可能並不清楚《天方詩經》的存在；其二，即便他知道這個事實，但因為這首長詩多在中國穆斯林中間流傳，以及它的四言詩體性質，導致他認為此詩對中國文學（包括新文學）的影響極小。這裡暫且將馬宗融的這番判斷及其背後的思想緣由擱置起來。總之，他認為中國伊斯蘭譯經工作的缺乏、翻譯語言的「古奧玄虛」、欠缺文學的介紹與翻譯者，共同造成了一千多年來阿拉伯-伊斯蘭文學「不曾給中國文學帶來一點新鮮東西」。因此，這就引出他作〈阿剌伯文學對於歐洲文學的影響〉這篇文章的目的，即通過對阿拉伯和歐洲之間文學互動歷史的揭示，來激發或引導中國人對阿拉伯-伊斯蘭文學進行新的介紹和研究的興趣和熱潮：

> 我這篇文章以篇幅的限制，雖欲簡約地介紹一下阿拉伯的文學亦不可能，只得依手邊材料所許可的範圍，概述一下它對於歐洲文學的影響，以引動國人之關心東方古國文化者及從事阿拉伯文研究的回教同胞，對於阿拉伯文學去加以注意的興趣，俾得產生如顧頡剛先生所希望的回教「優

秀文學家」，不特可使回教教義得為一般國人所了知，以堅強民族的團結，並可使阿拉伯文學作品得大量地介紹到中國，給我們正在轉化、需要著外來新鮮空氣培養的新文學以更新鮮的影響，更強烈的刺激。這是作本文時所懷的過度的野心和過分的奢望罷。[123]

由此可見，馬宗融在這裡明顯是在響應顧頡剛 1937 年在〈回教的文化運動〉一文中總結中國穆斯林新文化運動時所提出的一個不足，即「不曾培養出一個優秀的文學家把教義作廣大的宣揚」。因此，馬宗融這篇文章的目的之一就是要引導中國穆斯林產生自己的文學家和翻譯家，使之不僅能介紹和宣傳伊斯蘭文化，讓國人對伊斯蘭有所了解，以增進彼此間的團結合作，而且也可以為中國新文學帶來新鮮的元素和質地。這是中國穆斯林最早針對現代中國文藝的伊斯蘭表述問題所發出的理論思考，這些聲音即便置於今天也仍然具有現實啟發意義。

1939 年 2 月，當「回研會」在重慶成立時，詩人梁宗岱正好也在重慶北培的復旦大學任教，與馬宗融為同事。再加上二人均有留法經歷，且都致力於法語文學在漢語世界的譯介，因此，這使得當時他們彼此之間的關係應該是比較熟絡的。這可能是梁宗岱加入「回研會」，並且以翻譯歌德的詩〈謨罕默德禮讚歌〉來參加此次「回民生活文藝特輯」的個人原因。

梁宗岱早年曾在廣州的教會學校培正中學和嶺南大學讀書，精通英文。後來赴歐留學，又習法文和德文，因此，其一

---

[123] 馬宗融：〈阿剌伯文學對於歐洲文學的影響〉，《抗戰文藝》第 6 卷第 1 期，1940 年 3 月 30 日，第 59 頁。

生的翻譯事業都以法、德、英三種語言的文學為主。其中,德語文學的大詩人歌德一直是梁宗岱重要的翻譯對象,其先後譯過歌德的《浮士德》以及一些短詩,也譯過羅曼·羅蘭所著的《歌德與貝多芬》。因此,對於歌德一生將伊斯蘭作為自己重要的書寫內容和思想資源,梁宗岱應該是有所了解的。所以在1940年,當「回研會」與《抗戰文藝》共同運作推出「回民生活文藝特輯」時,歌德的〈謨罕默德禮讚歌〉大概就進入了他的譯介視野。這也是這首詩在中國最早的譯本。

〈謨罕默德禮讚歌〉是歌德在1773年,即他24歲時所作。梁宗岱在譯詩後所附的文字中說道:

> 這首讚歌是哥德在一七七三年所計畫作的詩劇《謨罕默德》的一部分。雖然他想作該劇的動機是要描寫「偉大的人為高尚的目的所選擇的途徑不會致福而反導於沉淪一事」,他在全劇的終結還是對猶在臨終時「淨化自己的教義,鞏固自己的邦家」的教主致敬。[124]

歌德在這首詩中,主要以讚美的口吻書寫了伊斯蘭先知穆聖興教時期的事蹟。梁宗岱翻譯此詩的目的,一方面是為介紹歌德對伊斯蘭的書寫和認同,以便提醒中國人也要對之加以重視;另一方面也是為激勵和動員中國穆斯林在抗日戰爭時期發揮先知穆聖的精神來抵禦日本侵略。

與特輯中的前四位作者老舍、宋之的、梁宗岱、馬宗融相

---

[124] 哥德:〈謨罕默德禮讚歌〉,梁宗岱譯,《抗戰文藝》第6卷第1期,1940年3月30日,第64頁。

比，張秉鐸對於中國 20 世紀文學的一般讀者和研究者來說可能稍顯陌生。但他在中國伊斯蘭學術文化界和阿拉伯語翻譯領域，卻是一位十分重要的人物。其一生最重要的翻譯成就是將全本《古蘭經》譯為漢語。張秉鐸（1915-2004）出生於河南洛寧一個穆斯林家庭，其父為當地一位回民教育家。在家學的基礎上，張秉鐸早年還曾經在四川萬縣伊斯蘭師範學校和北平成達師範學校學習，這兩所學校都為中國穆斯林新文化運動的產物，施行新式教育，不僅「經、漢」並重，而且也講授地理等現代學科。1932 年，受成達師範學校派遣，他與其他四位同學成為第二批中國留埃學生，由馬松亭阿訇帶領經海路赴當時伊斯蘭世界的最高學府──埃及愛資哈爾大學留學，1938 年學成歸國，此時已是抗日戰爭的第二年。受抗日救亡運動的感召，他在回國後不久即抵達重慶，加入「中國回教救國協會」及其附屬機構「回教文化研究會」。[125] 1940 年初，《抗戰文藝》推出「回民生活文藝特輯」前後，他正好在重慶從事回民抗戰文化工作，這使他能夠有機會從阿拉伯文翻譯埃及作家陶斐克・哈肯的文章〈伊朗（波斯）詩人費爾島西的羅密歐與茱麗葉〉參加此次特輯。

關於此文作者陶斐克・哈肯，張秉鐸在譯文前的「按語」仲介紹說：

> 陶斐克・哈肯是埃及一個頗有盛名的作家，有《穴洞人》、《莎赫薩玡》等劇作及《靈魂的歸來》小說，《莎

---

[125] 關於張秉鐸生平，見馬博忠、納家瑞、李建工：《歷程：民國留埃回族學生派遣史研究》，銀川：寧夏人民出版社，2011 年，第 22-24 頁。

赫薩玳》一劇已譯為法文,《靈魂的歸來》一書已在蘇聯譯為俄文出版,銷行頗廣,極得彼邦人士之好評,本篇載在去年三月埃及《薩格法雜誌》伊朗專號上,原文為阿拉伯文。[126]

張秉鐸所說的陶斐克・哈肯,今譯為陶菲格・哈基姆(Tawfiq al-Hakim,1898-1987),是20世紀埃及乃至整個阿拉伯世界最重要的文學家和思想家之一。按語中提到的哈基姆前期的代表作品《穴洞人》、《莎赫薩玳》、《靈魂的歸來》,今天分別譯為《洞中人》、《山魯佐德》、《靈魂歸來》。其中,除《山魯佐德》外,其他兩部國內均已有漢語譯本。他的另外一部作品《鄉村檢察官手記》更是早在1970年代末即已被翻譯介紹到中國。當然,其作品被譯成漢語的並不止於此。不過張秉鐸1940年所譯的〈伊朗(波斯)詩人費爾島西的羅密歐與茱麗葉〉一文,應該是哈基姆及其作品第一次被介紹和翻譯到中國社會。因此,該文在中國與阿拉伯文學和文化交流史上,其實占據重要位置。

哈基姆此篇文章主要通過互文比對的方法,考察了英國文豪莎士比亞著名劇作《羅密歐與茱麗葉》與比之早五個世紀的波斯詩人費爾島西(今譯菲爾多西)的《列王紀》,部分情節在故事層面上具有「同樣的情景」。因此,這也是他為什麼會在文章題目中說「費爾島西的羅密歐與茱麗葉」。顯然,這是他在介紹和強調菲爾多西更早就寫過相似故事時,有意使用的

---

126 陶斐克・哈肯:〈伊朗(波斯)詩人費爾島西的羅密歐與茱麗葉〉,張秉鐸譯,《抗戰文藝》第6卷第1期,1940年3月30日,第81頁。

一個修辭手法。哈基姆開頭先將《羅密歐與茱麗葉》的劇情進行了簡單的描述，此後他便依據班達里的《列王紀》阿拉伯語譯本，將此書中與前者「同樣的情景」做了摘引和轉述。哈基姆所提及的主要是《列王紀》中有關扎爾與魯達貝的愛情故事，而不是書中另一個更著名的霍斯魯與希琳的愛情故事，後者最早流傳於伊朗民間，在費爾島西記述後又被 12 世紀塞爾柱王朝的阿塞拜彊詩人內扎米在《五卷詩》中有更為豐滿和創新的書寫。

關於哈基姆所說的菲爾多西《列王紀》中扎爾與魯達貝的愛情故事，與莎士比亞《羅密歐與茱麗葉》之間的敘事相似性，以及後者是否與比之更早的波斯和阿拉伯以愛情為主題的傳說或文學作品之間，存在借鑒和套用的關係，此非本書要重點討論的。本書更為關心的問題是，張秉鐸翻譯哈基姆的這篇文章，與 1940 年前後中國穆斯林對自身的文化想像之間存在何種關係。

儘管張秉鐸在選擇翻譯篇目時，可能希望通過哈基姆文中對費爾島西《列王紀》的部分情節與莎士比亞《羅密歐與茱麗葉》之間不僅存在「同樣的情景」，並且還比後者要早五個世紀這一事實的揭示，來引起國內不論穆斯林還是非穆斯林對阿拉伯 - 波斯文學的重視和研究，促進中國穆斯林本身文學的發展，以便增進回漢間的了解和團結，同時也給中國文學界帶來新鮮氣息。梁宗岱翻譯歌德的詩〈謨罕默德禮讚歌〉大部分緣由也是如此。不過，作為穆斯林的馬宗融和張秉鐸之所以有這樣的選擇，可能也與當時中國穆斯林對於自身文化想像的整體氛圍有關。因為，文化上的跨體系性一直都是中國穆斯林自身重要的特徵，在強烈的國家認同基礎上，他們同時處於中國文

化和伊斯蘭文化的共同滋養當中。如同中華文化並不限定於單個民族國家內一樣，伊斯蘭文化也是一個世界性的文化或文明體系。因此，《抗戰文藝》以「回民生活」為特輯名稱時，其在內容上所牽涉的地域超出中國而囊括阿拉伯、波斯等這些伊斯蘭區域，就是可以理解的了。因為，這些區域對於當時的中國穆斯林來說，是文化交流的主要域外對象之一。當然，這種文化交流同時是建立在中國穆斯林強烈的愛國觀念的基礎上。因為特輯內容的這種跨區域、跨宗教和跨族群的面貌，並非是中國穆斯林文化認同的體現，相反是他們在愛國情感和抗戰意識主導下形成的結果，其根本目的是為促進中國各族各教間的理解和團結，也是為推動在帝國主義和殖民主義壓迫下各弱小民族之間的聯合。

除上述三篇文章外，特輯中最為著名的作品是老舍和宋之的合寫的四幕話劇《國家至上》，下文將會以專節詳細探討該文本。儘管這三篇文章在篇幅、內容和影響力方面均不及《國家至上》，但同樣作為介紹宣傳伊斯蘭文化、團結穆斯林的文本，它們在性質、功能和意義上與後者其實扮演著同等重要的角色。它們也能充分反映當時特輯的主推者和撰稿人是如何理解並書寫伊斯蘭的，同時它們也深刻體現出全面抗戰時期中國伊斯蘭和穆斯林人群的政治處境和歷史位置。

作為長久以來中國歷史和社會中的「熟悉的陌生人」，中國伊斯蘭和穆斯林在全面抗日戰爭時期史無前例進入中國主流知識分子和文化人的文藝和思想視野中。在日本侵華的危局中，以文藝為方法動員中國穆斯林參加抗戰、促進回漢間的理解和團結，成為1940年代前後中國文化實踐和文藝創作的獨特現象。《抗戰文藝》「回民生活文藝特輯」就是在如此特

殊歷史背景中產生。其中的四篇文本不僅在全面抗戰時期發揮了重要的宣傳和動員作用，對中國穆斯林的國家意識和抗戰行動均產生重要影響，同時在抗戰勝利之後也仍然發揮著積極作用，參與到國家建設和重塑的進程中。本書以「特輯」為中心對抗戰時期這一不被人們所關注的文學事實重新進行回溯、挖掘和考察，意在揭示20世紀前半葉抗戰時局內，中國文藝實踐和書寫的豐富和複雜，以及當時中國伊斯蘭和穆斯林民眾在文化和政治層面所做出的可貴貢獻。《抗戰文藝》「回民生活文藝特輯」以及其他戰時有關伊斯蘭和穆斯林主題的文藝實踐，浸透著當時中國穆斯林的愛國情感和奉獻意識，體現著中國各族各教民眾的團結精神，均是20世紀前半葉中國文藝史和思想史上的動人畫面和寶貴遺產。

第四節　四幕話劇《國家至上》的創作與接受史

老舍和宋之的合寫的四幕話劇《國家至上》是《抗戰文藝》「回民生活文藝特輯」中最重要的一篇作品。這體現在三個方面：首先，《國家至上》是特輯中篇幅最長的一篇作品，它分兩期刊載，共有31頁，而其他三篇加起來僅有8頁；其次，《國家至上》是特輯中僅有的一篇直接反映抗戰時期「回民生活」及回漢團結主題的文學作品，它與此次特輯的主題是最契合的。這可能與組稿者最初對特輯的設想以及稿件的有限不無關係，因此，這使得此劇在特輯中占有核心和支柱性地位；最後，《國家至上》一經發表問世便在全國各地被多次排演，受到各方歡迎和好評，這使得該作品的社會流傳度和影響力也是特輯中最高的。作為現代中國文藝史上較早以伊斯蘭和

穆斯林作為創作主題的話劇作品，同時也是抗戰時期中國戲劇文學中「比較有重量的力作」[127]之一，《國家至上》是如何書寫一直以來都身處中國社會邊緣位置的伊斯蘭和穆斯林？在探究這一書寫問題之前，首先需對此劇的創作起因和過程進行簡要交待。

關於《國家至上》的具體寫作起因，老舍在1940年4月5日發表的〈《國家至上》說明之一〉中有過如下表述：

> 回教協會在去年請宋之的寫個劇本。之的因參加作家戰地訪問團，入冬始回重慶，所以沒能交卷。之的對回教習俗知道一些，而且有不少回教的朋友，故回教協會請他執筆。他未能交卷，就商請我來幫忙。我既不會寫劇本，又非研究回教的專家，本不敢答應。可是朋友們以為我新從西北歸來，必多知多懂；厚情難卻，乃與之的合作，勇氣本各具五分，合作乃湊足十分。[128]

老舍所說的「回教協會」所指即為「中國回教救國協會」。從他上述這段表述可知，「回協」在1939年最開始邀請寫作「回教抗戰」主題劇本的作家其實並非老舍，而是宋之的。宋之的在當時是正活躍在大後方文壇的左翼青年劇作家，在此之前已經寫出諸如《誰之罪》、《武則天》、《烙痕》、《民族萬歲》、《自衛隊》等廣受好評的劇作，並擔任「中

---

127 郭沫若：〈中國戰時的文學與藝術——二十七日在中美文化協會演講詞〉，《新華日報》，1942年5月29日。
128 老舍：〈《國家至上》說明之一〉，《老舍全集》第17卷，北京：人民文學出版社，2008年，第256頁。

華全國戲劇界抗敵協會」常務理事和「中華全國文藝界抗敵協會」常務理事。但是宋之的之所以會在最開始受到「回協」的創作邀請，除他具有戲劇創作才能外，可能更重要的原因在於老舍所說的他「對回教習俗知道一些，而且有不少回教的朋友」。

然而，為何老舍會對宋之的有如此評價？按理說，從小在北京出生和長大，老舍對於北京各處以牛羊肉和餐飲等行業為生的穆斯林應不陌生，也應結交過若干穆斯林朋友。事實上，老舍曾在1941年4月9日參加「回協」在重慶舉辦的聖紀節（伊斯蘭曆1360年3月12日）時代表教外來賓作過一次講演，其中講到他與穆斯林之間的關係時說：「自己是北方人，小的時候有很多的回教同學，長大後又有不少回教的朋友，回教的生活習慣略有所知」。[129] 因此，在對「回教習俗」的了解和「回教朋友」的結交兩方面，老舍都不應比宋之的少。老舍之所以會對宋之的有這句評價，可能與後者的妻子王蘋有直接關係。

王蘋，原名王光珍，在民國時期是一位在國內頗有名氣的進步女演員，早年因為在南京出演易卜生的名劇《玩偶之家》（在中國上演時名為《娜拉》）而聲名遠播，被此前同樣參演過該劇的周恩來稱為「南京娜拉」。建國後她開始導演電影，被譽為「中國第一位女導演」。[130] 她曾擔任過八一電影製片廠的副廠長。宋之的與王蘋的女兒宋昭曾為其母親寫過一部

---

129 老舍：〈在伊斯蘭曆1360年聖紀大會上的講演〉，《中國回教救國協會會報》第3卷第6期，1941年4月，第7頁。
130 李秀清：〈中國第一位女導演王蘋〉，《炎黃春秋》第8期，2000年，第51頁。

傳記，其中，開篇第一句便為「1916 年 9 月 2 日，媽媽出生在南京市下街口 13 號，一個信奉伊斯蘭教的回族家庭」[131]。1933 年，時為南京學生團體「磨風藝社」社員的王蘋，加入了由宋之的參與組織的「中國左翼戲劇家聯盟」南京分盟，由此他們二人相識、相戀，並在 1935 年 10 月底當王蘋抵達太原不久後結婚。[132] 1938 年，宋之的、王蘋夫婦來到重慶，受周恩來建議，他們留在當地開展工作。其時，王蘋的父母和兄弟姐妹也都因戰爭的緣故遷來重慶。[133] 因此，從自己的回民妻子及其家庭那裡，宋之的比別人更有機會獲得大量關於中國穆斯林和伊斯蘭的知識和信息。在外界看來，他對伊斯蘭應比一般人更加熟悉和了解，這也就是老舍會對他有那句評價的背後深層原因。因此，基於如此的身分和背景，宋之的成為「回協」最初邀請創作「回教抗戰」主題劇本的作家也就不難理解。

不過，由於宋之的在 1939 年 6 月參加「文協」組織的作家戰地訪問團去北方各前線訪問，直到年底才結束返渝，所以這一邀請並沒有被立即付諸成果。正好此年 11 月 19 日，老舍的第一部話劇《殘霧》由中國電影製片廠怒潮劇社在重慶國泰大劇院首次公演，獲得成功。這引起了時任「回協」理事並負責領導前者下屬機構「回研會」工作的馬宗融的注意。再加之老舍其時剛剛結束隨全國慰勞總會北路慰勞團，到西安、蘭

---

131 宋昭：《媽媽的一生：王蘋傳》，北京：中國電影出版社，2006 年，第 1 頁。
132 宋時：〈宋之的生平及創作活動年表（1914-1956）〉，《宋之的研究資料》，宋時編，北京：知識產權出版社，2010 年，第 15 頁。
133 宋昭：《媽媽的一生：王蘋傳》，北京：中國電影出版社，2006 年，第 42 頁。

州、西寧、寧夏等穆斯林聚居的西北各地的訪問，因此，在宋之的因無時間和精力及時寫出劇本的情況下，馬宗融代表「回協」又邀請老舍來創作劇本。最終結果則是老舍和宋之的二人共同合作寫出了《國家至上》這部「回教抗戰」主題的劇作。在〈閒話我的七個話劇〉一文中，老舍對此有明確記述：「因為《殘霧》的演出，天真的馬宗融兄封我為劇作家了！他一定教我給回教救國協會寫一本宣傳劇。我沒有那麼大的膽子，因為自己知道《殘霧》的未遭慘敗完全是瞎貓碰著了死耗子。說來說去，情不可卻，我就拉出宋之的兄來合作。我們倆就寫了《國家至上》。」[134] 當時已經十歲左右的馬宗融女兒馬小彌對於這件事也有較深記憶，她在後來的回憶文章中如此記述：「他（指馬宗融——引者）希望回漢能消除民族隔閡，一致抗日。他對老舍伯伯的抗日熱情和創作才能很欽佩，因此天天向他鼓吹，要他寫一個劇本，宣傳回漢團結抗戰。爸爸一見舒伯伯，就『回教，抗戰；回教，抗戰……』說個沒完。老舍伯伯果然動了心，真就和宋之的伯伯一起，合寫了《國家至上》那個劇本，鼓吹回漢民族團結，剷除漢奸與內奸，一致抗戰」。[135]

但是在抗戰的緊迫局勢中，如何從教外人的角度寫好回民、伊斯蘭與回漢團結的主題其實是頗有難度的一件事情。一方面，在此之前，中國戲劇很少有以回民或伊斯蘭作為題材進行創作的先例。馬宗融在1940年《國家至上》發表後就指出

---

[134] 老舍：〈閒話我的七個話劇〉，《抗戰文藝》第8卷第1、2期合刊，1942年11月15日，第27頁。

[135] 馬小彌：〈沒完成的童話——憶老舍伯伯〉，《十月》1979年第1期，第332頁。

老舍和宋之的「用回民題材寫成戲劇,不但在話劇是破天荒的一次,據聞連舊戲也幾乎沒有專用回教人的故事編演的」。[136]另一方面,約請他們創作劇本的「回協」也沒有提供具體故事素材,因而他們只能根據自己的生活經驗來寫:「我們倆這次寫劇,劇中的人物事實都決定於我倆的生活;回教協會並沒給我們出題目,朋友們也沒供給我們故事;我們須先商編一個故事,想出幾個人來。」[137]這也就可以理解為什麼劇中故事發生的地點在華北平原上的「河北某縣某大鎮」,這顯然與兩位作者的生活經驗相近,他們兩位應都對京冀地區的回民有些了解,宋之的就出生並成長在河北省豐潤縣(今唐山市豐潤區)。[138]

儘管選取了他們都比較熟悉的文化地理區域作為故事發生地,但是,如何書寫回民和伊斯蘭,如何處理日本帝國主義侵略背景下的回漢關係問題,老舍和宋之的二人在寫作過程中其實是十分謹慎的。這一態度體現在他們二人並非僅僅靠自身來完成這部劇作,而是通過在寫出初稿後徵求伊斯蘭教內人士(具體為「回協」成員)的意見後,又再次修改才最終完成。可能在此劇創作的初稿階段,宋之的在知識和意見層面,估計也徵求過自己的回民妻子王蘋及其家人。1940年5月18日,當時正遷駐重慶的上海雜誌公司,即將要為《國家至上》首次

---

136 馬宗融:〈對《國家至上》演出後的希望〉,《馬宗融專集》,第120頁。
137 老舍:〈《國家至上》說明之一〉,《老舍全集》第17卷,北京:人民文學出版社,2008年,第256頁。
138 宋時:〈宋之的傳略〉,《宋之的研究資料》,宋時編,北京:知識產權出版社,2010年,第2頁。

出版單行本,老舍在為此版單行本所寫「後記」中,具體交代了此劇的創作過程,以及他們與伊斯蘭教內人士「合作」的情形:

> 國家至上這劇本不是靈感的果實,而是我們受回教救國協會的委託才慢慢想起一切來的。為促進回漢的團結,為引起國人對於回民生活以及回教文化的注意,回教協會請之的與我編個劇本,以事宣傳。我們答應下來。就著我們自幼在北方所見過的回胞的生活習慣,攙以抗戰中的事實與想像,商量了半天,即由我動手寫故事。故事編好,交與之的去分場,場分好,我寫一二兩幕,他寫三四兩幕。四幕寫全,拿到回教協會朗讀一遍。協會中友人把意思與詞彙上的不妥之處一一提出,我們從頭兒修正一遍,交卷。[139]

關於以上引文的最後兩句,在另一處關於《國家至上》的記述中,老舍也坦露過大致相同的過程:「全劇寫好,拿到回教協會,朗讀給大家聽。情節不妥當的地方,不合回教習慣的用語,都當場提出,一一改正。因此,這本劇雖沒有別的好處,卻很調勻整潔——稍微一不檢點便足惹起誤會,甚至引起糾紛!在寫的時候,我們是小心上又加小心。」[140] 因此,該劇完全是在三重因素的結合中創作完成的,即抗戰主題、非穆

---

139 老舍:〈後記〉,《國家至上》,重慶:上海雜誌公司,1940年,第189-190頁。
140 老舍:〈三年寫作自述〉,《抗戰文藝》第7卷第1期,1941年1月1日,第78頁。

斯林作家與穆斯林人士的三結合。關於這次文藝合作的具體過程，除創作者一方的老舍有記述外，另一方的「回協」也有相關記錄。在1940年2月15日出刊的《中國回教救國協會會刊》第1卷第9期上，其「會務消息」一欄中就登載有題為〈審查《國家至上》劇本〉的短訊，其中具體記錄了「審查」的經過，以及為老舍和宋之的提出修改建議的「回協」人士：

> 本會（指「中國回教救國協會」——引者）回教文化研究會為提倡回漢團結抗戰起見，特由該會委員文藝作家老舍、宋之的二氏合編一四幕話劇，劇名為《國家至上》，現已脫稿，於日前在本會開審查會議，出席者有戲劇作家老舍、宋之的、陽翰笙、馬彥祥，協會方面有唐副理事長、王靜齋阿衡、張秉鐸阿衡，理事馬宗融、王曾善、艾宜栽、王農村等。由作者逐句朗誦，遇有不適之字句，隨時加以改正，著手排演，聞三月初即可在本市演出云。[141]

由此可見，當時「回協」一共有七人參加了關於《國家至上》劇本的「審查會議」。其中，「唐副理事長」即指唐柯三，其為中國穆斯林新文化運動的重要人物之一，曾與馬松亭阿訇等人共同創辦了中國回民和穆斯林教育史上具有里程碑意義的成達師範學校，並曾創辦和主持民國時期規模最大、持續時間最長的中國伊斯蘭刊物《月華》雜誌。1930年，他出任南京國民政府蒙藏委員會委員，1938年與王靜齋、時子周

---

141 〈審查《國家至上》劇本〉，《中國回教救國協會會刊》第1卷第9期，1940年2月15日，第28頁。

等人創辦「中國回民救國協會」,組織領導中國回民抗日救國運動,曾組派「甘寧青救國宣傳團」、「中國回教近東訪問團」、「中國回教南洋訪問團」、法魯克中國留埃學生朝觀團等團體在國內外宣傳抗日、揭露日本侵華罪行,這些活動贏得了海外伊斯蘭世界對中國抗戰的廣泛同情和支持。從唐柯三的出席可以看出他對這部劇作是持重視和肯定態度,這從側面反映出《國家至上》這部劇作與當時「回協」的團體宗旨和理念都是吻合的。另兩位參加者王靜齋和張秉鐸均為當時回民中著名的學者型阿訇,他們可能在宗教知識方面給予了老舍和宋之的一些意見。其他四位馬宗融、王曾善、艾宜栽、王農村均為「回協」骨幹成員。馬宗融作為「回協」下屬機構「回研會」的總幹事,同時又是《國家至上》這部劇作的直接邀約者,所以這次「審查會議」也應是由他組織聯絡召開的。

　　從老舍與《中國回教救國協會會刊》兩方的記載可見,正是有「回協」友人在「情節」、「意思和詞彙」上的重要建議,使得這部話劇才最終在各方的認可下得以圓滿完成。因此,《國家至上》完全是大後方中國各族人士團結合作的文學結晶。而且,其創作過程可能並非僅僅止於上述提及的這些環節,它可能還經歷過很多作者在私底下討論、修改的繁複過程。老舍所說「小心上又加小心」的鄭重、謹慎的創作態度,在曾經目睹過該劇誕生過程的馬小彌的童年記憶中,留有深刻的印象。她在後來的回憶文章中,有更為生動和細節的記述:「《國家至上》的稿子寫出後,他們就興高采烈地抱著油印稿跑來跑去。一會兒到回教救國協會去讀稿子,一會兒到朋友家去讀稿子。然後是討論,修改。稿子改得一抹黑了,就另刻新的油印稿。再讀,再討論,再修改……爸爸(指馬宗融——引

者)的書櫃裡,塞滿了各種版本的《國家至上》。我跟著他們跑來跑去,傻乎乎地瞪大了眼睛聽著。」[142] 由此可見,老舍和宋之對這部話劇的重視和認真程度,他們這種對自己不熟悉的回民和伊斯蘭題材,通過反覆徵詢、討論、修改的書寫方法,以及在此過程中與伊斯蘭教內人士進行良好、密切的合作態度,實屬難得。這也因此使得該劇及其創作,在現代中國文藝史和中國伊斯蘭文化史上都具有十分特殊和重要的位置。這難道不應成為今天中國的文藝工作者們在創作時應學習借鑒的方法和態度嗎?

四幕話劇《國家至上》中的故事發生在「民國二十七年夏天」,即1938年夏。地點是在中國華北地區河北省某縣一個叫「清水鎮」的地方,「居民回漢各半」。[143] 此時「盧溝橋事變」爆發已一年,日本正大舉推進對中國的侵略,中國正處於抗日戰爭時期的戰略防禦階段。之所以將故事安排在這樣的歷史地理空間中發生,一方面與兩位作者對京冀地區回民有所了解的切身經驗有關,另一方面,也是為使話劇本身的矛盾張力能夠實現最大化的彰顯。因為從時間上來說,這個時候外部侵略的危機開始進入華北人民的生活之中,抗戰的矛盾正處於最激烈的時期,回漢之間的關係也正處於歷史轉化的關鍵時刻,這些都無疑有利於增強故事的戲劇衝突和故事張力;從地點上來說,回漢各半雜居的這個頗具現實合理性的河北「某大鎮」,也正處於日本侵略的前線地區,回漢之間團結起來一

---

142 馬小彌:〈沒完成的童話——憶老舍伯伯〉,《十月》第1期,1979年,第332頁。
143 老舍、宋之的:《國家至上》,《抗戰文藝》第6卷第1期,1940年3月30日,第65頁。

致抗敵的社會要求也是最強烈的。如果將故事地點選取在西北某個回漢雜居的地方，則故事的張力就會減弱不少，因為至少在 1938 年，西北地方儘管也處在被侵略的危機當中，但它實際面對的並沒有華北地區的那麼直接和深重，它的現實抗戰矛盾也沒有後者那麼激烈。因此，這一故事時空的選取，同時也內含著兩位作者，從話劇本身的藝術表現力方面所做出的深重考慮。

該劇主要以「張老師」和「黃子清」為核心人物，這兩位都是當地回民中的領袖人物，且年輕時是拜把兄弟，前者是一個「六十歲的回教老拳師」，在抗日上持「排漢」立場；後者是一個「五十八歲，豁達開明，心寬體胖」的回民教育家，在當地開辦有「清真小學數所，收教內外失學兒童」，在抗日上持「聯漢」立場。故事以「張老師」與「黃子清」從和睦到不睦再到恩怨化解，以及前者轉變思想與漢民同胞合作抗日最終在戰鬥中犧牲為主線。在此過程中，全劇一共呈現出三對矛盾，並將這三對矛盾作為推進故事發展的動力。首先是回民內部的矛盾，其次是回漢之間的矛盾，最後是回漢人民（中國人）與日本侵略者及為其服務的漢奸之間的矛盾。其中，第一對矛盾和第二對矛盾可以歸為一類，都屬於回漢矛盾及其延伸。因為，根據劇本中的故事來看，同樣都是回民且是拜把兄弟的「張老師」和「黃子清」之間矛盾的產生，其實是因為前者認為後者不該在其所開辦的清真小學內招收漢民學生。因此，在老舍和宋之的的筆下，回民內部矛盾其實被塑造成回漢矛盾的衍生物。換一句話說，在這個劇本中，由回民內部產生的矛盾其實並不存在，張、黃二人的矛盾主要源自於他們對當地的漢民以及回漢關係的不同認識，是回漢矛盾在回民內部的

反映而已。但是,無論是從歷史還是現實層面來看,這個細節安排都容易讓人產生疑問。因為從伊斯蘭在中國的發展歷史來看,其內部因為教派、階級等問題而產生的矛盾是始終存在的。但是兩位作者為什麼會將這一內部矛盾無視,而代之以回漢之間的矛盾呢?其可能的原因大概有兩個:其一,故事發生地河北某縣的「清水鎮」相比於門宦派別林立的西北穆斯林聚居地區來說宗教派別比較單一,不存在回民內部的教派矛盾。另外張、黃二人均為教民,兩者中任何一人都不屬於教士階層,不存在宗教上的階層差別。除此之外,他們在經濟、社會地位方面差距也不大,因此,也就沒有階級矛盾;其二,即便沒有派別、階級矛盾,回民內部也會存在其他因素所導致的分歧,老舍和宋之的在此應該是故意消解了回民內部矛盾。因此,兩位作者才會以回漢矛盾來製造張、黃兩個回民之間的不合。

雖然如此,由於張、黃二人是整部話劇的中心人物,他們之間的矛盾構成整個故事的情感主線,所以這使得此劇看上去好像一直都在書寫回民內部之間的不合和分歧(雖然背後是回漢矛盾造成的),而沒有正面凸顯回漢矛盾及其化解的過程。話劇在重慶公演幾天後,《中央日報》事刊《教育與文化》上登載的一篇評論就認為此劇「彷彿重心在解和黃、張二老人的友誼,對於溝通回漢感情之表現似尚嫌輕」。[144] 1940年9月,作家夏衍在桂林觀看完《國家至上》的演出後也敏銳地指出了這一點:「這戲裡我們所見到的是回與回之間的不睦,

---

144 初暘:〈《國家至上》看後感——重慶戲劇界的「擺擺」運動之二〉,《中央日報・教育與文化》第15期,1940年4月13日,第6版。

回漢衝突微小得幾乎看不出，缺點就在這種地方。」[145] 之所以會給讀者和觀眾帶來這樣的觀感，可能與這個劇本在當時所擔負的文化抗戰宣傳和動員的使命有關。在全面抗戰的緊迫局勢中，此劇受「回協」的邀請創作，它的主要任務是為促進回漢的團結、引起當時國人對回民生活以及伊斯蘭文化的注意。因此，在回漢團結的大主題下，回漢固有的矛盾自然需要進行次要化和淡化的處理。老舍在 1941 年初發表的〈三年寫作自述〉一文對此問題有過解釋，並且也對諸如夏衍那樣的疑問進行了回應：

> 題旨是回漢合作，可是劇中回漢的正面衝突，反被回胞自家的紛爭所掩，這並非無因：一來是回漢之爭寫得過於明顯，也許引起雙方的反感，而把舊賬全都搬出來；二來是北方回教中亦有派別，不盡融洽——作者不敢提出教義上的分歧，而只能從感情失和上落墨。這些費斟酌的地方，自然也不是沒有準備的批評者所能了解的。[146]

既不能將回漢矛盾寫得過於顯明，又不敢從教義和派別分歧上來寫回民內部的紛爭。因此，老舍和宋之的以一種巧妙的方法，將回漢矛盾潛隱地轉化進回民的內部失和中，使可能會引起的兩方面的誤會和矛盾，都儘量能得以規避。之所以會在情節上有這種特殊安排，很大程度上與當時團結抗戰的時代要

---

145 田漢等：〈《國家至上》《包得行》演出座談會〉，姚平記錄，《戲劇春秋》創刊號，1940 年 11 月 1 日，第 11 頁。
146 老舍：〈三年寫作自述〉，《抗戰文藝》第 7 卷第 1 期，1941 年 1 月 1 日，第 78 頁。

求有密切關係。不過,《國家至上》中所包含的特質和元素並不止於此,正如有學者指出的:「在無數同類題材的劇本中,《國家至上》有著最獨特的社會價值與審美價值。在中國戲劇史上,因作者民族屬性和作品的民族意蘊使它別開生面。在回族文化史上體裁新開、風格別具,填補著不應有的缺失」。[147] 除此之外,《國家至上》對抗戰時期中國回民和伊斯蘭的先驅性書寫,使得此劇也在中國伊斯蘭史上具有十分重要的地位和意義。

　　清末興起並持續長達半個世紀的中國穆斯林新文化運動,是中國歷史上伊斯蘭教文化的第四次高潮。[148] 這場運動以改良宗教、普及教育、革新文化、振興民族為宗旨。它是近現代中國穆斯林知識分子和先覺者,在國家危亡、宗教凋敝的局面下發起的愛國愛教運動。光緒三十二年(1905年),清廷正式宣布廢除科舉制度,這為全國開始興辦新式學堂掃除障礙。同時,受到清末「教育救國」思潮的影響,並且由於在新的時代面前不滿足於舊式經堂教育,中國穆斯林開始從教育方面來進行自我革新。1906年,江蘇鎮江的穆斯林人士率先建立了中國穆斯林史上最早的兩所新式學校:私立穆源兩等學堂和志成小學。同年,曾經留學日本的童琮在江蘇鎮江還成立了志在普及教育、振興中華的「東亞清真教育總會」。1907年,王寬、王友三、達浦生等人也在北京牛街禮拜寺內建立「回文師範學校」。同年,來自國內14省36位留學日本的回民青年

---

[147] 李佩倫:〈縱談回族抗戰話劇《國家至上》——紀念抗戰勝利70週年〉,《中國穆斯林》第2期,2015年,第31頁。

[148] 楊懷中:〈中國歷史上伊斯蘭文化的四次高潮〉,《回族研究》第1期,1994年,第16頁。

學生還發起成立了「留東清真教育會」。翌年，他們在東京創辦了回民近現代歷史上的第一個刊物《醒回篇》，其「發刊序」中有如此志願：「謀內地之宗教改良及教育普及兩事」，「即此宗教與教育為之起點，推之社會由是開明，國家由是強盛，天下由是乂安，舉無非由邇及遐，由自治以治人也。翹首以觀，是所望於同教先覺諸君子。」[149] 正是以「社會開明」、「國家強盛」、「天下乂安」為最終旨歸，中國穆斯林先覺者開始在全國範圍內，創辦了一大批新式學校，包括小學、中學和師範學校。

《國家至上》主人公之一「黃子清」，其實就是一位受中國穆斯林新文化運動影響而在當地建立新式「清真小學數所」的回民教育家。黃與當時中國眾多同類回民教育家一樣，都持開放包容的教育實踐主張，他們在自己所辦的清真學堂內不僅招收回民失學兒童，同時也招收漢民失學兒童。在課程設置上，對於回民學生設置有民族文化方面的專門課程，對於漢民學生則不強制。也就是說，黃在教育上秉持的是超越宗教界限、不分回漢的理念。而這種教育理念則與他在抗日行動中的「聯漢」主張直接相關。劇作在介紹「黃子清」時說他「熱心腸，每每濟人危困；亦富幽默感，與人唇舌，每以一笑了之。」[150] 這是一個和藹可親的大善人形象。不過，如果將他不分回漢的教育理念和「聯漢」主張歸之於他的性格使然，則會失之簡單。黃的「聯漢」思想很大程度上與現代中國的民族國

---

149 黃鎮磐：〈《醒回篇》發刊序〉，《醒回篇》第 1 號，戊申年十二月六日（1908 年 12 月 28 日），第 3 頁。
150 老舍、宋之的：〈國家至上〉，《抗戰文藝》第 6 卷第 1 期，1940 年 3 月 30 日，第 65 頁。

家建構的歷史過程,存在密切而直接的關係。

辛亥革命之後民國的建立,開始以「五族共和」的理論來進行現代民族國家的建構,滿、蒙、回、藏、漢各個族群之間的關係均不同於清朝時期,而獲得了相互平等的地位。其中,回漢兩者也脫離有清一代以來分而治之的不正常關係,而成為命運與共的中華民族大家庭中的成員。經過近現代以來各種歷史事件,同時又共同面臨來自日本的侵略,「中華民族一體」的理念可能已經深深植根於「黃子清」的思想中。在以「國家至上」為思想要求的抗戰局勢中,為了向西北地方以及全國其他地方的穆斯林同胞宣傳並動員抗日,同時也為了團結回漢、消除回漢之間相互的誤解和不合作,老舍和宋之的可能有意將黃塑造為一個新穆斯林國民的形象:超越宗教、不分回漢、熱愛國家。黃的這一人物形象特點,在劇本中通過漢民的「趙縣長」之口有明確呈現:「不但是好客,而且是見義勇為,辦學校,施捨茶水,誰不知道,人們要都象你黃老先生,中國早就強了!」[151]

「趙縣長」對黃的這一評價背後對應的是以「張老師」為代表的抗日「排漢」派。張與黃本是至交,曾經共同與滄縣的穆斯林「馬振雄」結拜為兄弟。《國家至上》的另外一個名字「回教三傑」就由此而來。張、黃二人從結拜兄弟到不相往來,直接原因為「數年前,黃兼收教內外兒童而教育之,張不以為然,因爭辯而絕交」。[152] 張之所以與黃絕交,是因為他

---

151 老舍、宋之的:〈國家至上〉,《抗戰文藝》第 6 卷第 1 期,1940 年 3 月 30 日,,第 67 頁。
152 同上,第 65 頁。

們二者在看待漢的問題上形成了對立,這是兩種回漢關係的交鋒。張的「排漢」立場代表了一種由各種歷史原因造成的陳舊的回漢關係。在劇本中,這一關係在當地回漢團結抗戰之前仍然普遍存在,尤其在青年一代中還在延續,劇本以漢民青年「胡大勇」、「胡二妞」兄妹與回民青年「馮鐵柱」相互打鬥的場景為開端就充分說明此問題。不過,這種「排漢」立場並沒有直接呈現在回漢之間,而是內化在張、黃兩個回民之間的不合中。

張對黃「聯漢」主張的不滿直接投射於他對後者的宗教認同產生懷疑,劇本中多次出現張認為黃要「反教」的情節。不過,這一舊的回漢關係最終在抗戰局勢中轉化為一種新的團結的回漢關係。

在1940年抗戰正處於最為關鍵的時期,擔負宣傳伊斯蘭文化與回漢團結精神的文化重任,《國家至上》一經定稿便在當年3月30日與其他三篇有關「回民題材」的作品共同在《抗戰文藝》第6卷第1期上以「回民生活文藝特輯」的形式揭載問世。與此同時,「回協」也已經開始聯絡組織此劇的排演事宜,具體邀請當時著名的導演馬彥祥來指導此劇。在此之前的2月,當老舍和宋之的將完稿後的《國家至上》拿到「回協」開「審查會議」聽取穆斯林人士的意見時,馬彥祥當時就已在座,這說明此劇在發表之前,就已經基本上確定了導演人選並且開始準備排演的工作。馬彥祥當時正擔任「中國萬歲劇團」的編導,實際上《國家至上》從導演、演員、演出整體工作都是由「中國萬歲劇團」承包。「中國萬歲劇團」的前身是受國民政府軍事委員會政治部第三廳領導的中國電影製片廠的附設機構怒潮劇社。1938年9月,受日軍逼近武漢的影響,

怒潮劇社隨同中國電影製片廠整體遷往重慶。到達重慶後，怒潮劇社就已經在國泰大戲院連續公演過如《為自由而戰》、《血祭九‧一八》、《中國萬歲》、《民族光榮》等以抗戰為主題的劇目，深受觀眾歡迎。1940 年 4 月 1 日，怒潮劇社擴大改組為「中國萬歲劇團」，團名得自於該劇團此前公演的話劇《中國萬歲》，劇團由當時正擔任第三廳廳長的郭沫若兼任團長，鄭用之任副團長。《國家至上》在重慶國泰大戲院上演時，正好是中國萬歲劇團建團後公演的第一部話劇。對此，老舍為《國家至上》寫的〈後記〉中有所記述：「交卷不久，回教協會即商請中國萬歲劇團給演出；劇團即以之為打炮戲，上演於重慶的國泰戲院。」[153]《社會日報》1940 年 4 月 15 日的一則報導也提供了相關信息：

> 直屬於軍委會政治部之話劇組織怒潮劇社，已在行都更名為「中國萬歲劇團」。於三月卅一晚請朋友們在冠生園大喝喜酒，席間由正副團長郭沫若、鄭用之報告改名經過，並於四月五日起至十日夜場在國泰大戲院公演老舍、宋之的合編的《國家至上》。[154]

可見，《國家至上》在當時被中國萬歲劇團當作是打頭陣的一部話劇。作為團長的郭沫若曾經為劇團所寫的〈中國萬歲劇團團歌〉開頭第一句歌詞便為「國家至上」，這是一種有意

---

[153] 老舍：〈後記〉，《國家至上》，老舍、宋之的合著，重慶：上海雜誌公司，1940 年 12 月 10 日，第 189-190 頁。
[154] 飛箭：〈中國萬歲劇團在渝成立〉，《社會日報》，1940 年 4 月 15 日，第 4 版。

的契合。[155]

　　1940年4月4日和5日,當時均遷駐重慶的國共兩黨各自的機關報紙《新華日報》和《中央日報》前後相繼在頭版以較大版面登載了《國家至上》的演出廣告。兩則廣告內容中除有編劇、導演的信息之外,還都列出「演出者」為郭沫若和鄭用之,考慮到他們二者當時的身分以及他們都沒有在話劇中擔任表演工作,因此,這裡的「演出者」並非指演員,而應該是負責話劇全部責任的代表人,在廣告中列出大概表示支持和推薦的意思。兩則廣告還都特別提及這是「中國萬歲劇團」的首次公演,並且都在「國家至上」四個大字下面以小號字標出該劇的另一個名稱「回教三傑」。除此共同點之外,《新華日報》廣告還特別交待此劇是由「中國回教救國協會」主催。該報以「新的題材,新的故事,新的作風,新的手法」為該劇廣告語,這從側面反映出《國家至上》當時在大後方文學空間中所處的一個獨特位置:不僅為戰爭中的中國帶來有關伊斯蘭文化和回漢團結的新題材、新內容,同時也為當時的中國話劇文學界帶來一種新作風、新手法。由此可見,該劇不僅具有極高的民族團結的歷史意義,同時也有較高的文藝價值。

　　除該劇作者、導演和「演出者」均為當時中國文化界的重要人士外,此劇的演員陣容也不失「豪華」,其中如魏鶴齡(飾演「張老師」)、孫堅白(藝名石羽,飾演「黃子清」)、張瑞芳(飾演「張老師」女兒「張孝英」)、錢千里(飾演「金四把」)等均為當時國內著名演員,代表著大後方

155　郭沫若:〈中國萬歲劇團團歌〉,《新蜀報・蜀道》第89期,1940年4月7日,第4頁。

話劇表演的一流水準。《國家至上》從 4 月 5 日開始每天晚上 8 點都會在重慶國泰大戲院準時上演，一直持續到此月 10 日。此後，該劇也會因為一些特殊情況另外增演，比如 4 月 23 日就曾經為當時到重慶訪問的由陳嘉庚率領的南洋華僑回國慰勞團，單獨演出過一場。不久之後在《申報》上登載的〈行都的劇潮（中）〉一文曾對此有過珍貴記載，通過它也可以從側面看出此劇在重慶上演時，所受歡迎的程度：

> 這劇本（指《國家至上》——引者）在宋、舒二先生生花的筆下，加之名導演馬彥祥的善導，它的演出，更得了全市觀眾的好評，大大的激起共鳴，一時轟動人心。
> 在四月二十三號，軍事委員會為了招待南洋華僑回國慰勞團，是日在國泰大戲院也重請萬歲劇團再表演一次，當時有許多要人及高貴的仕女都一汽車一汽車的駛到國泰，大飽他們的眼福，情況之熱鬧，至為空前。[156]

除在重慶公演外，《國家至上》在此後的抗日戰爭時期（1940-1945 年）還在桂林、西安、蘭州、貴陽、泉州、洛陽、寧夏（今銀川）、迪化（今烏魯木齊）、太原、香港、成都、昆明、大理、湘潭、康定、恩施、贛縣、台山、泰和等地排演，其中在部分地方不止一次上演。從抗戰勝利之後一直到新中國成立，此劇除在中國個別地方繼續排演外，還在已經從日軍占領中解放出來的前淪陷區城市如北平、長春、台南（以「國語」和「台語」兩次演出）、錦州、張家口等地上演，產

---

156 壁瑩：〈行都的劇潮（中）〉，《申報》，1940 年 5 月 26 日，第 14 版。

生廣泛而深遠的影響。對於這樣一部以回民抗戰和伊斯蘭文化為主題的劇作,全面抗戰時期及此後的觀眾是如何接受其內部這一特殊題材和內容的呢?同時,這部劇在當時具體產生了哪些影響?下文將對此詳細論述。

第一,《國家至上》對當時大後方其他作家創作回民和伊斯蘭題材話劇產生激發作用。老舍和宋之的合寫《國家至上》一事,在當時重慶的作家圈內產生了積極的激發效應。其中,當時作為「回研會」成員的曹禺和陽翰笙都受此劇影響有創作回民題材話劇的計畫和行動。據主要約請老舍和宋之的創作這部劇作的馬宗融記述,當時此劇還在由「中國萬歲劇團」排練沒有公演之時,曹禺就曾經前往排練現場參觀過,並且在與馬宗融商討的過程中顯露出,要以在1894年平壤之戰中抗擊日本軍隊時壯烈犧牲的清末回民名將左寶貴為故事原型創作一部抗戰話劇的意願:

> 那天到中國製片廠去參觀《國家至上》的排演,偶然遇見萬家寶(曹禺)先生,他看見馬彥祥先生的熱心導演,──不分晝夜地熱心導演──又和我談過一回這部戲劇的編寫經過之後,也感到十分興奮,當即決定採用左寶貴的故事,寫出一部民族抗戰劇。我們現在正替他搜覓材料,而萬先生自己也開始參觀清真寺、觀察回教人生活等活動了。這部能振奮國人抗戰精神的劇,想必不久就會與世相見吧。[157]

---

[157] 馬宗融:〈對《國家至上》演出後的希望〉,《馬宗融專集》,李存光、李樹江編,銀川:寧夏人民出版社,1992年,第120頁。

從「參觀清真寺、觀察回教人生活」可以看到曹禺已經有意為創作而進行前期相關的準備活動了。1940年5月1日和6月1日，上海的《電影生活》雜誌還曾分別在第九期和第十一期上刊登出題為〈《左寶貴》曹禺新劇本〉、〈為了編《左寶貴》劇本，曹禺三月不知肉味〉的兩則廣告，其中後者說：「重慶國立戲劇學校教務長曹禺，最近於其新作《蛻變》完成後，又在開始寫一部民族英雄故事劇本《左寶貴》，這是一段歷史實事，是描寫回教英雄左寶貴的英雄事蹟。曹禺以前寫過幾部劇本，都是隨便採集資料的，可是這次為了寫《左寶貴》，卻格外的鄭重其事，原來他為了要明瞭回教的歷史、禮節、內容，為使劇情像真起見，所以曾費了許多天工夫，來實地研究搜集，中國回教救國協會聽到了這消息，就特地派了代表，協助曹氏，隨時予以工作上的便利，中間曹曾去參觀重慶近郊的清真寺，並到回教徒簇居地的川北一帶，實地考察回民的生活狀況，同時回教救國協會還供給他許多回教文獻史料，作為參考」。[158] 該廣告還交待，曹禺利用一個月來搜集資料，最近已完成這項工作，並且開始著手劇本的編寫，而且預計需要三個月時間才能寫完等等。為了寫好劇本，曹禺在此期間還特地奉行「禁絕肉食」的教規。[159] 這則廣告中關於曹禺奉行教規的記述並不準確，將伊斯蘭和佛教等同起來，認為伊斯蘭也禁肉食，這反映出內地很多非穆斯林人士對伊斯蘭缺乏了解。不過廣告中所記曹禺創作劇本的事倒是符合實際情況。不過，

---

158 〈為了編《左寶貴》劇本，曹禺三月不知肉味〉，《電影生活》第9期，1940年2月1日，第2頁。

159 同上。

由於這一時期曹禺主要是將注意力放在他第一部抗戰題材話劇《蛻變》的寫作和排演之上,時間、精力有限,再加上可能存在的其他方面原因,導致曹禺最終沒有能夠完成這部劇作。這些廣告也因此成為空頭預告而沒有了下文。

除曹禺之外,陽翰笙在馬宗融和「回協」的邀約下也曾有過創作一部回民題材話劇的計畫。1940年10月,「文化工作委員會」成立時,陽翰笙為該會的副主任,而馬宗融是兼任委員之一。這一時期,陽翰笙受中國共產黨的委託聯繫馬宗融,要後者「團結回族上層人士,包括白崇禧將軍在內,一致抗日」。[160] 因此,其時陽翰笙與馬宗融的交往是十分密切的,他創作一部回民題材話劇的計畫背後應該還帶有文化統戰的用意。這部劇作名為《杜文秀》,以清末雲南反清農民起義的回民領袖杜文秀為主題。儘管一直沒有如老舍和宋之的寫作《國家至上》那樣及時地將此劇付諸成果問世,但是它在很長一段時間內一直處在陽翰笙的主要創作計畫中。根據陽翰笙在日記中的記載,1942年12月2日,他還專門到「中國回教救國協會」拜會歷史學家白壽彝,諮詢有關杜文秀起義的史事並借出很多材料:

> 晚往回教救國協會訪白壽彝先生,談杜文秀起義事至久。從白處所借到的材料亦甚多,今後對杜文秀一劇,動起手來,可望有把握了。[161]

---

160 馬小彌:〈山城舊事憶翰伯〉,《陽翰笙百年紀念文集》第4卷(上),中國文學藝術界聯合會、四川省宜賓市人民政府編,北京:中國戲劇出版社,2002年,第129頁。
161 陽翰笙:《陽翰笙日記選》,成都:四川文藝出版社,1985年,第

1943 年的元旦日記中,陽翰笙也有關於《杜文秀》一劇的記載:

> 從去年起,我早就已經搜好了六個劇作的題材,我現在就把它們全都記在這兒:
> (1) 兩面人　　(2) 光明之路
> (3) 阿里郎　　(4) 盜火者
> (5) 杜文秀　　(6) 文明之家
> 以目前的種種客觀情勢看來,今年也和去年一樣,我們只能閉門讀書,只能靜心寫作,因此我也就不敢有什麼「雄圖」。唯一的希望,只求我能在創作上得到一次豐收:上述的六個劇作,至少我得寫出五個來。果能如此,那我也就心滿意足了。[162]

但實際上,他最終只完成了其中的 2 部,即《兩面人》和《阿里郎》(即《槿花之歌》)。其中的緣由,就像日記的注釋所解釋的,是由於「國民黨反動派迫害日甚和其他原因」[163]。等到 1945 年抗戰勝利國內局勢發生轉變以後,諸如《杜文秀》這種抗戰題材話劇就更加失去了創作和問世的可能。

儘管,曹禺和陽翰笙有關回民題材的話劇最終因為各種內外的原因均未能問世,但從他們曾主動調查、諮詢、了解、搜集資料等前期所作的準備工作可以看出,《國家至上》的發表

---

98 頁。
162　陽翰笙:《陽翰笙日記選》,成都:四川文藝出版社,1985 年,第 108-109 頁。
163　同上,第 109 頁。

和演出,的確曾對他們產生過創作層面上的激發效應。但可惜的是,這種激發效應由於時代和個人等等原因,並未在文學層面變為現實。儘管如此,這種了解和書寫的意願,仍能反映出戰時大後方關於穆斯林文學創作的生動面貌。

第二,《國家至上》的回民題材在救亡過程中發揮出積極的抗戰動員作用。《國家至上》問世之後,很快就在全國各地進行排演,根據當時的新聞報導和記載來看,很多地方的演出幾乎都是場場爆滿,人們像過節一般,爭相去看這部抗戰大後方的「佳劇」。[164] 除相關報導和評論外,部分地方報紙和刊物,還專門登載有關這部話劇及其演出的「特輯」,如《電影與戲劇》、《掃蕩報》(桂林)、《行都日報》、《西京日報・中央週刊》、《寧夏民國日報》、《南華報》、《新疆日報》、《高州民國日報》、《中華日報・海風》等等。由這些報導、特輯及其中的評論,可以看到當時的人們對於這部話劇

---

[164] 例如此劇在桂林上演時,當地報紙如此描述其演出的盛況:「這兩天廣西藝術館假新華劇院上演《國家至上》,已**轟動桂林**,正鬧得滿城**風雨**。」見王鄧:〈《國家至上》公演別紀〉,《掃蕩報・星期版》(桂林)第 12 期,1940 年 8 月 25 日,第 4 版;在蘭州上演時,當地報紙報導稱:「昨日為《國家至上》公演之第四日,各界人士乘星期例假,咸抽暇往觀,是以新舞台內,嘉賓滿座。」見〈《國家至上》昨晚又告滿座〉,《甘肅民國日報》1940 年 9 月 9 日,第 3 版;在貴陽上演時也有如此報導:「《國家至上》自公演以來,深得社會人士好評。昨晚為最後一場,觀眾仍極踴躍。」見〈《國家至上》昨晚閉幕〉,《中央日報》(貴陽)1940 年 9 月 28 日,第 3 版;在江西泰和上演時有如此記載:「四幕名劇《國家至上》也在這時演出。這個喜訊一傳出去便轟動了太和市區以及附近的村落。由於本劇之演出較為『正式』,因此四個晚上都是客滿。」見梁仁遠:〈評《國家至上》〉,《江西動員》第 2 卷第 2 期,1941 年 2 月,第 186 頁。

的觀感和認識。

首先是對於劇中回民題材的接受。由於這部話劇不僅要向西北以及中國其他地區的穆斯林同胞宣傳抗戰，同時，為了使回漢之間消除誤解並且能夠統一力量一致對外，它也擔負著向非穆斯林群眾宣傳介紹伊斯蘭文化的任務，以便他們能夠更好地了解中國伊斯蘭和穆斯林人群。因此，話劇本身在對兩個主要回民人物（即「張老師」和「黃子清」）的塑造上均以正面積極的敘述為主。儘管「張老師」起初在抗日上持「排漢」立場，但他最終還是在救亡大義面前改變了以往狹隘的思想，並在與日本人拼殺的過程中壯烈犧牲。因此，這些人物塑造上的正面性在當時的非穆斯林觀眾那裡產生了積極的影響。比如出生和成長於湖南的女作家白薇在重慶看過《國家至上》的公演後，就從魏鶴齡飾演的「張老師」身上看到了一種積極的「回教精神」：

> 那強健、勇敢、固執、偏狹、真摯、有情而絕對自信的拳術家張老師，經魏鶴齡先生那精力非凡的勁兒，時時閃閃著神光，一舉一動都繪神繪影，十分賣力的演出，我相信觀眾的心，都被抓住，使不知回民的人們，眼前也活顯著一個回教徒的英雄好漢。人人都敬佩他的強健、勇敢、有真情、重正義、講信用而極乾脆的這些美德。也人人都從他嘴裡，知道回民都差不多地具備著這種美德，發揚著回教精神。[165]

---

[165] 白薇：〈從演出談《國家至上》〉，《中央日報‧平明》，1940年4月16日，第4版。

作為一位出生並成長於南方的非穆斯林作家,白薇在對中國伊斯蘭和穆斯林了解認知的過程中,《國家至上》大概扮演了重要角色。這一題材在文學中的初次展現不僅為當時的觀眾帶來新穎的觀感,同時,也對他們的伊斯蘭觀和穆斯林觀產生了重要和積極的塑造作用。

不過,儘管《國家至上》是一部回民題材的話劇,以回漢團結抗戰為主要內容,但是這絲毫沒有影響這部題材特殊的作品,在抗戰時期中國各地普遍地激發出巨大的團結救亡的情感,受到不論伊斯蘭教內外各族人士的廣泛歡迎和好評。1940年4月8日,文藝理論家葉以群當時在重慶看完《國家至上》的演出後,就發表文章指出這部劇作的普遍教育意義:

> 這樣的糾葛不單出現於回民之間、漢回之間,也同樣出現於一切社會集團之間。這樣的過程,不僅說明著完成回民團結、漢回團結所不可免的困難和阻礙,及所不可少的堅持和奮鬥;同時也說明著一切社會群的團結底曲折和艱難。所以,這劇底意義是廣泛的,並非單純地局限於題材所指定的範圍內。[166]

葉以群的這個觀點並不孤立,另外一位在重慶看完此劇的非穆斯林觀眾,在發表的一篇關於此劇的評論中也表達了與前者相似的看法:「《國家至上》這一個劇本的演出,是出自回教同胞的主催。其實,這一個劇本所包含的意義,是非常廣泛

---

166 以群:〈觀《國家至上》後〉,《新蜀報・蜀道》第90期,1940年4月8日,第4頁。

的，不僅是只有回教同胞才適用；所以，我希望這劇本能在此刻普遍地演出。據我所知，漢回之間，本來沒有任何隔閡的，中國人對於宗教觀念，大多數非常淡漠，回教早已不是阻礙漢回團結的牆壁了。」[167] 另外，詩人、學者常任俠觀看此劇後也認為：「這戲所提出的主題，正是目前在戰鬥中的中國的最切要的情形。豈止於回漢必須合作而已，一切反抗侵略，一切為新中華的獨立自由而戰爭的社團和分子，都應該緊密的合作，去打擊我們的敵人，惟有團結合作，才能制敵人的死命，否則將得到不堪設想的結果。」[168]

顯然，回民題材的特殊性，在這裡非但沒有成為在全國範圍內宣傳普遍抗戰主題的障礙，相反，它卻因為其矛盾的集中性和代表性，更好地實現了團結抗戰意識的宣揚。馬宗融在復旦大學教過的學生鄒荻帆在談到《國家至上》時曾指出「這部破天荒第一次以回族題材寫成的戲劇，強調了各民族團結抗戰的意義，在當時的大後方產生了很大影響。」[169]

第三，《國家至上》在當時很大程度地激發了中國各地穆斯林的國家意識和抗戰熱情。作為一部抗戰話劇，《國家至上》的文學目的，儘管是面向全國各族人民來宣傳抗戰，但由於它由「中國回教救國協會」邀請創作，並且在當時諸多抗戰

---

167 初暘：〈《國家至上》看後感——重慶戲劇界的「擺擺」運動之二〉，《中央日報・教育與文化》第 15 期，1940 年 4 月 13 日，第 6 版。
168 常任俠：〈觀《國家至上》劇後〉，《中央日報・平明》，1940 年 4 月 13 日，第 4 版。
169 鄒荻帆：〈閃光的背影——馬宗融老師在復旦的二三事〉，《馬宗融專集》，李存光、李樹江編，銀川：寧夏人民出版社，1992 年，第 18 頁。

話劇中是唯一以穆斯林作為題材。因此，它的首要任務是向西北以及中國其他區域的穆斯林同胞動員抗戰，增強他們的抗戰意識。這既是國家危亡局勢下的緊迫需要，同時也是中國穆斯林本身的政治要求。這從大後方穆斯林主動約請老舍和宋之的創作這部劇作，並且積極參與、支援甚至贊助話劇由寫作、發表直到各地演出的全過程可以看出。

當時除馬宗融等穆斯林知識分子直接促推《國家至上》問世之外，1940年4月《國家至上》在重慶公演還受到了著名穆斯林愛國實業家、世代行醫的白澤民的大力資助。[170] 老舍說「此劇在渝上演多次，甚為成功。以內容為回漢攜手抗日，故回教人士均樂觀其演出；香港，西安，蘭州，成都，昆明，大理，恩施等處上演時均得回胞熱烈贊助。」[171] 此劇在西安即將演出前，一位名為馬英的穆斯林在讀過此劇後寫的〈一個回教徒為《國家至上》公演說的話〉一文，大概可以代表抗戰時期中國穆斯林的心聲：

> 現在這劇本——《國家至上》出現在我們眼前了，我感到特別親切，我是北方人，一些情形我是熟悉的，而且敵人的回教工作者川村狂堂，這獨臂軍人的種種工作我是熟悉的，所以冷波兄決議演出這個戲時，我非常高興，因為這個戲告訴了我們，也向一般人說了，「國家」是至上的，「民族」是至上的！我們的敵人是日本帝國主義，利害是

---

170 白壽彝主編：《中國回回民族史》（下），北京：中華書局，第1318頁。
171 老舍：〈序〉，《國家至上》，老舍、宋之的合著，上海：新豐出版公司，1945年12月。

一致的，抗敵是全體中國人的事！回漢同胞應當聯合起來，團結起來……

穆聖說過「愛護你生長的土地，是信仰的一半！」「保衛國家，是伊斯蘭教信徒的天職！」現在，敵人底鐵蹄踏進我們的「生長的土地」上來了，我們應該怎麼樣呢？

「幹！」《國家至上》這劇作啟示了我們。[172]

馬英所引兩則伊斯蘭聖訓（即先知穆聖興教的言行記錄）[173]，在中國穆斯林中間一直流傳十分廣泛，現在一般翻譯為愛國是信仰的一部分。另外與之主題相近的還有一則為：穆斯林要像鳥兒眷戀巢穴一樣眷戀自己的國家。這些聖訓都說明熱愛並保衛自己的國家和生存的土地是穆斯林基本信仰內容和要求。在日本帝國主義所帶來的危局下，《國家至上》在中國穆斯林中間不僅起到國家意識的強化作用，同時更以文學的方法對他們本身已有的愛國情感有所激發。

作為中國較早的回民題材話劇，其在各地排演時，實際上不同程度地遇到了如何處理劇中這一略顯陌生的題材的問題。各個地方的劇團都是第一次排演這類話劇，因此，老舍和宋之的在創作時與穆斯林人士相互協商、交換意見的方式，重新又出現在此劇在各地排演的過程中。這部話劇在各地上演時，當地穆斯林群眾實際上有具體的參與。1940年，此劇在洛陽上演之前，負責排演這部話劇的黃河劇社，就曾專門邀請當地的

---

172 馬英：〈一個回教徒為《國家至上》公演說的話〉，《西京日報·中央週刊》第47期，1940年7月1日，第4版。

173 見中國伊斯蘭百科全書編委會編：《中國伊斯蘭百科全書》，成都：四川辭書出版社，2007年第2版，第506-507頁。

穆斯林代表舉行座談會，以聽取他們意見。當地報紙《行都日報》具體報導了事件經過，其新聞標題〈《國家至上》演出先聲——黃河劇社昨招待回教徒領袖請其提供寶貴意見俾臻至善〉，即說明此次座談會的性質和意義，報導內容如下：

> 本報訊：描寫回教徒英勇抗戰之劇本《國家至上》明日即開始在洛公演。關於該劇本內之回教術語、名詞以及一切特有之風俗習慣、服裝、儀容等，黃河劇社為求集思廣益，昨日下午二時特假前教育局辦公室函約本市回教徒領袖，舉行座談會請為詳細解釋及提供寶貴意見。……又適值昨日為穆聖誕辰，各回教徒均在本市新灣清真寺內舉行慶祝大典，會後各回教徒領袖並將此次座談會召開經過及意義在此慶祝大典上向全體教徒發表，宣傳各教徒於明日演劇時均能踴躍參加云。[174]

由這條新聞可以看到，洛陽當地穆斯林代表人士為該劇在洛陽成功演出提供了宗教文化層面上的意見。同時，他們也在清真寺內向穆斯林群眾宣傳此劇和其中的抗日愛國主題。同一年，此劇在蘭州上演前，當地負責排演的劇團同樣也舉辦茶會邀請了當代穆斯林人士來為此劇的成功演出提供意見：

> 青年劇團的同志們很虛心求教，為了要使一出回教名劇——《國家至上》在下月五日出演收到較大的效果起

---

[174] 〈《國家至上》演出先聲——黃河劇社昨招待回教徒領袖請其提供寶貴意見俾臻至善〉，《行都日報》1940年10月3日，第1版。

見，特於昨日下午設茶點招待本市的回教名流和新聞界人士，希望他們能夠把劇中所安排的各種措置匡正到真實境界中來。

……

茶會是在三點鐘開始的，先由導演張叔儀先生說出全劇本事和上演的意義，博得一陣熱烈的鼓掌聲，引起教長馬老先生一句懇切的忠心話：「這齣戲編得很好，能夠增進漢回兩大民族感情上的聯繫。」

……

同桌王清蘭先生也是回教徒，他應著眾人的邀請，隨也站起來發抒高論。他說：「回教人士不看戲，不愛藝術，這只是一種錯誤的習慣，在《可蘭經》上並沒有這種規定。……過去回教人士和教外文化界很少接觸，以致造成回教裡的人和外界隔絕。再者，《國家至上》這劇是專寫回教事實，尤其是開戲劇史上的新紀元，所以我們回教人士，對《國家至上》的演出，應該極力回應、極力贊助。」

在會場中，有人主張劇中各種措置的是否合宜，可以私人諮詢，這意見得到回教人士贊同。[175]

蘭州是西北地方重要城市，聚居著大量穆斯林，這部回民題材話劇演出時必定面對一定數量的教內人士，因此，為使演出最大程度地發揮宣傳抗日和回漢團結的效果，劇團特地邀請

---

[175] 仙蔚：〈《國家至上》演出先聲〉，《甘肅民國日報》，1940 年 8 月 29 日，第 3 版。

當地穆斯林來提供意見。這種謹慎、細緻的工作態度本身反映出《國家至上》這部話劇及其演出,在抗戰時期大後方所擔負的重要責任和意義。實際上,絕大多數穆斯林對於這部話劇持歡迎態度,即「極力回應、極力贊助」,這不僅因為它是中國戲劇史上較早書寫回民和伊斯蘭的話劇,另外可能還有如座談會中王清蘭所說的原因,即它還可以改變西北等地穆斯林在漢語文學、藝術上歷來缺失和隔膜的狀況,為他們能夠接觸到中國當時最新的文藝作品提供機會。

1940年9月初,《國家至上》正式在蘭州公演,這一回民題材話劇不僅在當地回民群體中間引發強烈歡迎,同時,也可能吸引了很多旅居蘭州的新疆維、哈等族穆斯林前去觀看。此月5日,《甘肅民國日報》上曾登載有一則題為〈新疆客商爭看《國家至上》〉的短訊:「昨日為甘肅青年劇社公演《國家至上》名劇的第二日,各界前往參觀者,絡繹不絕。最可寶貴者,為大批新疆旅蘭客商昨日全體前往參觀,並爭購九元席票。」[176] 民國時期,蘭州是接通新疆、中亞、俄羅斯等地通往內地的商貿集中地,因此當時聚居著大量來自新疆的商人。報導者在此特別提及「大批新疆旅蘭商客」,大概顯示他們並非普通一般的回漢商人,而是具有較高識別度的新疆維、哈等族穆斯林群體。另外在民國時期,「新疆人」或「新疆的商人」大概與現在的含義稍有不同,在當時一般多指來自新疆的少數民族群體。「九元席」應該是此劇在蘭州公演時最高或較高的座席等級,從他們「爭購」的行為中,也可以看出他們對此劇

---

[176] 〈新疆客商爭看《國家至上》〉,《甘肅民國日報》,1940年9月5日,第3版。

的喜愛。之所以會如此，最有可能的解釋是《國家至上》這部回民抗戰題材話劇，也在這一部分人群中間激發了熱烈的情感反響。

第四，《國家至上》對拉近光復後的台灣與祖國、台灣本省人和外省人之間的感情起到積極作用。作為一部抗戰話劇，《國家至上》在1945年抗戰勝利之後並未被完全擱置和停演，相反，它還繼續在中國各地（包括已經解放了的淪陷區各地）被排演。這其中，它在1947年跨越海峽被引介到從日本殖民統治下光復的台灣省（具體為台南市）進行上演。頗有意味的一點是，主題為宣傳回漢團結主題的一部抗戰話劇在光復後的台灣演出時卻被賦予了另一重意義：拉近台灣本省人與外省人的感情、拉近台灣與祖國大陸的感情。

《國家至上》在台灣的首次演出是在1947年元旦由台南省立民眾教育館主持、具體由館內實驗劇團排演的，莊鏡賢導演。此後還在這一年的元月17、18兩日由同一劇團為募集台南地震救濟金公演過一次。這兩次都是以「國語」的方式演出。除此，可能由於「國語」在當時的台灣還未普及，當年5月8、9兩日，此劇又以「台語」的方式由春秋劇社另外排演過一次。[177]民眾教育館制度的設立是為在光復後的台灣推進民眾教育和基層社會改造。這一制度不是在台灣單獨設立的，而是當時的一個全國性的普遍制度。1932年2月，國民政府教育部頒布了《民眾教育館暫行規程》，規定各省、直轄市及縣市應成立民眾教育館，為各地實施社會教育的中心。台灣光復

---

177 〈《國家至上》以台語演出〉，《中華日報》，1947年5月6日，第3版。

後,這一制度也在台灣全境開始普及實施。根據1946年1月制定的《台灣省立民眾教育館章程》,民眾教育館的智慧為「實施各種社會教育事業,並輔導本區各縣(市)社會教育之發展」。其內部諸多部門中就包括有藝術部,此部的主要業務就包含戲劇教育的內容,負責組織戲劇表演團隊、介紹劇本和排演戲劇等。台南市民眾教育館幾次公演《國家至上》應該就是這一制度要求下的一項社會教育內容。

在中國新文學以來產生的眾多話劇作品中,台南市當地的文化教育工作者之所以選擇《國家至上》,一方面可能與這部劇在當時國內所獲的巨大聲譽和良好口碑有關,另一方面,更重要的是與當時台灣社會所面臨的各種矛盾和衝突有關,而此劇因其團結主題可能被賦予了極高的緩和這些矛盾和衝突的文化指望。當時台南當地報紙《中華日報》的副刊《海風》曾經刊出過一期「《國家至上》演出特輯」,其中一篇署名「李懷紅」的文章,就具體說明了當時台灣社會的這種狀況:

> 《國家至上》這次搬上台灣的舞台來演出,是有著深切的意義的,在目前溝通本外省人感情的融洽是一件刻不容緩的工作。事實上在本省光復初期,為了語言上的隔閡,以及一部分不法官吏的貪汙行為,因而引起台胞的反感,這些不良的影響是在建國過程中潛存著一個危機,為了這,我們演出《國家至上》。我們以抗戰初期回漢的不協調的癥結,與劇作者明確的指示合作團結,才能發揮更大的力量的道理,把抗戰史實中政治鬥爭最艱巨最悲壯的一頁,在舞台上再現,使台胞認識祖國的偉大,與民族性的倔強,以及粉碎法西斯匪徒及其走狗們的挑撥離間的陰謀。

因為我們站在教育崗位上,我們得把若干人不正確的見解予以糾正,讓《國家至上》作為溝通本外省人感情的橋樑,使台胞對祖國加深認識,讓大家共同來揭露黑暗與頌贊光明,我們獻演《國家至上》,其意義是重大的。[178]

這一認識並不單獨,幾日之後發表的一位觀眾看完《國家至上》公演後所寫的評論也指出相似問題:

在抗戰勝利後的今天,為要把國家從新建設起來,復興民族,須和衷共濟地攜手走向建設的新生的大道,提出「民族團結」仍有其重大的意義,尤其在光復後的台灣……台南民眾教育館選取《國家至上》公演,可說是一件最有意義的工作,它給予我們的教育是:大家有什麼事情過不去呢?為了國家第一,我們必須容忍,諒解,團結![179]

在溝通和連接台灣各界、台灣與祖國之間感情的過程中,此劇中的回民題材不僅沒有成為某種障礙,相反它卻被當作是一種相通的東西,和觀眾之間沒有形成任何隔膜。比如,當時報紙上登載的一篇文章,就認為「該劇內容雖然系描寫戰時北方的民間情形,然而劇中人的個性、義氣、勇敢、剛直,除了金四把一角之外,大部分均與閩南語系的民眾極為接近或類似。」「該團選擇《國家至上》在本省演出,在演出的效果

---

178 李懷紅:〈關於《國家至上》的演出〉,《中華日報‧海風》第119期,1947年1月17日,第4版。
179 楊斯:〈《國家至上》觀後〉,《中華日報‧海風》第123期,1947年1月22日,第4版。

上,以及觀眾的胃口上,均屬適合而且有益。」[180] 河北的回漢團結抗戰故事在寶島台灣仍能引起親切共鳴,這無疑從側面說明此劇本身所具有的跨宗教、跨族群、跨地域的文藝和思想價值,它所承載的團結主題是普遍的。

這部話劇被引介到台南演出時,正好處在整個台灣話劇運動的興起時期,而它實際上成為「話劇在本省南部大規模演出的開端」。[181] 所以,當時的台灣話劇工作者和倡導者也大多抱有籍此劇的演出,能夠推動台灣話劇運動發展和興盛的希望:「我們熱誠盼望本省話劇運動會繼此次演出(指《國家至上》公演——引者)而掀起『風起雲湧』的最高浪潮,亦望這種浪潮會於本省推行國語國文方面有所貢獻,有所成就,同時並望本市民教館及所有愛好戲劇藝術人員繼續努力!」[182]

第五節　中國穆斯林的文藝「抗戰之聲」

作為中華民族之成員,中國各族穆斯林在抗戰時期為抵抗日本侵略做出過重大犧牲和貢獻,這已無需贅言。與對穆斯林抗戰實踐的豐厚研究相比,學術界對穆斯林抗戰文藝的梳理和考察則略顯冷清。事實上,中國穆斯林在抗戰時期不僅為保家衛國而拋頭顱灑熱血,同時各地的穆斯林作家也在文藝和文化實踐中積極進行抗戰書寫和動員。

180　林家楠:〈展開台灣的新生劇運——並介紹台南實驗劇團的演出〉,《中華日報・海風》第119期,1947年1月17日,第4版。
181　同上。
182　子路:〈《國家至上》及其演出〉,《中華日報・海風》第107期,1947年1月4日,第4版。

事實上，在1937年全面抗戰以前，中國穆斯林就已開始抗戰文藝的書寫實踐。比如，1932年上海「一・二八」事變後，《穆士林》雜誌就曾登載過一首中國穆斯林所寫的詩《壯哉！我十九路軍！》。詩中不僅對抵抗日軍進犯的國民黨十九路軍予以讚揚，同時也呼籲全體中國穆斯林奮起抗敵：「穆民們奮起來吧！／前進！前進！／願為十九路軍之後盾！」[183] 待「七七」事變爆發後，中國穆斯林的這種抗戰文藝書寫就變得更為普遍。

在「愛國愛教」的思想觀念下，全面抗戰時期中國穆斯林保家衛國的意識十分強烈。因此他們的文藝「抗戰之聲」一方面是這種愛國意識的體現，另一方面也有對本宗教和本族群進行抗戰動員的用意。事實上，抗戰時期對國內穆斯林的抗戰文化動員不僅有非穆斯林知識分子參與，同時伊斯蘭內部的知識分子在此過程中其實扮演了更為重要的角色。因此，對穆斯林的抗戰文化動員是由伊斯蘭教內外各族知識分子共同合作進行的。在對自身「五千萬」人口數量的估算和想像中，中國穆斯林認為自身在整個抗戰中應該責無旁貸地發揮重要作用，甚至有的文藝書寫還呈現出穆斯林應該成為中國抗戰力量的先鋒隊伍。比如，1939年成達師範學校學生馬宣道創作的一首新詩〈獻給抗戰中的回教鐵騎軍〉就灼灼反映出這種情感思想：

你們，愛國愛教的男兒，
你們嘗著一切艱難困苦，
本著堅強的抗敵意識，

---

[183] 仲省：〈壯哉！我十九路軍！〉，《穆士林》第8-9期，1932年。

在最高領袖領導之下，
站在一條陣線上，
參加神聖的抗戰！

你們，是大中華復興的先鋒，
你們要效法你們祖先的尚武精神，
持久的毅力，
用你們好騎善射的本領，
驅除那群盜於東海之外，
來復興我們的祖國與宗教！[184]

詩中「大中華復興的先鋒」一句意在說明中國穆斯林在整個中國抗戰事業中的重要位置。這種對自我歷史位置的理解直接與 20 世紀以來中國穆斯林國家意識的增強存在緊密關聯。正是在這種強烈的國家意識面前，抗戰建國作為一種使命和責任就成為彼時中國穆斯林思想觀念中的自然前提。但是在自我動員的過程中，中國穆斯林知識分子和非穆斯林知識分子對伊斯蘭的動員手法幾乎相同，都是從伊斯蘭精神以及穆聖精神出發來進行文化動員。馬宣道的這首詩中也有如此表述：「你們，穆聖的忠實信徒，／你們要仿效你們的聖人，／在興教戰爭中，那種英勇的鬥志，／你們要把握著穆聖的遺訓——去和那些無恥的敵人拼命！」[185]

---

[184] 宣道：〈獻給抗戰中的回教鐵騎軍〉，《突崛》第 6 卷第 1-2 期，1939 年。

[185] 同上。

在對本宗教和本族群進行抗戰文化動員的過程中，五千萬人口數量經常被中國穆斯林用來作為突顯自身重要政治地位的依據。比如《回教青年》雜誌上的一首詩以「中華穆斯林，/鐵騎五千萬」來作為開篇，並且其詩歌題目也是以「鐵騎五千萬」來命名。[186] 這裡所說的「五千萬」主要指在 20 世紀前半葉流行於中國伊斯蘭教內外對於中國穆斯林人口數量的估算，此數字幾乎占中國當時總人口數量四萬萬的八分之一。事實上，此說法完全高估了彼時中國穆斯林真實人口數量。但這一高估背後反映出中國穆斯林在 20 世紀前半葉的中國社會想要確立自身政治地位，確保自身合法權益，以及積極參與整個國家政治事務的深層心態。這在抗戰時期中國穆斯林的抗戰實踐和抗戰文藝書寫中均有清晰體現。

在中國穆斯林文藝「抗戰之聲」的系譜中，除前文已有論述的馬宗融外，詩人沙蕾是另一位處於中心位置的文藝者。沙蕾，原名沙鳳騫，1912 年出生，江蘇宜興人，是 20 世紀前半葉最早在文壇成名的回民詩人。1932 年，他從上海文化書院法律系畢業，次年即在上海的開明書店出版個人詩集《心跳進行曲》，時年僅二十一歲。1937 年，他在《文學》雜誌第八卷第五期上刊載的〈午夜〉、〈死囚曲〉兩首詩，被刊物主編王統照評價為「用極自然的短句、流利的寫法表達出深沉的情緒」[187]。由此可見，在全面抗戰之前沙蕾就已是一位在主流文藝界具有一定寫作成績且小有名氣的回民詩人。

---

186 野牧：〈鐵騎五千萬──獻給西北勁旅〉，《回教青年》第 4 卷第 4-5 期，1942 年，

187 王統照：〈編後記〉，《文學》第 8 卷第 5 期，1937 年 5 月 1 日，第 866 頁。

1938年2月25日,由沙蕾主編的半月刊《回教大眾》正式在全面抗戰時期的武漢創刊(後遷重慶)。在〈發刊的意義〉一文中,沙蕾具體闡述了在戰時大後方創立此刊的目的和意義:

> 在這個全面抗戰,也就是全民抗戰的今日的中國,無疑地每一階級的人民和每一宗教信徒都應直接或間接地負起抗戰的責任。我們是中國的回教信徒,同時也是中國的國民,於教義的昭示和衛國的職責上,當然對於這個神聖的使命應當從容地承擔起來。現在,我們回教同胞中的高級指揮長官已在後方運籌決策,在最前線馳驅指揮了,許多上、中、下級官長或在浴血抗戰,或在極度興奮中枕戈待命,其餘努力從事抗戰工作的回教同胞是難於計數。但我們要使得更廣大的回教大眾都踴躍動員,讓他們在這個偉大的時代中獻身民族,同時喚起世界回教大眾對我的同情和援助,所以我們準備辦一個回教刊物大聲呼號……[188]

從此刊的創立地點以及創刊號上所載前三篇文章的作者分別是白崇禧、孫繩武和馬鴻逵來看,《回教大眾》的創刊很大程度上受到中國穆斯林政治上層人士和當時「回協」的支援。從沙蕾的上述說法可知,該刊與彼時很多穆斯林報刊同樣也是以抗戰動員宣傳為主要目的。由於《回教大眾》主編沙蕾的詩人背景,此刊的特色在於其文藝氣息較之其他同時期的穆斯林

---

188 沙蕾:〈發刊的意義〉,《回教大眾》創刊號,1938年2月25日,第1頁。

刊物要濃厚不少。在該刊發表的文藝作品中，沙蕾本人的創作占據著其中的重要部分，他以本名或筆名在該刊發表了眾多優秀的抗戰文藝作品。

除此之外，沙蕾在這一時期借助此刊同時也發表了多篇抗戰動員宣傳的文章，如〈起來，中國的回教大眾們〉、〈答一個回教智識青年〉、〈保衛西北與協和回漢〉、〈愛國與愛教〉、〈回教青年到西北去〉等，這些文章均十分鮮明地體現出他的或者說彼時中國穆斯林內部整體的抗戰理念，即中國穆斯林應發揚愛國精神去參加到保家衛國的抗戰事業之中。除此之外，他的另一重創作重心就是抗戰詩篇的寫作，僅僅在刊物的創刊號上他就發表了三首抗戰詩，分別為〈呼號〉、〈在火藥味中，我們誕生了！〉、〈祭——獻給抗戰陣亡將士們〉。此後，他還在該刊的其他期次相繼發表了諸如〈瞧著吧，到底誰使誰曲膝？！〉、〈別再在暗處飲泣〉、〈我們沒有悲哀〉、〈我們要熱烘烘地去死〉等抗戰詩篇。這些作品借助刊物《回教大眾》的散播和傳閱在當時大後方中國穆斯林中間產生出廣泛和深刻的影響。

儘管這些抗戰詩均發表在《回教大眾》上，但沙蕾卻似乎不只是面向穆斯林寫作，而且也是從更廣闊的總體中國的視角出發來書寫。比如從〈在火藥味中，我們誕生了！〉一詩中，讀者根本看不到這是專門針對穆斯林而寫，它似乎是一篇朝向全體中國人民而書寫的抗戰文藝作品：

在火藥味中，我們誕生了！
我們將怯懦和自私交給昨日；
於是，東方的馴羊，

第一次震動獅的嗓子！

於是，我們遙望東北的雲天，
情緒裡不再泛出惆悵；
在槍、炮、刺刀之前，
我們的回答也是刺刀、炮和槍！

我們不再有多的夢想，
我們的行程也只有一個方向；
我們要將洶湧的血、奔騰的生命，
注射於垂斃的家邦！

忍住陣陣的劇痛啊，
別讓我們的意志下沉！
在彌天的炮火中，
一個獨立、自由的民族在誕生！[189]

此詩結尾「一個獨立、自由的民族在誕生！」一句，與全面抗戰時期穆旦在〈讚美〉一詩中所寫的「一個民族已經起來」[190]，幾乎都是在身處同等的歷史條件下與秉持同樣的家國之愛而寫出的。在〈祭——獻給抗戰陣亡將士們〉一詩中，沙蕾這種寫作面向體現的更為明顯。這首詩的敬獻對象不光是

---

189 蕾：〈在火藥味中，我們誕生了！〉，《回教大眾》創刊號，1938年2月25日，第3-4頁。
190 穆旦：〈讚美〉，《穆旦詩文集》（增訂版）第1冊，北京：人民文學出版社，2018年第3版，第68-70頁。

穆斯林陣亡將士，而是獻給所有為祖國奮戰的「抗戰陣亡將士們」，這一立足點也明確說明沙蕾的寫作是從中國的整體視野出發。詩的結尾也表明了此點：

> 我們要聯合工、農、商、學大眾，
> 跨過你們的屍身前進，
> 我們終也要來的，
> 不過我們略後，你們略先！
>
> 在清流環伏的樂園中，
> 讓我們互慰辛勞；
> 當我方最後的凱歌揚起，
> 我們再一同歡呼、舞蹈。[191]

沙蕾在此詩末尾還為「在清流環伏的樂園中」一句作注釋，其中說：「凡為正義戰而殉命的，真主為預備清流環伏的樂園，使之久居。見《古蘭經》第九章第八十九節。」[192]因此，這裡的「樂園」是一個伊斯蘭的後世概念，意義等同於漢文中的「天堂」概念，它與「地獄」概念相對應。但在沙蕾的詩中，這個「樂園」儼然是超宗教的，其不僅僅只容納穆斯林，似乎凡是在抗戰中為國捐軀的一切烈士（無論其信仰如何）都可以進入其中享受靈魂的安慰。因此，儘管其使用的是

---

191 蕾：〈祭──獻給抗戰陣亡將士們〉，《回教大眾》創刊號，1938年2月25日，第5-6頁。
192 同上，第6頁。

伊斯蘭意義上的後世「樂園」，但是它卻可以接納在抗戰中犧牲的非穆斯林烈士。這種理解背後儼然存在著一種超越具體宗教的人類普遍性的思想觀念。在此，穆斯林和非穆斯林已經沒有分別和差異，宗教或族群的差別在正義的抗日戰爭中已被保家衛國的共同行動和願景所取代。

沙蕾的抗戰詩瀰漫著一股濃厚的犧牲精神，伴隨這種與敵人決一死戰的熱烈情緒，詩歌的政治抒情能力也就愈加強烈。比如〈我們要熱烘烘地去死〉就是這種精神和情緒的代表性作品：

> 死啊，我們要熱烘烘地去死！
> 為正義，為國家，也連帶為自己。
> ……
> 每一寸國土是我們的墳墓，
> 任何處所也是我們的塋地！
> 我們要熱烘烘地去死，
> 以炮彈作葬歌！碧血作奠祭！[193]

沙蕾抗戰詩歌中的這種愛國熱情不單單是他個人的，同時也代表著彼時中國伊斯蘭和穆斯林群體對於抗戰的總體情緒和態度。通過此系列抗戰詩篇的寫作，沙蕾無疑為彼時中國穆斯林抗戰文藝的譜系增添了更為充實的內容。事實上，借助《回教大眾》這本雜誌，沙蕾在自身創作的同時，也積極組稿和發

---

[193] 沙蕾：〈我們要熱烘烘地去死〉，《回教大眾》第3期，1938年3月25日，第38-39頁。

表其他人的抗戰文藝作品，這使得該刊成為彼時抗戰文藝色彩最為濃厚的穆斯林報刊之一。因此，沙蕾及其文藝實踐和所辦刊物可作為抗戰時期中華民族團結合作的典型事件來看待，其文藝和思想遺產值得關注和借鑒。

從1931年「九一八」事變爆發到1945年抗日戰爭獲得全面勝利，中國穆斯林在這十四年的歷史時期不僅直接參與到抗戰行動中，同時與中國社會之間的關係也經受更變和重塑。在此歷史流動中，中國伊斯蘭和穆斯林民眾的國家意識不僅得到普遍性的空前提升，同時他們在現代中國文藝和思想中的表述面貌也發生深刻改變。正因如此，文藝和文化從來都並非自然而然形成，而是複雜歷史互動形塑的結果。從全面抗戰時期中國文藝中的伊斯蘭表述，我們可以清楚看到文藝如何深刻地與政治、觀念和社會其他因素交纏共生，文藝的形態和內容也是在這種歷史交纏共生中產生出來的，而後它又反過來重新塑造著自身和這些社會因素。文藝並非抽離於歷史情境而單獨自處，恰恰相反，它與具體時代的各種問題緊密勾連。當我們將文藝作為問題來看待的話，一切既定的理解和方法都是可以重思的。我們不一定繼續局限在「回族文學」或「伊斯蘭文學」的框架內看待這段現代中國文藝的經過，而是需要尋找超越這些範式的學術新路徑，或至少對之要有警醒和反思。因此，本章在梳理和考察全面抗戰時期中國文藝中的伊斯蘭表述歷史時，也是試圖超越以往文學研究的舊範式，而從表述問題入手，揭示出此文藝實踐的形態、原因以及反映出的現代中國社會變遷的歷史肌理。

伴隨1930至1940年代中國各族知識分子赴西北考察和

旅行，通過實地探查、觀看和交流，他們對於以往印象中的伊斯蘭和穆斯林人群有了更為清晰和深入的認識。在此時期大量相關的西北遊記中，伊斯蘭和穆斯林群體已逐漸蛻去神秘和陌生的外衣，而儼然變為可以交往交流交融和團結合作的「中華民族」之成員。中國文藝和思想對於伊斯蘭的敘述在此時期也已發生重大變動，伊斯蘭不再是遙遠的他者，穆斯林也不再被敘述成「非我族類」的人群，而是變成不論從生活風俗還是文化精神方面均成為能夠理解並值得尊重的群體。真實的伊斯蘭和穆斯林人群在這些表述中被重新「發現」的背後，是整個中國內外時勢的變遷和文化思想氛圍的更替。「九一八」事變後，邊疆區域及在其上世居的各族穆斯林人群成為彼時中國社會中最為直接的思想和學術問題。重新理解和認識作為「跨體系社會」的中國就成為當時中國各族知識分子思考的首要問題。實際上，在赴西北等邊疆地區的考察和旅行過程中，內地知識分子在接觸邊疆少數族群的同時也日益加深對何為「中國」的問題的理解。因此，這種理解邊疆和少數族群的過程也為理解者重新理解自身提供出思想和知識的契機。「中國」的真正含義和內容，正是在這種互相了解以及相互流動過程中才顯現出來，而不會在多數對少數的單向交融進程中呈現。儘管中國不同族群、宗教和地域間的互動交往是現代中國社會的歷史趨勢，但來自外部的日本帝國主義侵略以及中國各族民眾共同反侵略運動無疑為此提供出特殊的歷史條件，中國社會正是在這種內外歷史力量的交匯碰撞中不斷流動、重塑和變遷。

及至全面抗戰時期，中國社會各體系間的互動交流進入更為深層和頻密的歷史階段。在文藝實踐領域，現代中國的伊斯蘭書寫譜系在此時期發生較大程度變化。邊疆及伊斯蘭成為中

國知識分子首要面對的思想和文藝問題。在團結抗敵的時代要求下,諸多非穆斯林知識分子開始將筆觸投向此前作為中國社會中「熟悉的陌生人」的伊斯蘭和穆斯林人群,此種表述趨勢促使不少有關伊斯蘭和穆斯林題材的文藝作品在華夏大地誕生。文藝成為方法和症候,這些作品反映出中國伊斯蘭歷史位置的深刻變遷,同時它們也反過來促使這種變遷的發生和發展。這些文藝表述的緣由、形態、內容和影響等都無不折射伊斯蘭與現代中國社會間的複雜關係及其流動。通過歷史性的考察,我們發現這些表述中儘管存在各類令人遺憾的偏見和誤解,但同時也能看見這些表述背後嶄新進步的思想觀念也在逐漸湧現,其中包含著中國社會再造更新的可能性面向。本書對此時段現代中國文藝中伊斯蘭表述實踐的追溯和回望,也正要揭示此種進步面向的具體歷時形態及其對當下中國社會的意義。時空的倒轉也另這些文藝表述成為值得重溫的思想和精神遺產。尤其在保守性聲音泛起之時,這些遺產中所蘊藏的進步性面向彷彿在我們理解現代中國社會歷史變遷的過程中顯得更為重要。

第三章
新「下西洋」：現代中國穆斯林的印度洋 - 伊斯蘭世界遊記

第一節　流動的歷史與心靈：中國、印度洋與伊斯蘭

　　從全球史的視野看，地處歐亞大陸東端的中國通過「海上絲綢之路」與印度洋區域從古至今一直都在經貿、文化、政治等方面存在緊密而繁盛的交互往來。中國正是在這種互動關係中不斷塑造自身，其本身所具備的多重構造或跨體系性一方面是這種交互歷史的表徵和遺產，另一方面也是積極參與或促成新的交互關係的條件和動因。與較為常見的以國別、民族和具有明確邊界的地域為中心的敘述方式不同，全球史敘述揭示出跨越上述各個界別要素的流動性和交換性活動的普遍存在及其深刻塑造力。在考察中國與印度洋 - 伊斯蘭世界的互動交往關係中，這種理論方法和思考視野顯得尤為必要。

　　歷史上中國與印度洋世界的交流往來始終絡繹不絕，自穆聖於阿拉伯半島創興伊斯蘭以來也並沒有中斷，仍在持續且更為頻密。從唐、宋、元及之後各代不斷有域外穆斯林因各種歷史原因從北非、西亞、中亞、南亞等地到中國訪遊或定居，到

明代航海家鄭和率船隊七次下西洋訪問印度洋 - 伊斯蘭世界，再到清代後期海禁大開以後中國穆斯林前往印度洋 - 伊斯蘭世界訪學、考察、朝覲等，這種交互流動的歷史活動一直綿延不斷。進入 20 世紀，由於中國社會的深刻革變、國內穆斯林新文化的興起、世界海運技術的發展、沿路交通的暢通、世界人口流動增加等因素，包括回民在內的中國各族穆斯林開始較歷史以往更大批次地前往印度洋 - 伊斯蘭世界進行考察、朝覲、留學和宣傳抗日等遊歷活動。他們的遊歷活動在延續鄭和傳統的同時，又呈現出不同以往的新內容、新形式和新特點。其中重要的一點是，此時期中國穆斯林到印度洋 - 伊斯蘭世界遊歷的過程中，由這部分人撰寫的相關遊記作品開始大量出現。這些遊記作品不僅是中國有關這些地區較早的國別和區域研究一手文獻，同時也成為 20 世紀前半葉中國穆斯林和中國人關於海外伊斯蘭世界文學書寫的重要內容。這無疑為現代中國文學開闢出一塊獨特而重要的書寫疆域。但在中國的學術界，由於諸多原因導致這些由中國穆斯林撰寫的印度洋 - 伊斯蘭世界遊記一直未得到認真搜集、整理和研究，始終隱於歷史地表之下。隨著中國在 2013 年提出「一帶一路」倡議以來，這些作品中的部分開始被再版面世並得到人們的重新關注和研究，[1]但整體仍缺少系統和全面的梳理和考察。

儘管 20 世紀前半葉中國穆斯林有豐富的印度洋 - 伊斯蘭世界的遊記書寫，但這並不意味著此前中國穆斯林在赴此區域

---

1 華文出版社的「絲路文庫」叢書近些年出版過其中的一些重要遊記作品，如龐士謙的《埃及九年》、納忠的《征程：從昆明到開羅》、趙振武的《西行日記》等。但這些僅是現代中國穆斯林所寫印度洋 - 伊斯蘭世界遊記的一部分而已，該叢書並未完整呈現其全貌。

的過程中就沒有撰寫過相關遊記作品。早在明代以「通事」和「教諭」的職位身分隨鄭和下西洋的浙江會稽（今紹興）籍穆斯林馬歡就曾撰寫有《瀛涯勝覽》一書，其中對沿途各國和各地域的人文、地理、風土、物產等方面均有詳盡描述，成為記錄鄭和下西洋的早期文獻中最重要的一部。此後在1840年代的晚清，雲南籍回民學者馬德新曾經由海路赴麥加朝覲並遊歷了開羅、亞歷山大、伊斯坦布爾、塞浦路斯、耶路撒冷等地，在此過程中，他以阿拉伯文撰寫有一部相關遊記作品《朝覲途記》，這本遊記後由馬德新的弟子馬安禮於1861年譯成漢文並在昆明刻板問世。此遊記不僅記述了沿途及西亞、北非等伊斯蘭世界各地的人文風俗，同時也對經由東南亞到印度洋、紅海的海路交通有生動描述。但總體來說，此前這些中國穆斯林赴海外伊斯蘭世界的遊記書寫一方面在文本數量上較為稀少，不如20世紀以來的這麼豐富，另一方面這些文本所反映出的國家觀念、族群和宗教意識及其背後的歷史語境等均與20世紀前半葉的同類遊記存在差異。這種差異不僅反映出中國內外時勢條件的劇烈變遷，同時也體現出中國伊斯蘭和穆斯林人群在近現代以來所發生的自我革變的程度之深。

在新的歷史情勢下，現代中國穆斯林知識分子普遍受到教內外多重新文化運動的影響，經受「經、漢」並重思想的教育和薰陶，大多具備較高的漢語白話或文言的寫作能力。同時，伴隨伊斯蘭和穆斯林在中國新的民主政治空間中地位的改變，使得他們已不必再如晚清馬德新那樣用阿拉伯文進行遊記書寫，而是可以用同樣嫻熟的漢文來寫作。這種書寫策略或方法的改變，一方面與他們所處的政治環境改變與自身的漢文書寫能力提高有關，另一方面，可能也與當時他們在新的文化運動

中新的自我定位和書寫朝向有關，因為漢文遊記不僅可以在穆斯林人群內部流傳，同時也向伊斯蘭以外的人們開放，這無疑可以增進教外人群對伊斯蘭的認知和了解。

從目前所見最早馬履安、王靜齋等人在 1920 年代的遊記書寫到 1949 年為止，中國穆斯林有關海外伊斯蘭世界的遊記書寫在整個 20 世紀前半葉呈現出蓬勃、豐富和多樣的面貌。這些遊記作品不僅是中國文學中的重要構成部分，同時也為人們重新認識當時中國與印度洋-伊斯蘭地區的國際關係、中國以及世界伊斯蘭發展狀況、中國穆斯林當時的國家意識和宗教觀念等等問題提供了珍貴的一手文獻。這些遊記作品數量眾多，其中被集結為單本刊印的就包括馬履安的《天方紀程》（文言文，1924 年）、金再之和王少泉合著的《朝覲紀略》（文言文，清真書報社 1932 年）、趙振武的《西行日記》（白話文，成達師範出版部 1933 年）、林興智的《到埃及去》（白話文，中國回教書局 1937 年）、唐易塵的《麥加巡禮記》（白話文，震宗報出版部 1943 年）、中國回教近東訪問團編的《中國回教近東訪問團日記》（白話文，中國文化服務社 1943 年）、龐士謙的《埃及九年》（白話文，月華文化服務社 1951 年）以及納忠的《征程——從昆明到開羅》（白話文，華文出版社 2017 年）等等。此外，還有大量相關遊記作品連載或零散刊載於各類報刊上，其中比較重要的有王靜齋的《土耳其旅行記》和《巡禮遊記》、納訓的《行雲流水——從滇南到開羅》、馬松亭的《二次旅埃日記》等等。另外，還有一些遊記類作品在此前很長一段時間內都從未公開發表或出版，比如馬堅的留埃日記直到 2019 年商務印書館出版《馬堅著譯文集》時才首次面世。

這些出自中國穆斯林之手的遊記文本不僅描寫了他們赴海外伊斯蘭世界的經過以及所見所聞，同時也體現著他們當時對國家、宗教、族群、文化等等方面的思考和認識。在從太平洋西岸到印度洋的地理空間轉移中，作為一個長時期在跨區域、跨文明、跨語言流動關係中塑造的人群，中國穆斯林在伊斯蘭世界行旅時到底如何書寫異域與自我？他們的宗教觀念、國家意識和身分思考具有怎樣的形態和特點？通過遊記這種文體的書寫，呈現出他們當時怎樣的心靈與精神世界？以及這些遊記作品所反映出的中國伊斯蘭和穆斯林人群在 20 世紀前半葉的歷史處境具有何種變遷？諸如此類的問題將是本章經由對這些遊記作品的解讀和分析所要試圖予以探究的。

第二節　現代中國阿訇的印度洋遊歷：以 1920 年代的王靜齋為例

在近現代中國內憂外患的時局下，大批中國的有志之士開始走出國門去海外遊歷和考察以尋求救亡圖存的方法和道路。我們一般對此時代中國人赴日本、西歐、北美、蘇俄等所謂「先進」國家和地區的行旅歷史較為熟識，但卻對此時期中國人赴全球其他國家和地區，尤其是「第三世界」考察的歷史經過了解不多，這也就造成我們無法深入理解現代中國社會的形塑經過與全球歷史聯繫的複雜與多面。比如，在 20 世紀前半葉，有一部分中國人並沒有追逐時代潮流赴所謂「先進」國家和地區去尋求救治中國的方法，他們轉而沿鄭和走過的海路去同處於反帝反殖和現代富強運動中的印度洋 - 伊斯蘭世界考察和遊歷。這部分人中包括眾多中國穆斯林，尤其是一些具

有新知識、新思想、新觀念和新做派的阿訇。伴隨中國社會的整體變遷以及中國穆斯林新文化運動的興起，那些同處社會和宗教變革浪潮中的印度洋-伊斯蘭世界中的國家和地區，就成為這些來自中國的新阿訇在新的歷史條件下「開眼看世界」的重要目的地。儘管在他們出海考察的緣由中也包括完成朝覲功課這種私人性的宗教目的，但卻非常不同於一般朝覲者行程僅僅是往返於中國和麥加兩點。（從歷史經驗來看，即便是一般穆斯林單純的朝覲行動當中也包含著豐富和複雜的內容。）這部分中國新阿訇在出國考察和遊歷的同時，特別注重前往如埃及、土耳其等較早經歷現代化思潮的海外穆斯林國家和地區進行考察、訪問、求學和交流。此類活動儘管在 20 世紀以前也曾零星存在，比如晚清雲南回民阿訇馬德新就曾遊歷和考察過麥加以外的很多海外伊斯蘭世界的重要城鎮，這在他所撰的遊記《朝覲途記》中有詳細記述。但在進入 20 世紀以後的新的歷史時期，中國阿訇出海考察活動尤其形成一股明顯的風潮，而且在此過程中，他們考察訪問的目的性要更為明確和強烈，而且視野和範圍也更為開闊。他們不僅考察印度洋-伊斯蘭世界各國的宗教問題，也會對這些國家和地區的社會、教育、實業、族群關係等方面的狀況進行了解。

光緒三十二年（1906 年）九月，北京牛街禮拜寺的王浩然阿訇攜弟子馬德寶赴埃及、土耳其等地考察實業、宗教和教育等狀況，於翌年歸國。這是 20 世紀中國新阿訇赴海外伊斯蘭世界考察的較早活動。在考察期間，王浩然曾受到當時奧斯曼帝國的蘇丹阿卜杜勒‧哈米德二世（II. Abdülhamid，1842-1918 年在世，1876-1909 年在位）的接見，當後者得知王浩然為「東方學者」後，曾「優禮有加，贈經書千餘卷，多為東土

所無」。[2] 奧斯曼帝國蘇丹贈給王浩然的這些經籍書卷均被後者帶回中國，成為彼時中國與奧斯曼帝國、海外伊斯蘭世界文化交流活動的明確見證，同時也為中國伊斯蘭的自身變革和振興提供了重要的域外思想資源。這與中國本土伊斯蘭傳統思想有機結合，共同推動了中國伊斯蘭在現代歷史時期的革新和蛻變。有鑑於當時國內伊斯蘭教門人才匱乏、知識陳陋、學術荒廢，王浩然還曾邀請兩位奧斯曼帝國的伊斯蘭學者哈夫蘇·哈三和阿里·雷抓同返中國，請他們「傳習《古蘭》讀法，絕學因之復明」。[3] 歸國之後，王浩然積極倡導和推行國內穆斯林社會的新文化運動，同時也大力提倡穆斯林群體的實業和生計發展，當時的《正宗愛國報》對此進行過如下報導：

> 清真教長王浩然君，前赴各國調查實業。現在自己拿出一百銀子來，預備教席，約請九城各阿衡，及各寺院首事人，於二十六日（舊曆）齊赴牛街開會演說，宣講國家時勢之艱難，詳解優勝劣敗之原因，志在提倡工藝，安插窮人。（見1907年7月5日《正宗愛國報》）

> 昨日清真教各阿衡，在牛街禮拜寺舉行團拜，回民到者約有數百人。清真宦途人，也皆前往參觀。由王浩然君演說遊歷外洋之情形，並勸各回民上進自強，心裡長勁，與各教結團體，共擔國民的責任，設立學堂，開辦工廠，安插

2　尹伯清：〈王浩然阿衡傳〉，《中國伊斯蘭教史參考資料選編（1911-1949）》（上冊），李興華、馮今源編，銀川：寧夏人民出版社，1985年，第609頁。
3　同上，第609-610頁。

窮人，聽之令人落淚！（見 1907 年 7 月 7 日《正宗愛國報》）[4]

顯然，王浩然阿訇於 20 世紀初在海外伊斯蘭世界的考察不僅是宗教意義上的，同時包含了實業、社會、教育等維度。因此，當他返回祖國後，不僅推行中國伊斯蘭的宗教改革，同時也對中國穆斯林的實業和教育的發展均有大力引導和推動，促使中國伊斯蘭和穆斯林人群能夠「與各教結團體，共擔國民的責任」。他的這種變革要求和舉措實際上是從整體中國和中華民族救亡圖存的視野出發思考和實踐的。正因如此，王浩然也成為 20 世紀最早在教內和教外均具有重要地位和顯赫聲望的新阿訇的代表，也是中國穆斯林新文化運動中的標誌性人物之一。

在王浩然之後，中國的穆斯林開始不斷前往海外伊斯蘭世界進行考察，這其中就包括現代中國歷史上另一位重要阿訇王靜齋。1915 年，彼時在北京以東「三河大廠鎮」（今河北省廊坊市大廠回族自治縣）擔任掌教阿訇的王靜齋，因為在當地穆斯林中間提倡「禁止重利盤剝」的思想觀念，觸及個別放高利貸者的既得利益，引發糾紛，最後不得已辭任回到家鄉天津。在天津家中閒居的半年時間中，他開始萌發要去海外伊斯蘭世界考察、遊學的想法，但最終因為旅費不足並且缺乏他人資助而放棄。他在 1937 年發表於《禹貢》「回教專號」上的重要文章〈五十年求學自述〉中記述：「閒居半載，靜極思

---

[4] 轉引自張巨齡：〈20 世紀初中國回族伊斯蘭研究述補及評〉，《綠苑鉤沉：張巨齡回族史論選》，北京：民族出版社，2001 年，第 60 頁。

動，欲赴海外求學，藉觀世界回教大勢，但有志無力。思維再四，乃赴開封訪友，希其代籌川資。詎徒勞往返，未得一錢，因以自動打消出國之企望。」[5]1919 年，也是在從一處教職上「自退」閒居家中期間，其「出國求學之念復起，僅帶川資三十元赴滬」。之所以帶如此少的旅費上路，據王靜齋記述，是因為他「嘗閱《東方雜誌》，欲效『無錢旅行家』故事，作海外長途之冒險。」不過，理想與現實之間的落差，使得這一次最終「因護照未領，路費過少，依然徒勞，折回天津。」[6]直到 1922 年，在自身有所積蓄外，又得到太原馬君圖、南京馬榕軒、甘肅馬幹三、天津楊小廷等各地同教賢達的資助和支持，由此在旅費條件允許的情況下，王靜齋最終攜門生馬宏道正式踏上出海「西遊」的旅程。

關於此次遊歷的具體出發日期，王靜齋在旅行歸國後不久所寫的〈土耳其旅行記〉中記述為「中華民國十一年，陰曆五月初六日」[7]，即 1922 年 6 月 1 日，由天津出發。不過，他在此後 1937 年發表的〈五十年求學自述〉中所記此次出遊的離津日期則為「民十一年三月間」[8]。這兩個日期的年份是相同的，應確鑿無疑，但月份卻相差 2 個月左右。後者在時間上已相隔很久，存在誤記的可能性較大，因此前者的準確度應該更

5　王靜齋：〈五十年求學自述〉，《禹貢》第 7 卷第 4 期「回教專號」，1937 年 4 月 16 日，第 109 頁。
6　同上，第 110 頁。
7　王靜齋：〈土耳其旅行記〉，《穆聲報》第 3 號，1925 年 1 月 9 日，第 3 版。
8　王靜齋：〈五十年求學自述〉，《禹貢》第 7 卷第 4 期「回教專號」，1937 年 4 月 16 日，第 111 頁。

高。他們由天津西站乘火車沿津浦鐵路（天津至南京浦口）南下，中途在徐州停留一日，之後仍乘火車抵達南京，再乘車到上海，1922年6月19日由上海乘輪船南下開始海路旅程。王靜齋、馬宏道師生二人的行程路線大致如下：

> 1922年6月1日，乘火車從天津出發。
>
> 1922年6月2日，抵徐州。6月3日早上，乘火車從徐州出發。
>
> 1922年6月3日下午，抵南京。6月5日，乘火車從南京出發。
>
> 1922年6月6日，抵上海。6月19日，乘輪船從上海出發。
>
> 1922年6月27日，抵汕頭。
>
> 1922年6月28日，抵香港。6月30日，從香港出發。
>
> 1922年7月6日，抵新加坡。7月20日，從新加坡出發。
>
> 1922年7月21日，抵麻六甲。
>
> 1922年7月22日，抵檳榔嶼。
>
> 1922年7月26日，抵印度金奈。7月28日，乘火車從金奈出發。
>
> 1922年7月29日，抵孟買。1923年1月20日，乘輪船從孟買出發。
>
> 1923年2月4日，抵埃及塞得港。
>
> 1923年2月5日，乘火車抵開羅。7月2日，乘火車從開羅出發。
>
> 1923年7月2日，抵蘇伊士市。7月5日，乘輪船從蘇伊士市出發。
>
> 1923年7月9日，抵沙特阿拉伯吉達港。7月15日，乘

騾自吉達出發。

1923 年 7 月 16 日，抵麥加。

在抵達麥加完成朝覲功課後，王靜齋又回到埃及，並且此後又曾前往土耳其各地訪問和考察。之後便由海路歸國。由於這部分遊記內容以《巡禮遊記》為總題於 1927 至 1929 年間分期連載於王靜齋自己所主辦的《伊光》雜誌第三至第二十三期上，而此時段內的《伊光》雜誌目前國內已很難搜集和查閱，因此，本文也就很難詳細交待其海外考察的後半段的行程內容。儘管如此，其前半段的考察行程以〈土耳其旅行記〉為題發表在《穆聲報》上，足可反映王靜齋在海外伊斯蘭世界考察的內容，因此，本書的探討也將以這部分遊記為重心。

作為現代中國伊斯蘭中具有革新思想的學者型新阿訇的代表，王靜齋出國遊歷的首要目的就是對印度洋 - 伊斯蘭國家和地區的伊斯蘭狀況和社會現實進行考察。這一考察目的實際上與彼時正在國內大力開展的中國穆斯林新文化運動和中國社會的整體變革存有直接的關聯。正是有鑒於中國伊斯蘭教和穆斯林群體自身變革的參照和交流需要，以及中國自鄭和之後對印度洋 - 伊斯蘭世界的知識極為匱乏，再加之其本人朝覲和求學的個人目的，赴印度洋 - 伊斯蘭世界遊歷和考察的志願和計畫才逐漸在王靜齋的思想中萌發。經過此前兩次未能成行的失敗經歷，1922 年，王靜齋終於排除萬難，在資金、時間、交通等條件具備的情況下出海考察。

在〈五十年求學自述〉一文中，王靜齋十分明確地交待了此次出海考察背後救國興教的深層初衷和緣由：

積有百餘元,仍想作長途之旅行。居恆查閱世界地圖,考問西國路程,旁觀者多以我為癡人說夢、想入非非。我則意志堅絕,不達目的不止。其所以必欲出國一遊者,意在擴充眼界,增廣見聞。至於麥加朝覲,尚不敢企望。余雖不敏,而生平最恥於應具之知識落後,當為之善功有缺。以餘所學,充一隅之阿衡,敢稱綽綽有餘,而以言得登大雅堂奧,則相去太遠。勢須海外一遊,庶可取長補短。余靜坐常思,以今昔全中國阿衡之知識不足以代表西方學子,以中國教胞之行為不足以彰顯伊斯蘭整個教義。我必須遠涉重洋,一觀西方我教實況,異日歸來,為教努力,推廣教育,方有益宗教與國家。[9]

由以上表述可明顯看到,相較於朝覲而言,求知、增長見聞以及歸國後為祖國和國內伊斯蘭的革新發展積極貢獻力量才是王靜齋此次出海遊歷和考察的首要目的。並非只是王靜齋個人如此,當時在其前後出海考察的中國穆斯林有志之士大多都秉持這種思想初衷。王靜齋的上述表達基本上可以代表20世紀前半葉赴海外伊斯蘭世界考察的中國穆斯林知識分子的心聲。他說:「吾人生於二十世紀,交通便利之秋,非具遠大之眼光,不能照世界萬事之興革。」[10]

正是秉持此種遊歷目的,從東南亞、南亞、西亞到北非,王靜齋對途經國家和地區的伊斯蘭狀況均有專門而細緻的考

9　王靜齋:〈五十年求學自述〉,《禹貢》第7卷第4期「回教專號」,1937年4月16日,第110頁。
10　王靜齋:〈土耳其旅行記〉,《穆聲報》第3號,1925年1月9日,第3版。

察、記述和評論。實際上，這一工作在其出海前途經中國各地時就已開始，比如他在上海居留期間就曾對當地的清真寺及穆斯林所辦的學校有所考察和記述。在海外遊歷期間，王靜齋停留時間較長或詳細訪問的地區主要有四個，分別為印度孟買、埃及開羅、沙特阿拉伯麥加、土耳其的伊斯坦布爾和安卡拉，因此，他對海外伊斯蘭世界的考察也就集中在這四個地方。王靜齋此次出國遊歷的主要目的有三個，即考察、求學和朝覲。在考察的對象中，既包括彼時世界其他地區的伊斯蘭教現狀，也包括所經國家和地區的地理、氣候、交通、商業、工業、文化、司法、宗教、教育、風俗、歷史、政治處境以及他們對殖民主義的反抗和獨立運動等各方面，實際上王靜齋的遊歷考察和遊記書寫已經具有早期國別和區域研究的性質。

　　印度孟買其實並非王靜齋最初計畫訪問的地區，他原本只是將其作為旅途中的一個中轉站，並未計畫做長時間停留，不過他在孟買遇見一位在當地生活多年的非穆斯林華人同胞「金某」，出於信任將旅費全數交予後者保管，最後竟受騙無法索回，致使他們師生二人在孟買受困停留達半年之久：「余到孟買，原無意多住，奈何所寄存之川資，屢討不付，孰意竟延至半年之久，始克啟程。此半年中，所受之困苦，筆難述盡，乃生平所遇最大之折磨也。」[11] 因此，他在遊記中提醒以後前來的人們不要重蹈他的覆轍。在滯留當地的半年中，王靜齋又重新向國內籌措旅費才得以繼續西遊。不過正是這半年時間，使他得以對孟買乃至印度的各個方面有比較深入的考察和研究。

11　王靜齋：〈土耳其旅行記〉，《穆聲報》第19號，1925年5月1日，第3版。

對印度的伊斯蘭教和其他宗教狀況的考察是其中一個重要內容。

王靜齋認為伊斯蘭教在創興後便開始在印度流傳並逐漸趨於繁盛，不過這一狀況在歐洲殖民者到來後發生改變：「自歐人之勢力漸漸侵入之後，則回教之勢力日見衰落」。儘管如此，據他觀察，當時「印度回教人於履行回教道理頗具熱心」，在他居留的孟買，約有一百一十四所清真寺，其中「最大者為住麻兒寺，工程巨集麗可觀，非我遠東禮拜寺可與倫比。登高瞭望，全埠景況歷歷可辨。」[12] 與此同時，王靜齋也注意到在印度多宗教社會中穆斯林與其他宗教信徒之間時常出現矛盾，而且他認為英國殖民者的統治政策加劇了這種宗教間的矛盾和衝突，他記述當地有這樣一則事例：在開齋節時穆斯林中的「好事者就借題與教外人尋釁，自以為因此致亡者即為殉教之士，死後可享天堂之樂」。他批評這種做法是「愚者之造作，經上實無是說，近來人民知識大開，此類惡俗業已消滅殆盡」。[13] 這也就是說，王靜齋對海外伊斯蘭社會中的各種弊病和問題也有清醒認識和直接批評，而這背後無疑是與中國伊斯蘭及其文化革新運動相比較而言的。在當時的王靜齋心中，處在新文化運動中的中國伊斯蘭和穆斯林社會基本上不存在印度穆斯林社會的這種弊病和問題。

王靜齋在印度期間，對處於大英帝國殖民統治下的印度獨立運動有細緻觀察，他對印度人民的獨立運動持積極支持的態度。他也察覺到彼時印度人對日本的態度十分恭維，有日本浪

12　王靜齋：〈土耳其旅行記〉，《穆聲報》第 28 號，1925 年 7 月 3 日，第 4 版。

13　王靜齋：〈土耳其旅行記〉，《穆聲報》第 30 號，1925 年 7 月 17 日，第 4 版。

人冒充穆斯林在印度活動，也得到印度穆斯林的信任。而印度人對中國人卻態度不好，因為他們怨恨中國人自辛亥革命之後開始互相殘殺，而沒有立志圖強與歐洲殖民者對抗。與此對照，印度對日本的恭維態度就是因為他們看到日本有對抗歐洲殖民者的能力和希望。然而，日本表面自詡為亞洲的「解放者」，其實質卻是對亞洲的侵略和殖民，日本的這種真實面目，早已被王靜齋等中國穆斯林看穿，也被包括印度在內的亞洲各國人民逐漸識破。

在印度洋-伊斯蘭世界遊歷和考察過程中，王靜齋對國內以往的遊記書寫予以反思，他認為此前國內遊記大多在沒有對當地社會有深入考察的基礎上而輕率做出褒貶，因此他說：「作長途之旅行者，於所經之處，欲知其國家、社會、宗教、實業、工藝、軍事之出產等真相，必須有根本切實考究，而後可下一斷語。不如此，若僅以觀其表面，或借他人之傳聞，率意批評，則必為識者所竊笑。以余觀於以往遊歷家之筆記，多不免貶譽太過之弊，此誠文學家之通病也。」[14] 而王靜齋本人的遊記確實如其本人所說一樣，對海外伊斯蘭世界的表述均建立在深入和細緻的訪問、交流以及切實考察的基礎上。對於印度、埃及等地的經濟和社會的落後，王靜齋明確指出這是英國殖民主義和帝國主義的壓迫所造成的。與此同時，他也希望中國能夠富強以擺脫和推翻殖民主義和帝國主義壓迫和剝削的命運。也因此，他對於海外伊斯蘭世界各地新的民族主義政治力量的崛起持積極支持的態度，因為從這些新的力量中，王靜齋

---

14 王靜齋：〈土耳其旅行記〉，《穆聲報》第42號，1925年10月9日，第4版。

看到了亞非各國革新和圖強的希望。王靜齋在1920年代於印度洋-伊斯蘭世界的遊歷並不單純是一位中國阿訇赴海外進行的宗教考察，同時也應被視為一位具有憂患意識的中國穆斯林為尋求中國社會富強變革之路而赴海外考察的一個縮影。

第三節 「到埃及去」：1930-1940年代中國穆斯林的留埃遊記

在20世紀前半葉中國人赴海外留學的浪潮中，除大多數人赴美國、歐洲、日本和蘇聯等所謂發達或先進國家和地區以外，位於兩洋（大西洋、印度洋）三洲（亞、非、歐）交界地帶且彼時仍處於殖民主義霸權陰影中的埃及，同樣也是一部分中國人前去求知的目的地。這部分中國人主要都是由中國的回、維等各族穆斯林構成。他們在埃及的留學活動是彼時中國人赴海外留學大潮的重要組成部分。然而，中國學界和社會大眾對這部分史實卻關注不多。

中國穆斯林之所以將埃及作為留學目的地，是因為埃及開羅自西元10世紀以來一直都是伊斯蘭教的學術和文化中心之一。而開羅此種地位的奠定，很大程度上仰賴於其城內具有千年歷史的伊斯蘭著名學府愛資哈爾大學。該校初創於西元10世紀晚期，當時正處於以伊斯蘭教什葉派為國教的法蒂瑪王朝（909-1171年，中國史籍稱之為「綠衣大食」）統治埃及的時期，因此該校在早期一直都是什葉派的學術中心。此後建立的阿尤布王朝（1171-1341年）以伊斯蘭教遜尼派為正統，該校也由此發生轉變，被確立為遜尼派的學術和教育中心，這使該校的發展進入新的階段並產生更為廣泛的影響，吸引世界各

地的穆斯林求學者前來學習和交流。此後,隨著另外兩大伊斯蘭教學術和文化中心城市巴格達和科爾多瓦相繼分別被蒙古人和西班牙人的軍隊攻陷和摧毀,部分伊斯蘭教文人和學者來到開羅和「愛大」,其中心地位便得到更大凸顯和提升。正如中國著名穆斯林學者龐士謙所說:「回教的學術中心,古代是在報達(即巴格達——引者)與安德羅斯(即安達盧斯——引者)。報達、安德羅斯衰敗後,學校中心就移到埃及和中亞來了。」[15] 在以後歷次政權更迭和歷史變革的進程中,「愛大」的此種中心地位都沒有發生較大變動,並且其學術和文化的流脈一直延續至今。「愛大」不僅是伊斯蘭教最早和最高等級的學府之一,同時也是世界上最古老的大學之一。

正是由於擁有此種顯赫地位和獨特性質,「愛大」成為歷代中國穆斯林教門領域的知識分子出國訪問和求學深造的首選目的地。在 20 世紀以前,有文獻可考的最早赴「愛大」訪問的中國穆斯林為清代著名的雲南籍回民學者馬德新。根據其在《朝覲途記》一書中的記述,他於清道光二十四年(1844年)經海路赴麥加完成朝覲功課後曾到達開羅,對「愛大」進行過訪問。[16] 此後,中國穆斯林一直都有零散赴「愛大」訪問和求學的個人性活動。進入 20 世紀,由於中國穆斯林新文化運動的興起和開展,中國伊斯蘭教中具有革新思想的阿訇和知識分子開始有計劃和有目的地赴埃及、土耳其、印度等伊斯蘭教地區進行訪問、考察和遊學,其中「愛大」是他們的重要

15　龐士謙:〈回民教育與留埃學生〉,《回協》創刊號,1947 年 3 月,第 7 頁。

16　(清)馬德新著、(清)馬安禮譯、納國昌注釋:《朝覲途記》,銀川:寧夏人民出版社,1988 年,第 33 頁。

目的地之一。根據龐士謙在〈回民教育與留埃學生〉一文中的梳理，在20世紀初期以私人方式赴「愛大」訪問和遊學的人員包括如下諸位：「中國人到埃及去求學，而有史可考的，則首推馬復初巴巴（即馬德新——引者），後來有王浩然、馬德寶、哈德成、周子賓、趙映祥、興安馬、王靜齋、馬宏道等，先後蒞埃，雖為時久暫不一，要皆以求學為其志願。」[17]

這種零散的個人性訪問和求學的階段到了1930年代便發生根本改變。伴隨中國社會的整體變革和中國穆斯林新文化運動的深化推進，中國穆斯林的經學教育亟需新鮮的知識、寬廣的視野和優秀的人才。於是從1930年代起，中國穆斯林開始以團體形式向埃及和「愛大」有組織地派遣留學生。這項團體留埃活動在最初階段能夠得以順利促成，一位阿富汗人曾經在其中發揮過積極作用。

1930年，現代阿富汗著名學者、旅行家大章・穆罕默德罕經由越南進入雲南境內旅行，其在昆明時與當地穆斯林有較為密切的來往和交流：「自己此次，道經海防，本來是想先到廣州一行，後來聽得說，雲南方面的同教有俱進會的設立，十分注重教育，並且還辦得有很好的學校，故特別轉道赴滇，一瞻盛況，到了昆明以後，住在南城寺裡，每日參觀裡面的明德中學，見其規模很好，辦理有法，很適合於現代潮流，覺得和自己在外面所聞的，有過而無不及。」[18] 他在昆明寄住的南城

17　龐士謙：〈回民教育與留埃學生〉，《回協》創刊號，1947年3月，第7頁。

18　〈阿富汗學者大章・默罕默德罕先生講演詞〉，沙儒誠口譯、納忠筆記，《雲南清真鐸報》第19期，1930年8月（實際出版時間為1931年4月），第13頁。

清真寺裡不僅有明德中學,同時也是當時「雲南回教俱進會」的駐地。因此,這使得大章‧穆罕默德罕在昆明每日可以有機會與雲南穆斯林有比較充分的交流。關於大章‧穆罕默德罕其人,目前所知信息不多,僅有的關於他生平的記載來自1930年8月出版的《雲南清真鐸報》第19期上登載的一篇關於他在雲南旅行的報導,其中如此介紹:「大章‧穆罕默德罕先生阿富汗國人,天資絕聰穎,少時曾受入西人所辦學校肄業,淵通學術。長商於非洲,深諳其地風俗人情。旋以折本,乃漫遊全球,藉觀各國之隆替及伊斯蘭之現勢。我國滬、漢亦印其足跡,以是除本國文外,尚通英、阿、波、印、非洲、馬來等語文。」[19] 穆斯林歷史上有悠久繁盛的旅行傳統,其中不乏著名的世界旅行家,如伊本‧白圖泰、伊本‧祖拜爾、蘇萊曼等等,大章‧穆罕默德罕也是此傳統中的一位現代穆斯林旅行家,而到中國遊歷只是他「全球漫遊」過程中的一站。他之所以特別要到雲南訪遊,是因為其時雲南穆斯林社會團體的組建和教育事業的蓬勃發展對他產生極大興趣。事實上,當他看到明德中學「規模很好,辦理有法」的氣象後,對後者進一步的發展提出了他的建議,此建議就是希望明德中學選送優秀學子赴埃及的愛資哈爾大學留學深造。而其這一建議與彼時雲南當地穆斯林師生更高的求學要求形成共鳴。

在昆明期間,大章‧穆罕默德罕曾在當年的聖紀節(即伊斯蘭教曆的3月12日,西曆1930年8月7日)受邀在明德

---

19 翔真:〈書大章‧穆罕默德罕先生游滇事〉,《雲南清真鐸報》第19期,1930年8月(實際出版時間為1931年4月),第17頁。關於引文中所說「英、阿、波、印、非洲、馬來等語文」,此篇報導的作者在文末注釋為「即英吉利、阿拉伯、波斯、印度、非洲、馬來」。

中學做過一次題為「現代伊斯蘭之宗教與教育」的講演,他在講演中高度評價明德中學的教育理念和方法,列出後者的五種優良之處:一、學生的阿拉伯語文程度已大有根底;二、除宗教教育外,注重數、理、史、地等科學教育;三、注重體育、德育的培養;四、學校秩序有條不紊;五、教職員的學識和能力好,而且熱心;[20] 在此之後,他分別介紹了自己遊歷過的伊斯蘭世界中各個國家和地區如土耳其、埃及、印度、波斯、阿富汗、爪哇、馬來半島的教育狀況和學校,在此過程中,他在介紹埃及和「愛大」時提出希望明德中學派遣學生前赴該校留學的建議:

> 埃及——歷來都十分注重教育,開羅有一個很著名的大學,名亞士哈(即愛資哈爾——引者),此校歷史悠久,規模宏大,學生達萬人,是世界回教教育的中心,所出人才,非常的多;自己很希望貴校將來,遣送優秀學子,到那裡去留學,想彼邦定樂於贊助的。[21]

事實上,大章·穆罕默德罕不僅向明德中學師生推薦「愛大」,而且在兩者正式聯絡和接洽的過程中充當過重要的溝通角色。正是得益於他的推薦和介紹,使得中國穆斯林以團體形式赴埃留學最終能夠較為順利地實現。當他 1930 年在雲南遊歷結束後,曾經受託專門向「愛大」校方致函,將雲南回教俱

---

20 〈阿富汗學者大章·默罕默德罕先生講演詞〉,沙儒誠口譯、納忠筆記,《雲南清真鐸報》第 19 期,1930 年 8 月(實際出版時間為 1931 年 4 月),第 13-14 頁。
21 同上,第 14 頁。

進會與明德中學的情況向前者作陳述和推介,並希望「愛大」能夠在留學事務上與明德中學達成合作。當「愛大」校長收到此函後便於當年的 12 月 25 日用阿、英兩種文字給雲南穆斯林方面寫了復函。雲南回教俱進會於次年初收到這份復函,由彼時雲南青年穆斯林學者、翻譯家馬元卿將其從阿文譯為漢文,以〈埃及愛資哈爾大學來函譯文〉為題發表在《雲南清真鐸報》第 21、22 期合刊上。「愛大」校長開篇即交待了其收到大章‧穆罕默德罕去函的經過:

> 中國雲南回教俱進會文牘先生台前,敬啟者,曾因短期旅行住居貴地之大章‧默罕默德罕君寄來一函,知諸公請彼代表回教俱進會,表明諸公頗喜與世界其他回教團體相聯絡,並派送留學生至回教大學,大章君要求鄙人將關於此事之各種情形,詳細告知諸公,並寄上阿文與英文之初級書籍數冊。
> ……
> 諸公所決定派送至回教大學之留學生,鄙人提議,即以愛資哈爾大學為其趨向之目的地,蓋此校乃欲精研阿拉伯文及回教教義者,最良之源泉也。[22]

從此復函可見,「愛大」校方對來自中國的穆斯林前往該校留學是持熱情歡迎和同意接受的態度。而且從此後的實際留

22　〈埃及愛資哈爾大學來函譯文〉,元卿譯,《雲南清真鐸報》第 21、22 期合刊,1930 年 10-11 月(實際出版時間為 1931 年 5-6 月),第 23 頁。

學經歷來看，埃及國王對此也給予了重要的資助和支援。由此復函開始，中、埃之間在留學事務上有了直接的聯繫和合作，中國穆斯林自此也正式開始以團體的形式向埃及和「愛大」派遣留學生。

在接到「愛大」復函後，具體由明德中學即負責著手擬定選派留埃學生的規章制度和考選辦法，並將其提交給雲南回教俱進會審核，在得到後者批准後，該校很快便發布報考公告，並於1931年10月21日舉行考試。此次考試的報考者僅限於明德中學本校的學生。《考選學生資格》條例具體列出四項考選條件：「一、本校學生以具有阿文、國文、英文、算術、史地、博物相當成績為合格，阿文需《者略》以上能直譯其意者，國文須清順通達者；二、本校學生須具品行端正、有堅決毅力者；三、本校學生須得家庭同意簽字認可者；四、本校學生能除送去旅費外，不能累及學校者。以上各條由校內組織職員考核，確實能全具有者為當選。」[23] 根據當時明德中學的文牘主任兼國文教員馬慕青所寫〈考送留埃學生之經過〉一文的記述，該校當時對此次考試極其重視：「除由教職員負責監場外，復函請支部長及各處社長蒞臨監視，以昭慎重。」[24] 在嚴格的報考條件和考試方法的篩選下，最終擇優錄取納忠為唯一的公費生。此外，又選取張有成[25]、林仲明以及此前從明德中

---

23 馬慕青：〈考送留埃學生之經過〉，《雲南清真鐸報》第27、28期合刊「留埃學生專號」，1932年1-2月，第8頁。
24 同上，第7頁。
25 張有成（1912-1987），回族，字子仁，原名王成芳，雲南硯山縣人，生於貧苦家庭，幼年父母雙亡，由祖父撫養，自幼接受中國伊斯蘭教經堂教育，曾在雲南開遠大莊清真寺王家鵬阿訇賬下讀經，1922年穿

學畢業後進入上海伊斯蘭師範學校學習且已剛剛畢業的馬堅一共三人為自費生。他們四人由當時明德學校中學部修學指導主任兼英文教員並擔任此次首屆留埃學生指導員的沙國珍[26]帶領

衣掛幛（獲得阿訇資格）。次年入藏，轉赴西北陝、甘、青求學，投師著名阿訇、中國伊斯蘭教伊赫瓦尼教派創始者馬萬福，勤學五年後返回雲南，在沙甸清真寺擔任掌教阿訇。1931年在白亮誠資助下，加入首屆留埃學生團赴埃求學。1939年獲學士學位，同年參加中國回教朝覲團赴麥加朝覲，監視日偽華北朝覲團，散發《告世界回教教胞書》。1940年學成歸國，受聘為沙甸養正學校校長兼阿拉伯文、教義學等課程教師。1950年，養正學校停辦，改任清真寺阿訇。1961至1965年間擔任沙甸大清真寺掌教阿訇，「文革」中被打成「反動宗教權威」，遭受迫害。「沙甸事件」中曾向各級政府反映實情。其建國後擔任的社會職務包括雲南紅河州人民代表、紅河州政協副主席、雲南省政協常委、雲南省伊斯蘭教協會名譽會長、中國伊斯蘭教協會第四屆委員等職。1987年歸真。見馬博忠、納家瑞：〈民國留埃回族學生生平事略〉，《歷程：民國留埃回族學生派遣史研究》，馬博忠、納家瑞、李建工，銀川：寧夏人民出版社，2011年，第16-17頁。

26　沙國珍（1884-1970），回族，字儒誠，經名穆罕默德‧伊布拉欣，祖籍雲南大理，生於昆明。其父沙來延曾往返於香港、緬甸等英屬殖民地經商，英語口語較好，受父親影響，沙國珍自幼開始學習英語和阿拉伯語。1903年考入香港聖保羅英語專科學校（又稱聖保羅書院），1906年畢業後在父親商隊服務多年，後擔任滇西五縣回教俱進支會會長。1918年受聘為雲南省立第四師範學校英語教師，1929年開始擔任雲南明德中學訓育主任兼英語教師。1931年，47歲的沙國珍辭去多項職務，自籌經費護送首屆留埃學生團赴埃。在埃期間，曾於1933年赴麥加朝覲，之後向愛資哈爾大學最高委員會提出申請成立「中國留學生部」，獲批准，其本人擔任部長。此後，沙國珍考入開羅的美國大學攻讀教育學碩士，1938年夏畢業獲碩士學位後歸國。1940年春被聘為雲南大學阿拉伯文和伊斯蘭文化講座教授，同年以國民政府視察員身分赴緬甸考察，撰有〈視察訪問緬甸報告書〉（發表於《中國回教救國協會會報》第3卷第10期），此後擔任過明德中

和護送於 1931 年 11 月 9 日正式從雲南踏上西遊求學的征程。

從第二屆開始，經「愛大」批准，中國留埃學生的範圍從昆明的明德中學擴展到北平的成達師範學校和上海伊斯蘭師範學校。1932 年，成達師範學校創建者之一、該校總務主任兼教員馬松亭阿訇率領由 5 名成達師範學校畢業生組成的第二屆中國留埃學生團赴埃及留學。其中包括 4 名公派生，分別為韓宏魁、馬金鵬、王世明、金殿桂，以及 1 名自費生張秉鐸。除此之外，該校教師並兼任《月華》雜誌主編的趙振武也隨此團同行赴埃。1934 年，由明德中學畢業生納訓、馬俊武、林興華 3 人組成第三屆中國留埃學生團。同年 5 月，上海伊斯蘭師範學校選送金子常、定中明、胡恩鈞、林興智、馬有連 5 人組成第四屆中國留埃學生團。此年，在印度求學兼工作的湖南回族留學生海維諒抵達開羅進入「愛大」學習，其單獨成為第五屆中國留埃學生。1936 年，馬松亭阿訇受成達師範學校派遣第二次前往埃及，專門向「愛大」校方接洽派送留學生的事宜。當時剛剛登基的埃及新國王法魯克一世不僅應允此事，並且出資供給二十名中國留學生的費用，而學生的考選和保送事宜則由成達師範學校具體負責。關於此屆留埃學生團成員的確定，成達校方本來計畫於 1937 年 6 月上旬和 7 月中旬組織兩次考試各選取十名，一次專門面向本校學生，另一次則面向校

學校長等職。新中國成立後，更名為沙又新，1950 年出席雲南省第一屆各界人民代表大會，任主席團成員。1951 年被聘為雲南文史研究館館員，1970 年在昆明歸真，終年 86 歲。見馬博忠、納家瑞：〈民國留埃回族學生生平事略〉，《歷程：民國留埃回族學生派遣史研究》，馬博忠、納家瑞、李建工，銀川：寧夏人民出版社，2011 年，第 10-11 頁。

外學生。[27] 但期間因受「七七」事變後中、日之間全面戰爭爆發的影響，只舉行了第一次考試，而第二次考試未能順利舉行，最終只以挑選的方式確定其餘十名成員。整個學生團正式形成之後有部分成員因為任職等原因最後未能成行，因此除龐士謙外，此屆留埃學生團最終成行的學生只有十五位，包括馬繼高、馬宏毅、張懷德、熊振宗、杜壽芝、高福爾、馬維芝、劉麟瑞、張文達、范好古、楊有漪、金茂荃、王世清、丁在欽、李鴻清。[28] 其中，杜壽芝和高福爾為維吾爾族，其餘皆為回族。1938 年 1 月 5 日，他們由團長龐士謙帶領從香港正式出海啟程，途中在印度加爾各答轉船，最終於同年 3 月 23 日抵達開羅。這是中國第六屆留埃學生團，因其受埃及國王法魯克一世資助，因此也被稱為「法魯克留埃學生團」。

除此之外，中國穆斯林在 20 世紀前半葉有向埃及派送更多留學生的計畫，包括擬派送女生赴埃留學，但這些計畫後來均被國民政府以各種理由予以駁回，因此最終遺憾未能成行。[29] 不過，上述以團體形式赴埃的三十多位中國穆斯林留學生相較於 20 世紀以前卻也在規模、影響和整體知識水準等方面具有不可比擬的歷史開創意義。這些留學生大多學成歸國，為中國伊斯蘭和穆斯林社會的革新發展做出過極大貢獻，同時也在新中國成立後為中國與清代及之後素來缺乏交往和認識的西亞、北非阿拉伯伊斯蘭世界的外交聯絡、文化交流和「第三

27　龐士謙：《埃及九年》，北京：月華文化服務社，1951 年，第 21 頁。
28　同上，第 25 頁。
29　具體經過見馬博忠：〈近現代中國留埃回族學生歷史簡述〉，《歷程：民國留埃回族學生派遣史研究》，馬博忠、納家瑞、李建工，銀川：寧夏人民出版社，2011 年，第 6-8 頁。

世界」友誼的建立發揮出重要力量。即便是那些留居台灣或海外的部分成員，也為漢語世界與阿拉伯語世界的人文互通貢獻出不可替代的橋樑作用。

在赴埃留學的過程中，這批在中國國內受到「經、漢」思想的薰陶並且在伊斯蘭新式學校接受過良好「國文」教育的中國回民求學者有很大一部分人均以漢文（尤其是白話文）寫有相關的遊記和日記作品。這些作品是20世紀前半葉中國穆斯林域外遊記文學的重要組成部分。在1930至1940年代中國穆斯林留學事業仍十分不發達的情況下，能夠本著興教救國的理想遠赴伊斯蘭世界的最高學府愛資哈爾大學求學，這在彼時這批留埃學生來說是極其難得的機遇。不論是留學人員本身還是相關派送學校均對此十分珍惜和重視。因此，以遊記的形式將留學過程中難得的所見所聞記錄下來，對於留埃學生來說就成為個人自覺的書寫行為。這些文字「雖然是一些私心的感受，一些微渺的情緒，一些有限的見聞，倒不失為真情流露的記敘」。[30] 正因飽含留埃學生的真情感受和切身見聞，因此這些遊記尤其具有極高的文學性價值。此外，這些書寫活動也飽含他們向國內親友和師長彙報他們留學生活狀況的深切用意。因為，這些遊記作品很多一經寫出就寄回中國，在當時國內的穆斯林報刊上發表，這無疑使身處國內的人們可以及時了解他們在海外留學的狀況。其中，部分國內的保送學校如明德學校還規定留埃學生以文字形式定時向國內彙報自身學習和生活狀況為一項必須的工作。該校《考取學生遵守規條》就明確規定「留學生每月須有文字一篇，寄登《鐸報》，藉以覘其學業

30　林興智：《到埃及去・序》，上海：中國回教書局，1937年，第1頁。

志向」。[31] 明德學校的校長楊文波在雲南回教俱進會和該校為首屆留埃學生舉辦的歡送會上發表演說時也希望他們「到那邊後，舉凡教育、教務、政治、風俗、人情，須源源報來，俾互通聲息。」[32] 儘管每人每月一篇文字的規定在實際情形中可能並未被嚴格遵行，但諸如此類來自國內師長、同學、親友的行諸文字或口頭的要求和囑咐對留埃學生的遊記和日記書寫應該起到過一定的促發作用。除上述這些因素外，當時國內絕大多數伊斯蘭教報刊和出版機構對留埃學生的相關遊記和通訊文字一般均積極刊發甚至主動約稿，這也從側面激勵此類作品不斷產生。比如納訓曾經提及他的留埃遊記〈行雲流水──從滇南到開羅〉之所以會在南京《晨熹》雜誌上發表，就是由於該雜誌社曾主動發函向留埃學生林興智「索稿」，而林興智轉而又約請同學納訓「把抽屜中不成樣的瑣記拿去發表」。[33] 另如留埃學生林興智也提及由其母校上海伊斯蘭師範學校主辦的《伊斯蘭學生雜誌》曾「來函約海外同學們寄稿子回去」[34]，此處所說的「稿子」就包括各類海外遊記文字。

在首屆赴埃留學的五位成員中，目前所見僅有納忠和馬堅分別寫有相關的遊記和日記。在他們五人赴埃後，《雲南清

---

31 馬慕青：〈考送留埃學生之經過〉，《雲南清真鐸報》第 27、28 期合刊「留埃學生專號」，1932 年 1-2 月，第 8 頁。
32 〈楊校長文波演說詞──於支部本校歡送會〉，學生納訓筆記，《雲南清真鐸報》第 27、28 期合刊「留埃學生專號」，1932 年 1-2 月，第 12 頁。
33 納鑒恆：〈行雲流水──從滇南到開羅〉，《晨熹》第 2 卷第 1 期，1936 年 1 月 15 日，第 28 頁。
34 林興智：《到埃及去·序》，上海：中國回教書局，1937 年，第 1 頁。

真鐸報》曾經在 1932 年 1-2 月專門出版過一次「留埃學生專號」（第 27、28 期合刊），其中「通信」欄目就最早登載了納忠在赴埃途中所寫總題為〈給校中同學信〉的三封來信，其中敘述了他在離國途中對祖國和親友的思念、對海外沿途人文風物的描述以及他關於國家和宗教的新理解等等。這應該是中國回民團體留埃時期最早發表的遊記文字。除此之外，1934 年 10 月在南寧創刊的《廣西回教》在創刊號上以 25 頁的篇幅首次全篇刊載了納忠在赴埃途中所寫 5 萬字左右的一篇遊記〈征程——從昆明到開羅〉，這是留埃遊記系列中較早的長篇作品之一。該刊主編陳煥文在此文開頭所寫的「編者附識」中具體介紹了納忠這篇遊記的寫作和發表經過：

> 〈征程〉一稿，係納子嘉君於民國二十年十一月由滇起程，經越、港而至埃及之旅途記載；納君素富情感，偶有所見，感慨係之，乃草於日記，而悲歡之狀，遂溢於文中；故是篇作遊記看可，作日記看亦無不可也。該稿原由納君指交廣州《穆民》月報發表，嗣因余來桂後，該報主筆乏人，暫行停頓；茲值本省教友囑編《廣西回教》一刊，謹將〈征程〉全稿付梓，以供國人；文內所載，多為國內教友所未觀，閱之，無異臥遊勝地；斯不獨本刊得藉光篇幅，而讀者亦必得觀先快也。[35]

在此次發表近 60 年後，這篇遊記的日記原稿又經作者納

35　納子嘉：〈征程——從昆明到開羅〉，《廣西回教》創刊號，1934 年 10 月，第 28 頁。

忠在個別字句上進行修改後以〈埃及九年〉為題重刊於《阿拉伯世界》1992年第3期和1993年第1期。在此文「前記」中，納忠交待這篇〈埃及九年〉是作為其晚年所寫「回憶錄」的一部分，不過，可能因為年代相隔久遠導致相關記憶淡薄，他在此文「前記」中完全沒有提及曾經在《廣西回教》上發表過的此遊記的另一早期版本〈征程——從昆明到開羅〉。[36] 並且，此文新版名稱與龐士謙的留埃遊記名稱重複，後者將在下文述及。

除納忠外，同期赴埃留學的馬堅也曾寫有相關的遊記和日記作品。1933年9月出刊的《雲南清真鐸報》第30期曾發表過馬堅署名為「惕若」的遊記〈留埃見聞錄〉，不過從內容來看，這次發表的僅僅只是此篇的前半部分，即「留埃前的一幕」，至於此後他真正身處埃及期間的見聞，由於該刊第31期目前在海內外仍杳無蹤影，因此也就無法讀到馬堅此篇遊記的後續部分，並且連它是否繼續連載過也未可知，因為至少在緊接的第32期上並沒有發現這篇遊記的蹤影。而由此期開始，該報便長時間陷於停頓，故而這篇遊記就更無繼續發表的機會。所幸，2019年由商務印書館出版的《馬堅著譯文集》在收錄此篇遊記時，「文集」編者根據已發表部分與未發表的馬堅筆記中相關內容，編輯整理出一個較為完整的新版本。[37] 1939年在開羅苦讀的馬堅，也參加了由中國回民留埃學生組成的「中國回教朝覲團」，在麥加朝覲期間，監視由唐易塵等

36　見納忠：〈埃及九年〉，《阿拉伯世界》第3期，1992年，第3頁。
37　見馬堅：《馬堅著譯文集》第9卷，北京：商務印書館，2019年，第207頁。

人所組成的日偽「華北朝覲團」的活動。馬堅專門寫過一篇題為〈中國回教朝覲團日記〉的遊記，對此事有過記述，並且署名「自適」將遊記寄回國內，發表於 1939 年 6 月 30 日出刊的《回民言論》（重慶版）第 1 卷第 12 期上。除此之外，《馬堅著譯文集》還以「留埃日記選」為題選收了馬堅在 1931 年 12 月 20 日至 1932 年 3 月 23 日期間的日記，記述了他留埃早期的見聞、生活和個人的思想動態等方面內容。這是馬堅留埃日記第一次公布於世，為人們了解彼時馬堅個人情況，以及整個中國回民留埃活動，又增添了一份一手文獻。

第 2 屆留埃的六位成員，基本上都沒有公開發表的遊記或日記作品。反倒是隨團護送的成達師範學校教員兼《月華》雜誌主編趙振武，卻在途中撰寫有 13 萬字左右的《西行日記》，由於其對此次赴埃旅程記述頗詳，因此本文也將其歸入留埃遊記系列之中。趙振武的這部遊記作品，最初是在 1933 年的《月華》雜誌上連載，並且很快便由成達師範學校出版部於 1933 年 8 月 31 日出版單行本，在社會上尤其是中國回民中間廣受歡迎和傳閱，產生了十分廣泛和重要的影響。此後前往海外伊斯蘭世界的中國回民，大部分都會參閱這部遊記，作為旅行前的預習和指導。比如 1939 年初從日據華北地區赴麥加朝覲的唐易塵，在其歸國後出版的遊記《麥加巡禮記》中，就曾詳細記述了其朝覲以前，曾經廢寢忘食地閱讀《西行日記》的經歷：「他們回來（指趙振武等人護送留埃學生並完成朝覲功課歸國——引者）之後，便發行了一本《西行日記》，那時我正在長春，由北京我特要了一本去，一連整整看了四天三夜，有時吃著飯、飲著茶，但是這本《西行日記》我絕不釋手。並且我看到麥加有蚊子，我就在另一個日記本上寫上，要

上麥加須帶蚊帳；看見太陽曬地，兩腳燙出泡來，我就寫上要帶布傘；看見他們說人熱得頭暈，我就寫上要帶萬金油、仁丹及各種藥品……」[38] 唐易塵的這種閱讀經歷可能在彼時出於各種目的將赴海外伊斯蘭世界而閱讀《西行日記》的中國回民中間大概是普遍存在的。

第 3 屆留埃學生團的 3 位成員中，只有納訓和馬俊武分別寫有相關的遊記作品。納訓所寫長篇遊記〈行雲流水——從滇南到開羅〉在 1936 年全年連載於國內伊斯蘭教刊物《晨熹》第 2 卷第 1 至 12 期上。馬俊武以字署名「馬興周」在《回民言論》（重慶版）第 1 卷第 12 期發表〈海外雜感〉，另在《回教論壇》第 3 卷第 8、9 兩期連載〈留埃散記〉。

第 4 屆留埃學生團的 5 位成員中，林興智寫有較多遊記作品。1935 年，上海的《伊斯蘭學生雜誌》第 1 卷第 4 期和第 5 期連載了他的留埃遊記〈到埃及來〉，不過雜誌上署名為「林興昌」，應該為誤排。其以字署名「林鳳梧」於 1935 至 1936 年間在《晨熹》斷續發表諸如〈尼祿片影〉、〈埃京的一抹〉、〈哈萊灣的風光〉、〈金字塔〉、〈埃及學生之愛國運動〉、〈埃及人的服飾〉、〈埃及的三部影片〉、〈埃及人之愛客〉等通訊類遊記。此外，同期成員金子常在《伊斯蘭學生雜誌》第 1 卷第 5 期上發表有〈埃及金字塔遊記〉等散篇遊記。

第 5 屆留埃學生海維諒儘管寫有大量介紹海外伊斯蘭世界的政治、宗教、歷史等方面文章，但卻並無個人遊記書寫。

第 6 屆留埃學生團人數較多，故而遊記書寫也較為可觀。

38　唐易塵：《麥加巡禮記》，北京：震宗報出版部，1943 年，第 3 頁。

其中，最重要的要數該團領隊龐士謙所撰《埃及九年》。這部遊記最初曾經以〈法魯克留埃學生團歸國日記〉為題只將其中一部分連載於《月華》雜誌。新中國成立後，面對整個國家「需要知道國內回族的情況和近鄰弱小國家的情況」[39]的時勢要求，此遊記被作者整理後於1951年由月華文化服務社出版。此後又分別於1988年和2018年被中國伊斯蘭教協會和華文出版社重新再版。此外，該屆留埃學生張懷德撰有〈出國日記〉並連載於《月華》雜誌。王世清所寫〈埃及回憶雜寫〉發表於《回協》創刊號。

中國回民在20世紀前半葉往返於中國與西亞、北非等伊斯蘭世界時大多採用以海路為主並輔以局部陸路的交通方式，在1930至1940年代赴埃留學的人群同樣也是採用這樣的交通路線和方式。他們沿途所經區域包括中國及其沿海、東南亞、南亞、印度洋、西亞、紅海、北非等地，這些地區和海洋在彼時大部分仍然處在英、法、日等殖民主義霸權的陰影下。因此，對沿途殖民主義勢力控制下的各個國家和地區及其社會狀況的觀察和描述就成為他們在遊記中書寫的重要內容。實際上，在從中國去往埃及的路上，他們不僅是沿途殖民地風景的旁觀者，同時也由於他們的中國人身分，成為殖民主義者蔑視、侮辱和壓迫的對象。在此過程中，除了親身體會到民族尊嚴被踐踏後的屈辱感外，強烈的反殖民主義思想與民族自尊感或國家意識也由此在他們的內心中得到激發和深化。

納忠的〈征程——從昆明到開羅〉對此有十分充分的體

39　龐士謙：《埃及九年・自序》，北京：月華文化服務社，1951年，第2頁。

現。由於他隨首屆中國留埃學生團是從雲南經越南,然後到香港乘船赴埃及,所以他對法國在雲南和越南的帝國主義侵略的記述尤為細緻。在該遊記的第 5 章〈法帝國主義者對雲南文化、經濟的侵略〉、第 6 章〈滇越車中法國人的威風〉和第 10 章〈法帝國主義者鐵蹄下的越南人〉均對此有集中而細緻的描寫。在途徑雲南東南部靠近中越邊界的蒙自,納忠對法國在當地的侵略有詳細記錄:

> 蒙自城在雲南占著很重要的地位,為滇南——迆南商業、文化的中心。前清光緒十三年,和法國訂《中法條約》之時,便開為商埠。法人最先跨足雲南之地,便是這裡。故僑居於此的法人很多,在此設有領事館、醫院、學校,尤其是洋行,布滿東關一帶。提起法人辦的學校,真令人切齒,他們外面打起「灌輸文化」、「提倡教育」的招牌,來欺騙國人,而實際卻實行其奴化政策,培植出一般忘卻祖國的忠順奴隸,預備為他們侵略的先鋒。雲南境內法人辦的學校很多,其中以中法學校為最著名,分設在昆明、蒙自、大理各地。[40]

納忠本人曾在昆明的中法學校讀過書,對其內部的壓迫體制和奴化教育早已有親身經歷:「他們表面上待遇學生似乎很好⋯⋯但內裡卻用壓迫的手段,來消磨學生的精神,奴化學生

---

[40] 納子嘉:〈征程——從昆明到開羅〉,《廣西回教》創刊號,1934 年 10 月,第 31 頁。

的思想。」[41] 因此，這種個人經驗可能使他很早就產生對法國殖民主義活動的抵觸情緒和批判態度。當其在昆明時，對那些受雇於法國殖民者的中國人尤其進行了犀利的批評：「作者此次出來，見一路上那些滇越路上法人雇用的同胞們兇殺惡極的面孔、婢顏奴膝的行為，不禁興無限的慨歎。啊！這便是中法學校製造出來的走狗！」[42]

此外，納忠在滇越火車上的所見所聞反映出當時殖民地人民在法國殖民者統治下的悲慘狀況：

> 說到滇越車中法人對華人所演的慘劇，言之真令人傷心。去年有一孕婦在車過陽宗海（位於昆明——引者）岸之時，被法人由車中踢下海去，登時斃命。不久之前，有一老者，也同樣被踢下身死。這兩幕慘劇，因為一是孕婦，一是老人，所以雲南無一人不知道。後來雖經黨部及各界通電反對，但結果法人仍然作威作福，小百姓依然常被踢死或毆傷，國未亡，先嘗亡國的滋味，可憐的中華民族！[43]

在對殖民主義惡行進行揭露和批判的過程中，其國家意識也得到了十分濃烈的彰顯。從使用「中華民族」一詞來看，他可能已經認同此概念的所指以及自身被包括在這一人群內的事實。在香港時，當他被法國人兇惡地叫著「阿羅！阿羅！支

41　納子嘉：〈征程——從昆明到開羅〉，《廣西回教》創刊號，1934年10月，第31頁。

42　同上。

43　同上，第32頁。

那！支那……」的時候，這種在屈辱中被深刻感知的國家感情就變得尤為深刻：「我好生不受用，細細咀嚼著他幾聲「支那，支那」的意味，就可知道他對於祖國是怎樣的蔑視了。唉！為什麼中國人到處被人欺辱呢？」[44] 他因此發出這樣的吶喊：「中華民族何時才能揚眉吐氣一洗積年之恨呢？」[45] 由此可見，納忠對沿途殖民主義的書寫與其自身強烈的國家意識緊密相連，對沿途殖民地人民的同情與作為中國人的民族尊嚴是處於同樣的思想和情感維度之中。

如納忠這般反殖民主義與反帝國主義的思想主張和情感態度在留埃中國回民中間是普遍存在的。作為經受國內族群內外新文化運動影響的一代知識分子，他們在留埃遊記中所反映出的這種思想，一方面是從近現代中國歷史的慘痛經驗中所本能學到的，另一方面，也與他們本身作為東方人，或者更準確地說是東方的穆斯林的身分認同有關，因為當時不僅中國身處於被殖民和被侵略的屈辱和壓迫之中，同時東方其他國家也身處於此種命運中，而這些東方國家中無疑包含著大量的穆斯林國家。正是從國家意識和宗教認同的雙重層面出發，導致留埃中國回民從一開始就秉持著強烈的反殖反帝的思想。因此，希望作為祖國的中國和東方其他被殖民國家（包括穆斯林國家）均能奮發自強從而擺脫被奴役和被侮辱的處境就是他們思想中最強烈的一種要求，同時在某種程度上也是他們前赴後繼去往埃及留學的一種精神動力和身分責任。

44　納子嘉：〈征程——從昆明到開羅〉，《廣西回教》創刊號，1934年10月，第39頁。

45　同上，第35頁。

1946 年，龐士謙阿訇在從埃及返國途中經過馬來西亞柔佛時，拜訪了當地的穆夫提（伊斯蘭教法官）同時也是龐士謙在愛資哈爾大學的同學「哈三先生」，在交談中，後者對日本在當地的殖民行為最開始是懷有同情的，但後來隨著日本殖民本質的暴露而開始起而反抗。龐士謙特別在遊記中記述了「哈三先生」的原話：

> 在日本人未來的時候，我是很同情日本人的主張——亞洲是亞洲人的。但是在他們來到的第一年，我們就懷疑這個主張，第二年我們就更明白了，亞洲是日本人的。前者完全是宣傳和欺騙，我們不願日本人來統治我們，更不願英國人來壓迫我們。帝國主義者雖是方法有別，其目的是一個。[46]

作為被帝國主義壓迫的中國回民和其他海外伊斯蘭世界的穆斯林之間不僅具有同樣的宗教信仰，而且也同時分享著相同的被殖民主義壓迫的歷史經驗。在此過程中，團結全世界穆斯林來共同反抗壓迫，就不是可以用純粹的泛伊斯蘭主義可以解釋的，因為他們各自同時卻都具有著強烈的國家認同。更準確地說，至少中國回民彼時的行動體現出他們並不將泛伊斯蘭主義作為自身的政治要求，而是以國家意識為出發點來思考自己的祖國和其他海外伊斯蘭世界的反殖反帝和民族解放的問題。

在 20 世紀前半葉中國與海外伊斯蘭世界（或阿拉伯世界）的文化交流中，前往這些國家和地區的中國各族穆斯林知

---

[46] 龐士謙：《埃及九年》，北京：月華文化服務社，1951 年，第 48 頁。

識分子發揮了十分重要的作用，可以說他們在此歷史過程中扮演過主導性角色。這其中，尤其以中國留埃穆斯林知識分子為主幹力量。相比較於考察、朝覲、抗日宣傳等短時期活動，留埃活動因為其停留時間較長、社會交往廣泛、對當地社會文化了解更為全面且深入等原因，在彼時中國與海外伊斯蘭世界的文化交流方面占據著十分重要的歷史位置。專門研究相關問題的《中外文學交流史：中國-阿拉伯卷》一書在述及中國和阿拉伯世界的文化和文學交流時也肯定了 20 世紀前半葉中國回民知識分子在其中發揮的開創性和橋樑性作用，認為他們不僅將阿拉伯世界的文化和文學介紹到中國，同時也將中國文化和文學介紹到這些國家和地區，成為「最早搭起中阿文化、文學交流的橋樑，是中阿文化、文學交流的先驅者」。[47] 該書列舉出在此方面做出過重要貢獻的中國回民知識分子的代表性人物有馬堅、劉麟瑞、納忠、納訓等人，而這些人恰恰均在 20 世紀前半葉被派遣赴埃及留學，並且也是在留埃期間，他們開始廣泛從事中國與海外伊斯蘭世界（或阿拉伯世界）的文化交流工作，這項工作在他們從埃及學成返國之後也一直都在持續並產生極大影響。這足以說明彼時中國回民的留埃活動在中國與上述國家和地區之間的文化交流事業中扮演著如何重要的角色。實際上，除了上述這幾位代表性人物之外，其他中國留埃穆斯林也都在中、西文化交流事業中做出過諸多不可替代的貢獻。

儘管，中國留埃穆斯林主要是以學習宗教知識為目的被

---

[47] 郅溥浩、丁淑紅、宗笑飛：《中外文學交流史：中國-阿拉伯卷》，濟南：山東教育出版社，2015 年，第 44 頁。

派往埃及，但在此過程中他們卻在宗教以外的文化領域也擔當起十分重要的橋樑和紐帶作用。實際上，在中國留埃穆斯林那裡，文化交流不是他們在學習之餘才從事的附屬性工作，而是與知識求取具有同等地位的有意識行為。因為在他們前往埃及之前就已明確將「溝通中、西文化」[48]作為自身留學的責任和使命。

作為跨文化、跨語言、跨地域的知識群體，中國留埃穆斯林在文化交流事業中一方面將海外伊斯蘭世界的文化引介到中國，另一方面也將中國文化介紹到以阿拉伯語為主的海外伊斯蘭世界中去。這種雙向互動的文化交流工作在中國留埃穆斯林那裡不僅在觀念意識中從一開始就認為兩者應該兼顧，並且在具體實踐中也始終是雙頭並進的。這與他們的身分認同存在很大關係。作為穆斯林，他們需要將海外伊斯蘭世界的宗教發展狀況和知識思想引介到中國，同時，作為中國人（中華民族），他們同時需要將中國文化介紹到至少在彼時對此鮮有了解的海外伊斯蘭世界中去。這種雙向工作被他們認為是自身需要義無反顧擔負的雙重義務，即「宗教義務」和「民族義務」（此處「民族」所指應為國族，即中華民族）。在這兩方面均做出過卓越貢獻的馬堅在為其翻譯並於1935年在埃及開羅出版的歷史上首部阿拉伯文版《論語》所寫「前言」中具體闡明瞭彼時中國留埃穆斯林的這種思想觀念：

首先，我是一名中國穆斯林，我有義務幫助不懂中文的同教中人了解中國的智慧與文學；同時，我有義務全力在我

---

48 趙振武：《西行日記》，北平：成達師範出版部，1933年，第14頁。

的祖國傳播宗教信念和穆罕默德的訓誡，以便同胞了解伊斯蘭真諦，蒙主意欲找到正路。[49]

正是在這種自覺的「雙重義務」的驅使下，諸如馬堅等中國留埃穆斯林在留埃期間以至終其一生都為中國與海外伊斯蘭世界（或阿拉伯世界）的雙向文化交流發揮了巨大的橋樑性作用。事實上，在具體實踐中，他們的文化交流工作要比上引語句中所說內容更為廣泛、多面和深厚。

首先要探討的是將海外伊斯蘭世界的文化引介到中國這個方面。中國留埃穆斯林的一個重要職責是學習或引介海外伊斯蘭世界的宗教知識以便為國內穆斯林新文化運動的開展和推進、中國社會宗教或族群關係的變革、中國與海外伊斯蘭世界的宗教交流等提供知識和思想上的資源或方法。因此，有關伊斯蘭教的翻譯、研究、解釋、介紹等工作就成為他們宗教引介的主要內容。這其中，尤其以對伊斯蘭教各種典籍和研究著述的翻譯為重心。從 1930 年代赴埃開始，中國留埃穆斯林就注重在學習阿拉伯語文的同時，將各類伊斯蘭教典籍和著述翻譯為漢文。不過在赴埃及以前，他們在國內學習阿拉伯語文時就已在開展這項工作，比如在赴埃前的 1930 年，雲南的伊斯蘭教刊物《清真鐸報》就已開始連載馬堅所譯埃及學者穆罕默德‧胡澤里（馬堅譯為「穆罕默德‧胡篤禮」）所著《至聖穆罕默德傳》。儘管如此，真正大量相關譯介工作的開展則是在 1931 年中國回民以團體形式派遣的首屆留埃學生抵達埃及以

---

[49] 見馬堅：《馬堅著譯文集》第 9 卷，北京：商務印書館，2019 年，第 5 頁。

後。這在馬堅等人的譯介活動中體現得尤其明顯。

鑒於中國國內關於伊斯蘭教教義、教史、哲學、社會等方面學術研究的漢文參考資料極度匱乏，馬堅在留埃期間開始大力譯介相關著述。1933年暑假期間，他將埃及著名學者穆罕默德·阿布篤的《認主學大綱》譯成漢文並連載於國內的《月華》雜誌，同時又以《回教哲學》為名由商務印書館於次年出版單行本，作為該社的「伊斯蘭文化叢書」之一種。此後，馬堅還相繼翻譯了侯賽因·愛勒吉斯爾的《回教真相》（商務印書館1937年出版）、哈利里·托太哈的《回教教育史》（商務印書館1941年出版）、第·博爾的《回教哲學史》（商務印書館1944年出版）等。事實上，彼時商務印書館「伊斯蘭文化叢書」是中國國內主要出版社以叢書形式出版有關伊斯蘭文化的譯著，而其能夠得以推出，正是得益於中國留埃穆斯林譯介活動的開展。除馬堅的譯著外，其他留埃穆斯林如龐士謙等也都有關於宗教的譯著。當然在這其中，馬堅對《古蘭經》的漢譯影響是最大的。這些著述被譯介到中國後，為國內伊斯蘭教的革新和國人對伊斯蘭教的了解都提供了十分重要的文本管道。在宗教譯介之外，中國留埃穆斯林在阿拉伯語文學和文化譯介領域也建樹頗豐。比如納訓對《一千零一夜》的翻譯等。

其次，中國留埃穆斯林也將中國文化大量譯介到海外伊斯蘭世界。此工作實際上在他們抵達埃及時就已開始進行。據馬堅在其留埃日記中所記，在1931年末赴埃不久後他就已經有意開始研讀中國儒家古典著作以便為翻譯作準備。比如1931年12月29日的日記中有記「今日讀《孟子》數章，溫習《論語》一章」、1932年1月4日又記「讀《來世之糧》兩頁，《孟子》四頁」、1932年2月29日又記「讀《孟

子》」。[50] 1935 年，由馬堅翻譯的阿拉伯文《論語》在埃及開羅出版，這是第一部被翻譯成阿拉伯文的中國儒家古典著作，至今仍然是阿拉伯語世界中最經典的《論語》譯本，產生了十分廣泛和深遠的影響。現代埃及著名作家、諾貝爾文學獎獲得者納吉布·馬哈福茲在 1980 年會見於開羅進修的中國留學生的過程中回憶其早年閱讀中國書籍的經驗時說：「給我印象最深的兩本中國書，一本是講一個人力車夫的故事，另一本則是孔子的書，那是當時一個中國留學生翻譯的，是我們的同學，他很用功，後來成了中國的東方學家，還來開羅訪問過……」[51] 馬哈福茲所說的前一本應該指老舍的小說《駱駝祥子》，後一本書即為《論語》，其所指「中國留學生」即為 1930 年代在埃及留學的馬堅。可見，馬堅所譯阿拉伯文版《論語》在埃及的影響之大。此外，馬堅還向阿拉伯文世界譯介有《中國神話故事》、《中國諺語與格言》等。其他留埃中國回民學生如納訓也曾經將柳宗元的〈捕蛇者說〉譯為阿拉伯文，但這些譯介都比較零散和稀少。

由於身處新文化運動的影響之中，因此，他們的相關譯介不僅包括中國古典文學和文化，同時也包括新文學和新文化的成果。這其中，納訓做出過重要的譯介工作，他在埃及留學期間曾經將魯迅小說〈風箏〉、朱自清散文〈背影〉、羅烽〈絕命書〉以及因公所寫的人物傳記作品《孫中山先生的生平》等

50　馬堅：〈留埃日記選〉，《馬堅著譯文集》第 9 卷，北京：商務印書館，2019 年，第 217、222、243 頁。

51　仲躋昆：〈高山景行　私所仰慕——追憶馬堅先生〉，《中國穆斯林》1989 年第 2 期，第 8 頁。

譯介到阿拉伯文世界。[52] 此外，留埃學生馬繼高曾經將葉聖陶童話集《稻草人》中的十一篇譯為阿文發表在埃及的雜誌上。

這些雙向的譯介活動為中國和阿拉伯-伊斯蘭世界之間的文學和文化交流做出重要貢獻，事實上，這些譯介活動所產生的積極影響一直延續到新中國成立之後的很長一段時間，為中國與這些「第三世界」和「一帶一路」國家和地區間的外交、文化等方面的交流產生促進影響。

第四節　現代中國穆斯林的朝覲遊記

朝覲是伊斯蘭教五項功修之一，《古蘭經》第三章第九十七節經文對此有明確昭示：「凡能旅行到天房的，人人都有為真主而朝覲天方的義務。」[53] 由此節經文以及結合相關聖訓而引申出的正確解釋應該為：凡是身體健康、沒有債務、資金充足的成年穆斯林男女在各種條件允許的情況下都應該去麥加朝覲一次。因此，朝覲功課並不是強制性的，而是在條件充分的情況下才可以進行，並且它是自願的和人性化的。事實上，中國歷代穆斯林能夠完成朝覲功課之人的比重是十分小的，絕大多數穆斯林都無法完成此功課，尤其在 20 世紀以前更是如此。中國最早有文字見載的穆斯林朝覲者出現在明代，具體為明代著名航海家、外交家鄭和的父親，其墓誌銘中記載他為「哈吉」（حجّي，阿拉伯語詞，也音譯為「哈志」、

52　見鎖昕翔：《納訓評傳》，銀川：寧夏人民出版社，2009 年，第 136 頁。

53　《古蘭經》，馬堅譯，北京：中國社會科學出版社，1981 年，第 45 頁。

「哈只」等，原意為「朝觀者」、「巡禮人」，是伊斯蘭教對完成朝觀功課之男女穆斯林的尊稱），其陵墓被稱為「馬哈吉墓」。其之朝觀所走線路為海路的可能性很大，這可能使其子鄭和很早就對此條線路較為熟悉，為其日後七下西洋打下知識基礎。清代有文字記載的朝觀者為雲南穆斯林學者馬德新等。由此零星記載可以見出20世紀以前中國回民的朝觀活動是十分稀少的，並且存在著種種限制和困難。

伴隨20世紀以來中國政治體制、經濟方式、文化形態和社會關係的鼎革和轉變，中國穆斯林的朝觀活動也相應產生較大的變化。與清朝對伊斯蘭及其宗教活動的壓制政策相比，辛亥革命之後的新政體施行各宗教和各民族／族群一律平等的政策。在此新的時勢條件下，中國穆斯林的朝觀要求和活動開始逐漸復蘇，與此同時，他們的這種正當宗教要求也得到國內其他族群同胞的認知和理解。其次，這一時期朝觀沿路（尤其是海路）交通的發展和條件的改善以及以上海為中心的出海集結地點的確立，也為中國穆斯林朝觀活動的開展提供了行程上的保障和便利。

彼時上海以金子雲[54]為代表的一些穆斯林商人熱心本教朝觀公益事業，曾為此做出過很多工作。他們憑藉上海的清真

---

54 金子雲（1869-1937），名基福，字子雲，經名爾倆紋底里，民國時期著名回族商人。金子雲幼年隨父親至上海，繼承家學，熟識珠玉翡翠，青年時期開始從商，經營牛羊皮、珠寶、五金等業。1931年，「九・一八」事變後，其積極投入抵制日貨運動，並且畢生熱心於教內教外公益事業，助學興教，是民國時期上海回族穆斯林中的一位德高望重的愛國人士。見楊榮斌：《民國時期上海回族商人群體研究》，北京：社會科學文獻出版社，2014年，第12-14頁。

寺,為來自陝西、青海、寧夏等其他省區的穆斯林朝覲者提供膳食便利;為教胞辦理出國護照、預定艙位船票、聯絡海關檢疫事宜等等。尤其重要的是,他們通過與各方談判和聯絡依託上海的中國旅行社和太古輪船公司自1930年開通了上海至沙特阿拉伯吉達港的直達朝覲專輪,在交通層面大大便利了中國回民的朝覲行程。[55]

1932年底,上海專門負責朝覲客運業務的中國旅行社為中國穆斯林朝覲者專門印行過一本指導手冊性質的讀物《由上海至麥加》,其中「導言」如此交待那時的交通條件:

> 回教朝覲團體,年赴麥加,朝覲天方,計自昔迄今,由本社照料者,已有六度矣。最初行程,自滬整裝,迄於星加坡為終點,再由星轉赴芝達,既耗時日,復費金錢。朝覲諸君,深以為憾焉。本社之設,原以服務行旅為主指,有鑒於朝覲諸君之困難,乃謀一便利之方。十九年冬,各方教友,齊集滬瀆,本社遂與藍煙囪公司商,特放專輪,直航芝達。如是旅費既省,又無轉折待輪之勞。朝覲諸君,群稱便捷。本社以稍盡服務之忱,亦引以為榮焉。茲者一九三三年朝覲團又將出發,本社又為定一專輪,准期出航。更以旅程情況,舟車行經,編為小冊,以供參考,諒為朝覲諸君所樂觀也。民國廿一年十一月鄧炳銓識。[56]

---

55 見楊榮斌:《民國時期上海回族商人群體研究》,北京:社會科學文獻出版社,2014年,第14頁。

56 鄧炳銓:〈導言〉,《由上海至麥加》,中國旅行社編,上海:中國旅行社印,1932年,第1頁。

從上述引文中「已有六度」的記載可見，中國旅行社為中國穆斯林提供朝觀客運業務實際上是從1920年代中期即已開始。而且從1930年開始，即有從上海直接抵達紅海吉達港的「專輪」。這種由專門旅行社負責航運的確為中國穆斯林朝觀者提供了十分便利的出行條件。在此之前，儘管沒有這種便利條件，但中國穆斯林出海西游的起點也是從上海出發，比如1920年代早期出海考察的王靜齋阿訇就是從上海出國的。

因此，在這種愈來愈便利的航運條件之下，中國穆斯林在20世紀前半葉的朝觀人次開始增多。據1933年《月華》第五卷第十七期上刊載的〈十年來中國朝觀人數表〉所載，從1923年至1933年的十年期間，中國穆斯林朝觀者人數均在兩位元元數之上，部分年份還達到百人以上，最多為一百六十人。其表如下：

民國紀年	聖曆	人數
民國十二	一三四一	四九
民國十三	一三四二	八八
民國十四	一三四三	一二
民國十五	一三四四	六五
民國十六	一三四五	一一九
民國十七	一三四六	一五
民國十八	一三四七	九三
民國十九	一三四八	九二
民國二十	一三四九	一六〇
民國廿一	一三五〇	七五

民國廿二　一三五一　六六 [57]

　　據《月華》主編趙振武為此表所作「附識」仲介紹，這張表實際上是「由麥加中國德里裡（招待朝覲者）之歷年朝覲題錄中摘出」，因此，這裡的人數統計只包括經由海路赴麥加的「內地之朝覲者」，至於像新疆各地或經陸路赴麥加的穆斯林朝覲者每年還另有「二三千人以上」。[58] 由此可見，此時期不論中國內地還是邊疆地區的各族穆斯林朝覲者都已比此前的歷史時期變得要多。這種人次增長的趨勢直到受 1937 年抗日戰爭爆發的影響才逐漸被改變，隨著抗戰勝利及新中國的成立，中國穆斯林朝覲活動也開始進入新的歷史階段。

　　由於路途漫長、行程艱苦、費用昂貴、沿途條件複雜等因素影響，20 世紀前半葉中國穆斯林真正能夠赴麥加朝覲並順利回國的人也仍然是十分有限的。在這其中，對朝覲過程有專門記述的人及其文本就更為難得。儘管如此，從這些存世至今的珍稀文本中，仍然可以窺見彼時中國穆斯林的朝覲經過和心靈體驗。

　　1923 年冬，年屆八旬的成都回民馬正泰（1843-1932）受同教友人馬仁堃（字壽山）的邀約，於次年春與後者共赴麥加朝覲，其歸國後在 83 歲這一年（大約 1926 年）用文言文撰寫有一部相關的朝覲遊記作品《天方紀程》，並以繁體豎版無標點的形式刊印傳世。除封面外，書中內容共有 9 部分，先後

57　〈十年來中國朝覲人數表〉，《月華》5 卷 17 期，1933 年 6 月 15 日，第 14 頁。

58　同上。

分別為署名「雨根蕭端樹」所寫「題七律四章」、馬正泰所撰「朝覲天房日記」、「朝覲錄同人」、「《正教真詮》崇禎壬午年梁以浚序」、「《清真指南》康熙癸亥年聖裔馬注序」、「《天方性理》康熙四十三年袁汝琦序」、「《天方典禮》康熙四十四年劉智序」、曹順濂1918年所寫《臨武行》、郭建藩所撰《馬履安太翁生傳》。值得一提的是，明清時期中國伊斯蘭教的四部典籍的「序」也被收錄在此書中，這說明馬正泰的宗教理解和信仰有比較深厚的明清伊斯蘭思想基礎。在這9部分內容中，本章重點考察的是此書的核心內容〈朝覲天房日記〉以及〈馬履安太翁生傳〉、〈臨武行〉等傳記性文章。2008年，《天方紀程》經過重新整理以影印方式收錄進該年問世的《回族典藏全書》第232冊，成為今人了解20世紀前半葉中國穆斯林和回民朝覲活動的珍貴文本。

馬正泰，字履安，回族，四川成都人，書畫家，亦善詩文。其生前曾大力倡導女子教育，主張男女教育平等，曾參與創辦四川成都皇城清真寺清真女子小學。[59] 1928年1月於成都出版的《清真導報》第1期曾刊載過他的一篇題為〈創辦女學意見書〉的文章，其中具體反映出他積極致力於推動穆斯林女子教育的思想和行動，儘管彼時已年逾八旬，但他於文中表示自己在提倡女學的問題上仍「當仁不讓，見義須為，不

59　見高文德主編：《中國少數民族史大辭典》，長春：吉林教育出版社，1995年，第180-181頁。（此辭典將馬正泰的名和字顛倒，認為「履安」和「正泰」分別是其名和字，不確，「正泰」應為其名，「履安」應為其字。見郭建藩：〈馬履安太翁生傳〉，《天方紀程》第1頁。另見吳海鷹主編：《回族典藏全書》第232冊，蘭州、銀川：甘肅文化出版社、寧夏人民出版社，2008年，第492頁。）

敢置身事外」[60]。此外，根據《天方紀程》一書尾附郭建藩所撰〈馬履安太翁生傳〉的記述，馬正泰在青少年時期曾有習武的經歷，且成績不俗，在習武者中屬於「英姿颯爽，拔類特出者」，並且在「未冠年華」孤身將在與太平天國戰鬥中陣亡歸真的父親遺骸迎回祖塋，在時人中廣為稱讚和傳揚。這說明馬正泰的父親曾在清朝軍隊中謀職。馬正泰年長些後也曾擔任過一些清朝地方軍政職務：「由百夫長而率千夫，川之南朔東西，宦遊已遍，兵民爭頌，政績昭然。」[61] 由此不難見出，馬正泰早年的正式職業應該為軍政官吏。書畫、詩文應該只是他的職外志趣和文藝特長。因此，這使他成為彼時中國伊斯蘭教中難得的文武才能兼具的穆斯林。不僅如此，郭建藩的「生傳」還交待，馬正泰在宗教信仰、禮拜功修方面十分虔誠和勤奮：「由少而壯而老禮五番拜，嚴寒盛暑，初無倦容。」[62]

正是由於這種生活背景因素，使得馬正泰於八旬高齡時可以在資金充足和身體條件允許的情況下經過艱難險阻赴麥加朝觀並最終平安歸國。當時其朝觀旅費大概每人 800 大洋[63]，包括由川到滬再到麥加的全程往返費用。這在當時來說是一筆鉅款，普通人家一般無法湊足。這還不包括朝觀途中的吃穿住宿

60　馬履安：〈創辦女學意見書〉，《清真導報》第 1 期，1928 年 1 月，「建議」欄第 4 頁。

61　郭建藩：〈馬履安太翁生傳〉，《天方紀程》，第 1-2 頁。（另見吳海鷹主編：《回族典藏全書》第 232 冊，蘭州、銀川：甘肅文化出版社、寧夏人民出版社，2008 年，第 492-494 頁。）

62　同上。

63　見馬正泰：〈朝觀天房日記〉，《天方紀程》，第 1 頁。（另見吳海鷹主編：《回族典藏全書》第 232 冊，蘭州、銀川：甘肅文化出版社、寧夏人民出版社，2008 年，第 430 頁。）

等方面費用。而且如馬正泰這般高齡的朝覲者在 20 世紀前半葉以至於今的中國伊斯蘭教朝覲史上都是十分稀見的。這多少微觀地反映出彼時中國穆斯林的信仰和朝覲的歷史狀態。

關於此次朝覲的具體原因，馬正泰在〈朝覲天房日記〉開篇交待為受同教馬仁堃的邀約，不過前者本人可能已早有夙願，因為當後者正式提出此事後，馬正泰立即就表示「言投余好，欣喜異常」[64]的態度。在此之前，馬仁堃對馬正泰所說有關朝覲緣由的一段話頗能說明當時中國穆斯林的朝覲認知：

> 吾教天命五功、人道五典，自穆聖傳來迄今千三百四十餘載繼續不斷者，因穆民習慣寰宇一律之故，而獨於朝之一字終覺歉然。嘗讀前賢馬復初先生道光末年《朝覲天房》一書，係取道陸路，晨征暮食，露宿霜棲，閱三年始達，使人聞之率多畏葸。今也不然，海禁大開，馬足車塵，往來稱便，各埠同教到則歡迎，相較昔時天淵迥別。[65]

上述引文不僅將馬復初的《朝覲途記》書名錯記為《朝覲天房》，同時也將其主要以海路赴朝的方式誤解為「取道陸路」。從馬仁堃「嘗讀」馬復初這本朝覲遊記的表述來看，這應該是馬正泰在轉述馬仁堃這段話時出現的誤記，他在寫作此文時應該還沒有讀過馬復初的這本著作。儘管如此，這段話所要重點強調的意思是顯而易見的，即在馬仁堃看來，中國回民

64　馬正泰：〈朝覲天房日記〉，《天方紀程》，第 1 頁。（另見吳海鷹主編：《回族典藏全書》第 232 冊，蘭州、銀川：甘肅文化出版社、寧夏人民出版社，2008 年，第 429 頁。）

65　同上。

在 1923 年所具有的朝觀條件與 1840 年代赴朝的馬復初相比已有天淵之別，要更為安全、容易和優越。因此，在這種古今情境的對比中，他們的朝觀之行就具有充分的合理性和可行性。

此後，他們通過與上海的回民金子雲聯絡購買全程往返船票，並於 1924 年 2 月 11 日正式踏上赴麥加朝觀的路途。由此日直至 4 月 19 日，他們從成都乘船經岷江到敘府（今宜賓）再匯入長江一直駛到上海。上海在 20 世紀前半葉始終都是中國穆斯林由海路去朝觀的主要出海點。馬正泰等人在上海休整、會友並辦妥各項手續後於 4 月 26 日正式出海遠遊。在抵達新加坡後停留一段時間並換船，與另外一批中國穆斯林朝觀者匯合，同船共赴麥加，這些人中包括著名阿訇虎嵩山及其所帶領的西北朝觀人員，他們最終於 6 月 17 日抵達阿拉伯半島西海岸的港口城市准得（今譯吉達），再從這裡通過陸路於 6 月 23 日凌晨趕到麥加。馬正泰等人完成朝觀功課後於 7 月 20 日從吉達乘船返國，並於 8 月 28 日抵達上海，其本人最終於當年的 10 月 10 日平安回到成都的家裡，順利完成一位穆斯林人生中最重要的一次身心修煉。其朝觀往返全程共用 8 個月左右的時間。

馬正泰歸國後，本著「朝觀去來十數萬里途程，及親歷各境，略有見聞，又不能默爾而息」的舉意和初衷，撰寫了〈朝觀天房日記〉。儘管以古漢文比較簡略地記述了相關過程，但這部作品仍較為難得地反映出彼時中國穆斯林朝觀的艱苦歷程和心靈體驗。儘管 1924 年已不能與馬復初的年代相提並論，但馬正泰等人在新世紀的此次朝觀過程仍充滿各種艱辛困苦。在國內，其行期先後受到戰事和土匪的影響而不得不有所調整。而漫長的海洋航行途中也充滿各種兇險和意外，比如在

赴麥加途中，與馬正泰同船的一男一女兩位爪哇朝覲者先後歸真，因為是在航行途中，不便施行土葬，而穆斯林又講求速葬，據馬正泰記述，這兩位爪哇穆斯林的遺體最終無奈均施行海葬，被拋入大海之中。如此情景令馬正泰發出「恐浮海面飽鷹鳥腹也」[66]的慨歎。不僅如此，最初邀約馬正泰並與其一同朝覲的友人馬仁堃在抵達麥加後還未來得及完成朝覲儀式便意外歸真，被葬在麥加。這給馬正泰帶來很大的打擊。此後一位雲南的穆斯林馬三也在麥加歸真。在朝覲功課結束返國途中，另一位中國哈吉李文舉也因病歸真，在船上舉行洗禮後同樣被施行海葬。在整個朝覲往返途中，馬正泰親眼目睹並記錄在「日記」中的歸真者至少就有上述五位。除此之外，其本人也在麥加期間遭受過一次生死考驗：「餘行赤日炎蒸中，遂受酷熱，口忽涎沫，不能語言，居停即遣輿界至醫院，澆以涼水，昏迷似斃。」不過經過適當的休息和治療後馬正泰即蘇醒並恢復，這使「同人皆訝然，死去復生，為近今罕見」。其本人在經歷此次意外之後也發出「感主鴻恩，真同再造矣」的感歎。[67]這種遭遇和朝覲途中的各類歸真事件均顯示出彼時朝覲過程的艱難和兇險。這種身心的淬煉勢必在他們的宗教信仰層面產生重要影響，使其對生與死、今後兩世都有更為深刻的理解和感悟，而這不得不說是伊斯蘭教朝覲功課的重要意義之

---

66 馬正泰：〈朝覲天房日記〉，《天方紀程》，第 7 頁。（另見吳海鷹主編：《回族典藏全書》第 232 冊，蘭州、銀川：甘肅文化出版社、寧夏人民出版社，2008 年，第 442 頁。）

67 馬正泰：〈朝覲天房日記〉，《天方紀程》，第 11 頁。（另見吳海鷹主編：《回族典藏全書》第 232 冊，蘭州、銀川：甘肅文化出版社、寧夏人民出版社，2008 年，第 449 頁。）

一。馬正泰本人在歷經千難萬險終於重回家園時，這種生死感悟就尤為深沉，這反映在他為同赴朝覲的亡友馬仁堃及其家屬所贈的輓聯中：

極樂國距數萬里而遙同渡不同歸君幸獨眠幹淨土
望江樓別二三子之後厭身還厭世我猶生入玉門關 68

1932 年，由北平牛街清真書報社出版的江蘇金再之和安徽王少泉合著的《朝覲紀略》是另一部中國回民朝覲遊記作品。根據這本遊記的「序言」中的「廁身商場，徒勞塵俗」一句可知，金再之、王少泉二人的身分均為穆斯林商人，因此，這可能使他們在資金方面有條件可以去麥加朝覲。他們的「序言」中也同時反映出朝覲對於他們個人信仰的重要意義：

浮生若夢，古有明訓，末等廁身商場，徒勞塵俗，每憶光陰易逝，後世瞬屆，於主聖之道未能悉盡責任，言念罪戾曷勝驚惶。竊維念禮齋課四功尚可及時遵行，迢遙朝覲舉行實非易事。末等嚮往心殷，家累迭阻，耿耿私衷，無時或釋。惟是年華與歲月俱增，康健隨衰老漸減，遲遲因循，必成遺憾。爰于客冬，毅然赴朝，冀補事功，感沐真主宏恩。朝畢歸來，謹將經過情況擇述概要，公諸同教，聊當貢獻焉。69

68　馬正泰：〈朝覲天房日記〉，《天方紀程》，第 18 頁。（另見吳海鷹主編：《回族典藏全書》第 232 冊，蘭州、銀川：甘肅文化出版社、寧夏人民出版社，2008 年，第 463 頁。）
69　金再之、王少泉：〈序言〉，《朝覲紀略》，北平：清真書報社，

顯然，他們兩位的年歲應該都比較高，因此，不論在時間還是健康方面，朝覲對於他們來說應該都是一件十分緊要和迫切的事情。如果有生之年再不完成，那麼就會如他們所說「遲遲因循，必成遺憾」。這也是歷代中國乃至整個世界大多數穆斯林朝覲者的年齡特點。他們兩位朝覲回國後撰寫並出版印行的《朝覲紀略》記錄了他們此次朝覲的過程，為人們了解彼時中國穆斯林朝覲活動提供了文本依據。總括來看，他們的遊記書寫比之馬正泰的《天方紀程》稍顯簡略，細節描寫不足，但儘管如此，這份遊記依然有其不可替代的文本價值。其內容大致分為十一個部分，分別為「序言」、「朝覲由來」、「朝覲行程」、「朝覲功課」、「滿克名勝」、「滿克民情」、「探望聖陵」、「滿克拜考」、「滿克葬禮」、「朝覲感言」、「附志」。「序言」前還分別有麥加克爾白以及麥迪那的先知穆罕默德墓的圖片。

金再之、王少泉的朝覲線路和20世紀前半葉內地穆斯林的朝覲線路沒有多大差別，也是先抵達上海再由此出國。他們通過上海的穆斯林商人和公共活動家金子雲委託中國旅行社辦理護照和船票等事務。據他們記述，當時每人朝覲往返的船票費用為中國銀元三百七十二元。[70] 這一筆錢對於當時普通平民來說應該不算小數目。他們所乘的船不僅分別設有大、小淨室，而且還為穆斯林設有專門的清真廚房。[71] 這應該不是中國旅行社為中國穆斯林朝覲者專門提供從上海直達吉達港的朝覲

1932年，第1頁。
70　金再之、王少泉：《朝覲紀略》，北平：清真書報社，1932年，第5頁。
71　同上。

專船，因為他們在途經新加坡時仍然還是需要換船。不過，在新加坡換船時，他們得到當地的一位穆斯林富商「歐麥而」先生的照料，後者「對於中國赴朝過星登岸『罕知』（即哈吉——引者），悉供應膳宿，每逢『主目』日（即主麻日、禮拜五——引者）並宴會一次，格外優待，換船、上船一切手續亦派人照應，備極周到」，「歐麥而」先生的這種優良品行無疑得到了兩位作者的讚揚，用他們的話說即「歐君秉承祖訓，慷慨殷勤，誠堪敬佩」。[72] 朝覲者在沿途受到當地穆斯林的周濟和照料並不算十分稀見的事情，因為對於後者來說，幫助朝覲者即意味著他們自身也參與到了朝覲的宗教功修之中，尤其對於那些富商和資財豐厚者來說，更應該將多餘的錢財投用於宗教公共事業之中。新加坡的這位「歐麥而」先生即屬於實踐此行為的穆斯林代表。

金再之、王少泉抵達麥加，除完成常規的朝覲儀禮外，還分別考察了麥加當地的名勝古跡以及社會風俗和民情，並且將他們的見聞寫進遊記之中，使得這部遊記頗有人類學考察筆記的色彩。在「滿克名勝」一節中，他記述了麥加的幾處名勝古跡和名山大川，他尤其交待這些地方與先知穆罕默德之間的關係，如在介紹「哲拜里努嘞山」時交待穆罕默德幼年時曾經在這裡牧羊，介紹「哲拜里掃嘞山」時交待此山之中有穆罕默德「遷移之夜同艾布‧拜克嘞避難之洞」，介紹「哲拜里哈拉衣山」時交待此山中有穆罕默德曾經隱居並「受諭接旨」的洞穴等等。此外還介紹了麥加大清真寺內的布局和以克爾白為主的

---

[72] 金再之、王少泉：《朝覲紀略》，北平：清真書報社，1932 年，第 5 頁。

各種古跡。[73]

　更有意思的是他們以等同於人類學家的態度所寫的「滿克民情」和「滿克葬禮」兩節。他們當年朝觀時，來自世界各地雲集麥加的朝觀者人數在十三萬人以上，儘管人數眾多，但他們記述說，整個麥加卻「秩序井然，所需事物非但不覺缺乏並無臨時高價情事」，可以看到彼時麥加朝觀期間的良好社會秩序和氛圍。在他們的記述中，麥加當地的人們誠實守信，一位名為蘇鴻年的中國甘肅哈吉曾經在講好價錢後將自己的皮箱交給一位當地人代提，中途「人眾擠散」，這位當地人四處尋找蘇鴻年，直至找見原主將原物交換且並不多索價錢，作者評價說「其誠實若此，殊堪羨慕」。此外，他們還記述了其他諸如此類的麥加「民情」：

> 婦女裝飾長衣掃地，面拂紗巾，僅露兩眼。未等住滿克四十餘日，從未見過婦女面容。市商一聞「邦克」聲音，全體赴寺禮拜，並不關閉店門。雖金銀，未經檢收，亦無需照應。在朝觀之期如是，其平日尊重教道與民情之誠篤更可知矣。一日，再之見一貧人低首誦經，當贈洋一元，渠婉謝云：感真主慈憫，今日食物已足，請轉送其他貧人，仍低首誦經，可見滿克人愛道不愛財也。[74]

這些記述十分生動地再現了彼時麥加朝觀期間的良好社會

73　金再之、王少泉：《朝觀紀略》，北平：清真書報社，1932年，第11-12頁。

74　同上，第13-14頁。

實況,事實上,麥加當地這種「民情」在其他中國回民的相關遊記中也有體現,因此,這些記述互相印證著麥加當年的社會真實狀況。以上記述也顯示出兩位作者在看到這些「民情」狀況後讚揚和羨慕的內心活動。這應該也與他們在朝觀之前對聖地麥加的想像是相一致的。

此外,在「滿克葬禮」一節中,該遊記不失詳細地記述了一位中國甘肅籍朝觀者在麥加朝觀期間歸真被埋葬於當地的具體經過,作者交待這位歸真的朝觀者為一位六十三歲的阿訇。經過十分速簡的伊斯蘭教葬禮儀式,該亡人被葬在麥加當地的墳山。與中國的葬禮方式相比,作者對麥加當地此種不費金錢且頗具時效性的速簡葬禮十分認同:「葬禮悉遵經典辦理,手續簡單,亡人能得實惠,中國一般習慣徒耗金錢,實際上無益於亡人,急宜改正,不可因循再誤也。」[75] 作者在此實際上對中國鋪張浪費的葬禮方式進行了委婉的批評,並希望國人予以改正。

經此朝觀,作者在該遊記末尾不無感慨地勸告同教者有能力及早朝觀。他的一番內心吐露也頗能說明彼時中國回民的一種朝觀觀念:

> 末等在滿克一見「克爾白」,戰戰兢兢,如臨深淵,因思人生一切都是夢,惟有教道乃真功。紅塵染人,愈汙愈深,及早回頭,尚可洗滌。[76]

---

75 金再之、王少泉:《朝觀紀略》,北平:清真書報社,1932年,第17頁。
76 同上,第18頁。

遊記中也記述了當年的中國朝覲人數為二千三百七十一人，其中新疆纏回占大多數，為二千三百人，其餘的大多數是甘肅和雲南的中國回民。其中，「有身背老母者，有懷抱幼子者，綏遠鉅賈曹君年十八歲，新婚才一月，亦毅然西朝，蓋以時機不可失也。」[77] 這些記述，儘管無關宏旨，但卻細節性地透露出彼時中國回民朝覲者的具體活動和內在心態。實際上，伴隨沿途航路的開通和交通條件的改善，這些朝覲活動在 20 世紀前半葉一直都在持續。

另外值得一提的是，該遊記在最後「附志」部分還記述了兩位作者在沿途遇見第一屆中國留埃學生團的經過。從此處可以判斷，金再之和王少泉的朝覲時間應該為 1931 年底至 1932 年初之際，他們對中國回民學生赴埃及留學持支持和讚賞的態度。[78]

通過從對馬正泰的《天方紀程》和金再之、王少泉的《朝覲紀略》這兩部 20 世紀前半葉中國回民的朝覲遊記文學作品的解讀和分析，可以發現中國穆斯林在彼時的朝覲活動是比較活躍的，與此前的歷史時期相比，此時期的朝覲交通條件有所提高，這為中國穆斯林開展朝覲活動提供了保障和支援。事實上，朝覲不僅是宗教性的活動，它也是中國穆斯林出國開眼看世界的珍貴機會，使他們的國家意識有所增強。在與世界其他地區的穆斯林的交往過程中，中國穆斯林也從朝覲活動中可以看出中國伊斯蘭自身發展所存在的各種弊病，因此，朝覲活動

---

77 金再之、王少泉：《朝覲紀略》，北平：清真書報社，1932 年，第 18 頁。
78 同上，第 19 頁。

也有利於中國伊斯蘭社會的發展和革新。這些朝觀遊記文學作品不僅是朝觀過程的事務記錄，更反映著中國穆斯林在此過程中的心靈變化和情感體驗，因此，它們都具有較高的文學性。它們是 20 世紀前半葉中國穆斯林在海外伊斯蘭世界的遊記書寫中的重要組成部分。

第五節　華北淪陷區回民唐易塵及其《麥加巡禮記》

　　1937 年 7 月 7 日「盧溝橋事變」爆發後，北平乃至華北地區很快重蹈東北的覆轍被日軍侵占，中國陷入更為深重的戰爭危局之中。在此情勢下，受戰事頻發和交通阻隔等因素影響，中國疆域內各族穆斯林的朝觀活動大範圍停頓，淪陷區穆斯林更因日本的殖民統治而完全斷絕赴麥加朝觀的線路和機會。不過在 1938 年末至 1939 年初，在日本正大肆推進對華侵略步伐的歷史時刻，受日本資助和委派，由五位淪陷區回民組成的偽「華北回民朝觀團」卻順利赴麥加參加伊斯蘭教曆第 1357 年的朝觀典禮並平安返國，成為 20 世紀前半葉中國回民朝觀活動中一次頗為獨特的歷史事件。在他們五人中，有兩位是來自綏遠省的蘇瑞祥阿訇和張英阿訇，他們彼時均在該地區擔任掌教職務。另外三人則都具有明確的日偽背景，分別是偽「中國回教總聯合會」（下文簡稱「總聯合會」）的總務部長

唐易塵、委員劉德潤[79]和幹事馬良璞[80]。該朝覲團以唐易塵為領隊，經由海路赴麥加完成朝覲功課。其中，唐易塵在朝覲歸國後以白話文撰寫有記述此次朝覲經過的長篇遊記《麥加巡禮記》，該遊記部分內容起先曾在北京的《新民報》和其本人主辦的《震宗報》等報刊上登載過，之後遊記全文又於1943年由北京的震宗報出版部出版單行本，並配有作者照片和39幅沿途各地風景和人物的攝影圖片。作為書寫細膩、記述詳盡、圖文並茂的《麥加巡禮記》不僅是20世紀前半葉中國回民撰寫的有關海外伊斯蘭世界的重要遊記文學作品，同時也為人們了解他們此次朝覲活動及其心路歷程提供了珍貴文本。在抗戰的特殊歷史時期，該遊記以第一視角映射出唐易塵等五位淪陷區回族穆斯林彼時在政治判斷、身分理解、宗教認同和文化想像等方面複雜和糾葛的情態，為人們更加深刻地理解抗日戰爭對於整個中國境內各個民族／族群和各個宗教的歷史意義，

---

[79] 劉德潤（1885-1957），字仲泉，回族，北京人，清末監生，後入玉器商界，1927年被聘為北平清真中學（後改組更名為「西北中學」）事務主任，1937年擔任該校校長。「七七」事變後，偽「中國回教總聯合會」在北京成立，劉氏擔任此會委員。該會將西北中學改組為「西北學院」，劉德潤繼續擔任該院院長。1938年，劉氏參加由該會派遣的「華北回民朝觀團」赴麥加朝覲。見木薩：〈中國回教總聯合會第二屆委員介紹‧委員劉德潤〉，《回教週報》第32期，1941年4月4日，第4版。

[80] 馬良璞（1914-1941），回族，原籍河北保定，生長於東北，有留學日本經歷，曾在偽「滿洲國」郵政部門任職，「七七」事變後辭職，隨劉錦標入關來平。曾在北京偽「新民學院」讀書，畢業後擔任偽「中國回教總聯合會」顧問附，1938年參加「華北回民朝觀團」。與劉德潤有義父子關係。1941年2月26日因病歸真。見〈馬良璞哈志逝世〉，《回教週報》第29期，1941年3月14日，第4版。

以及中華民族共同體意識凝聚的重要性均提供了歷史鑒照的可能。

關於這部遊記的作者唐易塵，由於其一直以來都是作為歷史的負面人物被看待，因此這導致學界對他的研究較為不足，尤其關於他的生平背景資訊更是所知甚少。本文根據已有研究和現有資料大致對此進行了初步性的調查和梳理。唐易塵（1897-1972）[81]為民國時期的回族報人，其自稱從1918年即已進入報界工作[82]，與彼時國內諸多著名回族知識分子和阿訇有所交往。其父唐雲龍也從事報刊出版事業，父子二人於1927年在北平創辦的《震宗報》（後改版為《震宗報月刊》，抗戰後期停刊）是20世紀前半葉中國著名的伊斯蘭教報刊，尤其在華北地區有較大影響。除了辦理刊物外，唐易塵同時也以撰寫文章的方式積極參與到新文化運動和中國穆斯林內部的新文化運動之中，發表了不少討論宗教、社會時事和穆斯林生活風俗等問題的文章，另外還寫有一些散文。[83]因此，唐易塵基本上是一位主張革新運動的回族先進人士，並且在當時的北平乃至全國回族和伊斯蘭教界可以算是一位較為知名的文化人士。當其日後以偽「華北回民朝覲團」團員身分途徑上海時曾拜訪過著名阿訇哈德成，後者見面時的一席話頗能說

---

81 有關唐易塵生卒年資訊來源於其弟唐震宇的相關記述，見唐震宇：〈記我在「中國回教總聯合會」〉，《宣武文史》第12輯，政協北京市宣武區委員會文史資料委員會編，內部資料，2005年，第20頁。
82 唐易塵：《麥加巡禮記》，北京：震宗報出版部，1943年，第37頁。
83 有關唐易塵的報刊著述見李九華、沙威：〈民國回族報人唐易塵與《麥加巡禮記》〉，《寧夏社會科學》第4期，2016年，第173-174頁。

明唐易塵當時的此種地位和身分：「易塵是我們很久仰的人，雖然沒有見過，但是在十年前就有了精神的結合，因為從十年前，便每月接到《震宗報》，我們從《震宗報》上相見，不啻每月要和易塵見上一次的一樣」。[84] 這種職業身分和文化聲名同時卻也使其較為容易地成為日本在華北地區開展「回教工作」的特務人員較早接觸和交往的目標之一。

為達到逐步分裂和侵略包含多宗教、多民族／族群中國的目的，同時也為在中國北方於「滿蒙」與新疆之間廣袤地區新增遏制蘇聯的政治和軍事的鏈帶區域，日本從20世紀初期便將侵略視野瞄準在中國疆域內尤其是北方各地分布廣泛且人數眾多的中國各族穆斯林人群。[85] 為此，日本於侵華戰爭前後在中國各地有針對性地進行了大量的「回教工作」，曾持續派遣本國人員（其中有一部分是表面上皈依了伊斯蘭教的「政策性穆斯林」）以「回教民族團結」的泛伊斯蘭主義為名義調查和研究中國的伊斯蘭狀況、創辦伊斯蘭主題報刊、組織伊斯蘭團體和搜集伊斯蘭情報，並且同時大量訪交中國穆斯林菁英人士。因此，在1931年「九一八」事變前後此類日本人員已經與部分中國回民菁英已有較長時間的接觸和交往，唐易塵便是其中的一位。而與其交往最密切的莫過於彼時在華開展「回教工作」的日本間諜川村狂堂。據曾經在偽「滿洲國」的「交通部」擔任過科員的金鏡深憶述，唐易塵在彼時曾為

84　唐易塵：《麥加巡禮記》，北京：震宗報出版部，1943年，第24-25頁。

85　王柯：《亦師亦友亦敵：民族主義與近代中日關係》，香港：香港中文大學出版社，2019年，第391頁。

川村狂堂做過「私人秘書」。[86] 如此關係顯然不是在很短時間內就可以建立起來的，他們此前應該有過較長時間的交往。實際上，川村狂堂在中國結交的穆斯林不在少數，其中也包括王靜齋等著名阿訇。不過王靜齋後來在識破其真實面目後便與之斷絕了交往，並對其進行揭露和批判。[87] 而唐易塵不僅擔任川村狂堂的「私人秘書」，同時還隨後者從北平前往偽滿協助其成立偽「滿洲伊斯蘭協會」等日偽伊斯蘭教團體並在其中擔任職務。[88] 中國回民中的抗日派與親日派路徑之分別由此顯露無遺。與日本在華開展「回教工作」人員的長期交往和在偽滿伊斯蘭團體中擔任職務的經歷使唐易塵在全面抗戰時期無理由不繼續採取親日的政治路線。唐易塵自我評價為「一個專心為回教的人」[89]，事實上其在彼時國內伊斯蘭教界中的聲名也並不差，因此，不論在偽滿還是淪陷的北平，其親日路線的最終目的都被其自認為是為中國伊斯蘭做事而已。顯然，其自身由於歷史和個人等原因導致的宗教認同高於國家認同的思想觀念在中日戰爭期間被日本方面利用。唐易塵曾將其在日偽伊斯蘭團體中擔任職務與一般穆斯林為清真寺做管理和服務工作在性質

---

86 乃茲門迪尼・金鏡深：《「滿洲伊斯蘭協會」的回憶片段》，見張巨齡：《綠苑鉤沉：張巨齡回族史論選》，北京：民族出版社，2001年，第193頁。

87 丁明俊：〈抗戰前後日本的「回教工作」與社團組織〉，《回族研究》2014年第4期，第58頁。

88 乃茲門迪尼・金鏡深：《「滿洲伊斯蘭協會」的回憶片段》，見張巨齡：《綠苑鉤沉：張巨齡回族史論選》，北京：民族出版社，2001年，第194頁。

89 唐易塵：《麥加巡禮記》，北京：震宗報出版部，1943年，第4頁。

上等同起來[90]，也基本證實了他的此種心態。

1937年北平失陷後，日本軍隊不僅強占學校、寺廟，同時也將城鄉各處的清真寺和回民飯鋪予以霸占作為殺豬做飯的營地。因此，彼時北平回民開始商討應對之策，最終由牛街清真寺王瑞蘭阿訇出面並在日方人員幹預的情況下成立「北京回教會」，以便與日方交涉，維護回民的宗教信仰和工作生活等方面的權益。[91]唐易塵及其弟唐震宇均進入該會工作。不過此會存在時間不長，之後便被新成立的且日系色彩更濃的「中國回教總聯合會」替代。後者由日本負責在北平開展「回教工作」的小池定雄等人與從偽「滿洲國」來到北平的回族上層人士劉錦標等共同組織成立。儘管有如此背景，但該會被彼時北平乃至整個華北淪陷區的穆斯林仍視為是維護自身權益的重要且唯一的機構。

實際上，當時頭銜為偽「滿洲陸軍少將」的劉錦標由於早已在偽滿政權和日本當局中站穩腳跟，與「總聯合會」中的北平回族職員儼然不屬同一層級。曾經在該會工作的唐震宇後來如此回憶入關來平的劉錦標與他們之間的這種不同：

---

[90] 唐易塵的相關表述是在說明其無法憑藉自身財力赴麥加朝覲時作出的，意在表明其即使在偽「中國回教總聯合會」中任職，但也薪水不多，完全是在為宗教和教民做事。原文如下：「余嘗云：『作回教會（即日偽回教團體——引者）事，與在禮拜寺管事為同一性質，既不能圖分文之苟取，尤不能妄貪教民之報酬，對於薪金之多寡，又豈能津津哉。』」見唐易塵：《麥加巡禮記》，北京：震宗報出版部，1943年，第4頁。

[91] 唐震宇：〈記我在「中國回教總聯合會」〉，《宣武文史》第12輯，政協北京市宣武區委員會文史資料委員會編，內部資料，2005年，第19頁。

約在總會籌備期間,從當時的偽滿洲國來了一位大員,叫劉錦標,字寇豪,衣履豪華,道德岸然。隨員近十人,錦緞袍褂、西服革履參半,前簇後擁,威風凜凜。相形之下,北京職員大都粗布舊衣,見拙難攀。預料此公而來必有特殊使命。果然幾次蒞臨後,即被聘為總會高級顧問,隨員全部安插在總會中,寓所是前綏遠都統馬福祥西斜街的舊馬公寓。[92]

劉錦標一行受日方委派前來北平主要任務就是配合當局成立「總聯合會」,並且主導該會的運轉。在此過程中,劉錦標等人實際上為當時還在與日本當局處在政治磨合階段的大多數北平回族職員樹立了一個模範,並在某種程度上為後者的政治態度給予暗示性引導。實質上,在日方的威逼利誘和劉錦標等偽滿系親日派回族的主導下,北平回族在政治上可發揮的空間極小,除聽命於「總聯合會」並與日方合作外大概別無選擇。儘管如王瑞蘭阿訇私底下始終「心緒不寧」[93],但卻還是不得不受支配充當傀儡,參加各類活動並在名頭上出任「總聯合會」的委員長。而其本人此後曾利用這一職務為新城回民抗日

---

[92] 唐震宇:〈記我在「中國回教總聯合會」〉,《宣武文史》第12輯,政協北京市宣武區委員會文史資料委員會編,內部資料,2005年,第21頁。

[93] 據王瑞蘭阿訇之侄王連城回憶,其伯父當時與他談過,自己是阿訇,不諳政事,「回教會」不辦又不成,一則害怕日本人的威逼脅迫,二則擔心自身安危,所以心緒不寧。王連城回憶的一手資料暫未查見,有關記錄轉引自牧夫:《從北京回教會到中國回教總聯合會》,《文史資料選編》第32輯,中國人民政治協商會議北京市委員會文史資料研究委員會編,北京:北京出版社,1987年,第111頁。

救國會成員出入北京從事抗日活動提供過掩護。[94] 如王瑞蘭阿訇這種對日態度複雜的人可能在彼時北京的回族穆斯林中間並不在少數。

唐易塵由於是留平回民中的上層文化人士,並且與日方人員已有較長時間交往,因此被招納進入「總聯合會」出任該會「總務部長」也就事所必然。在這個方面,他的心態可能與王瑞蘭阿訇又稍有區別,實際上更接近劉錦標等人。儘管如此,該會實際上還是在日方人員和偽滿系親日派回民上層人物劉錦標的主導之下。唐易塵在該會開展工作均需聽命於這些表面上擔任該會「顧問」、「諮議」等虛職但實際上卻掌握實權的人。此外,這種關係還可以在此後選定「朝覲團」人員一事中有所反映。在五位朝覲人員中,除兩位綏遠阿訇外,在其他三人中,馬良璞恰恰是隨劉錦標從偽滿來平的回民,其之入團可能是代表日方和劉錦標沿途監視唐易塵等人的朝覲活動,以防後者在朝覲過程中做出對日本「回教工作」和侵略戰爭不利的言行。唐易塵在遊記中以「顧問附」[95]來稱呼馬良璞,更印證後者身分非同一般,因為在「總聯合會」中能充當「顧問」的均為日方人員和劉錦標等實權人物。而「顧問附」基本上屬於「顧問」的副手,無疑與後者關係更為緊密。因此,馬良璞參加朝覲團勢必含有平衡團內人員構成和權力關係的用意,同時也有代表日方和劉錦標等實權人士監視唐易塵等其他朝覲團成員言行的深層考慮。在彼時政治關係極度複雜和敏感的時期,

---

94　見劉東聲、劉盛林、北京市政協文史資料研究委員會、北京市宣武區政協文史資料委員會編:《北京牛街》,北京:北京出版社,1990年,第 106-107 頁。

95　唐易塵:《麥加巡禮記》,北京:震宗報出版部,1943 年,第 3 頁。

此種安排和用意應該不難揣測，各方人員大概對此也都心照不宣。

偽「中國回教總聯合會」自1938年2月7日在北京成立後除派代表參加東京清真寺的落成典禮、選派回民青年赴日留學、舉辦各類培訓和展覽等活動外，[96]另一項重要活動就是派遣「華北回民朝覲團」赴麥加朝覲。關於此次朝覲活動的最初動議，唐易塵自述是其向日方人員主動提議的：

> 中國回教總聯合會成立了不久，我將趙振武先生送我的一本布皮《西行日記》贈給了小池（即日人小池定雄——引者）顧問，我對他說：「自事變之後，一般回教人對於前往麥加朝覲，都抱著一種疑問，以為事變之後各地因為戰事的關係，有的不能通過，再則就是朝覲參加從南洋各地經過，如香港、新加坡、錫蘭島、孟買、亞丁。這些地方全是英國的殖民地，英國對於華北各地的人民，是不是有援手給予便利的心思，還不可知，如果不能前去，那末華北的回教人，在戰事一天不停，一天是不能朝覲的。這樣說來，我們應當給華北的回教人作一表率，最好要去幾個人朝覲，如果能夠通行無阻，那是再好沒有，假使英國人不給與便利，那末我們要再打出一條新的路來，總之戰事停戰與否，華北的回教人和其他各地的回教人，同樣享有

96　見丁明俊：〈抗戰前後日本的「回教工作」與社團組織〉，《回族研究》第4期，2014年，第60-61頁；另見牧夫：〈從北京回教會到中國回教總聯合會〉，《文史資料選編》第32輯，中國人民政治協商會議北京市委員會文史資料研究委員會編，北京：北京出版社，1987年，第115-119頁。

五功的恩典。」小池顧問聽了我的話，自然有些動容。[97]

事實上，根據唐易塵的記述，這並非其首次就派遣朝觀團事宜向日方提議，早在其於偽「滿洲伊斯蘭協會」任職時就曾有過一次：「我在滿洲伊斯蘭協會寫了一篇建議，就是集合起二三十位同志來，組織一個朝觀團，並且寫了幾千字的計畫書，結果因為國際的關係，沒有實現」。[98]

不論唐易塵在「華北回民朝觀團」實際派遣過程中是否發揮過如其所言的這種重要作用，但他屢次向日方和偽伊斯蘭團體提議派遣朝觀團這件事卻反映出其想要借助日方力量實現本人及其他淪陷區穆斯林對朝觀功課的願望。正如其自述的那樣：「餘之希望朝觀麥加，已非一朝一夕也」。[99] 事實上，伴隨 20 世紀初以來中國回民出國朝觀人次的增多，特別是這部分朝觀者歸國後的口頭宣講和遊記書寫無疑對其他有朝觀需求的穆斯林起到引介和激發效應。這在唐易塵身上體現得尤為顯明。唐易塵自稱很早便開始關注朝觀之事：「我記得我在二十年前，只要見了從麥加帶來的照片和圖畫，我總很關心而用好奇的眼光去看它，並要向知道的人問長問短。」這種對朝觀持純粹「關心」和「好奇」的心態在唐易塵此後的人生歷程中一直未曾消減。1927 年齋月期間，朝觀歸國不久的王振海阿訇受邀在北平天橋清真寺每晚為教眾講「臥爾茲」，唐易塵曾主動請求王阿訇為大家介紹朝觀見聞，後者則「很喜悅」地接

97　唐易塵：《麥加巡禮記》，北京：震宗報出版部，1943 年，第 4 頁。
98　同上，第 3 頁。
99　同上，「自序」第 4 頁。

受了他的請求。除此之外，唐易塵還曾有意識地閱讀了大量此前中國回民所寫的朝覲或包含朝覲內容的遊記，比如馬德新的《朝覲途記》、王振海的《朝覲摘要》、王靜齋發表在《伊光》報上的朝覲遊記以及趙振武的《西行日記》等。對於此類朝覲記述，唐易塵的閱讀近於癡迷，比如他在讀友人趙振武的《西行日記》時曾「一連整整看了四天三夜，有時吃著飯、飲著茶，但是這本《西行日記》我絕不釋手」。[100] 由此可見其對此類遊記作品的喜愛以及對出國朝覲的熱望。

因此，從這種個人信仰方面的因素出發就不難理解唐易塵為何會屢次向日方和偽伊斯蘭團體提議派遣朝覲團。作為偽「總聯合會」的總務部長，他的此種提議實際上不僅出於私人目的，更是試圖為整個淪陷區回民的朝覲活動樹立新榜樣和開闢新線路。不過，唐易塵的此種出於宗教目的的提議卻與日本想要在世界範圍內（尤其是海外伊斯蘭世界）宣傳其善待穆斯林的虛假正面形象和美化其侵略戰爭的政治圖謀不謀而合。正因如此，日方當局不僅同意唐易塵的提議，同時全額資助此次朝覲活動並且在行程中給予各種方便。[101] 據劉德潤說，日方給予他們每人三千總共一萬五千元的資助。[102] 有鑑於此，唐易塵大概也明白此行目的不會單純，於是曾謹慎地向前者「請示」了如下兩個其較為疑慮的問題：

---

100 唐易塵：《麥加巡禮記》，北京：震宗報出版部，1943 年，「自序」第 2-3 頁。
101 同上，「自序」第 3 頁。
102 天僕（馬繼高）：《朝覲日記》（續完），《月華》第 11 卷第 10-15 期合刊，1939 年 5 月 25 日，第 19 頁。

一、此行是否銜有若何使命？
二、是否派遣日系人員隨行？[103]

日方當局的回覆則是：「絕對無任何使命，更絕對不派日系人員參加。」[104] 從朝觀團最終五位成員身分均為中國回民來看，第二點確如日方所承諾並沒有派遣日本人參加。至於第一點答覆「絕對無任何使命」卻是可以深究的。實際上，在日方當局的考慮中，「華北回民朝觀團」的成行以及在海外伊斯蘭世界的出現本身即可達到某種微妙而實在的政治目的，即向外界（尤其是伊斯蘭世界）展示其對穆斯林的寬容政策以及美化其對中國東北和華北等地區的侵略戰爭，因此，這次朝觀活動其實是日本在亞洲範圍內所開展的「回教工作」的重要組成部分。唐易塵等人不可能不清楚他們此行背後這種被日本方面寄望的深層政治用意。他們實際上在深諳此點的基礎上有對日本方面進行反利用的心態，即利用日本的政治支持和經濟資助達成他們朝觀的宗教目的，用朝觀團成員劉德潤自己的話來說就是「騙日本幾個錢朝觀天房」[105]。因此，在這種強烈的朝觀願望面前，政治得失的考慮就變得次要。

對當時的他們來說，這是完成朝觀功課的難得時機：「朝觀麥加，為世界每個回民之天職，關係當局既有贊助之動議，凡屬回民誰不願往。」[106] 同時，此行還被標舉到為整個淪陷區

---

103 天僕（馬繼高）：《朝觀日記》（續完），《月華》第 11 卷第 10-15 期合刊，1939 年 5 月 25 日，第 19 頁。
104 同上。
105 同上。
106 唐易塵：《麥加巡禮記》，北京：震宗報出版部，1943 年，「自序」

穆斯林充當朝覲開路先鋒的高度：

> 此次前往麥加，雖當局無任何之使命，但吾人為事變後，朝覲之途，已蔽塞不通，吾人為辟今後之途徑，犧牲吾等數人之精神，冒萬千之兇險，辟永久之坦途，卸自身之職責，達尊貴之大典，為己為人，兩有裨益，上不妨害國家政治之演變，下不作人驅策而折本，故吾謂，此行之意義，並不泛泛。[107]

唐易塵朝覲歸國後專門撰寫長篇遊記《麥加巡禮記》的用意也在於此，其中事無巨細的沿途記錄勢必是為以後朝覲的淪陷區或國內其他地區的穆斯林作參考。不僅如此，他還在遊記正文前特別列出「朝覲須知」和「朝覲教儀」兩項內容，其條分縷析和細緻具體的苦心總結也是意在為後去者提供指導和方便。

1938年12月19日，「華北回民朝覲團」在複雜的政治時局中正式從北京出發。由於身負日偽背景，因此他們赴麥加朝覲所辦手續與所走線路均與此前或此後其他中國回民朝覲者有所不同。一方面，他們無法領取國民政府外交部的出國護照，因此只能從日偽北京警察局領到五份「出境證明書」。但此種證明在第二次世界大戰期間並不被英國等同盟國承認，因此也就無法乘坐英國船。他們此後計畫搭乘日籍船「昭國

第3頁。
107 唐易塵：《麥加巡禮記》，北京：震宗報出版部，1943年，「自序」第4頁。

丸」，但出乎意料的是該船以手續不全為由予以拒絕。他們最終是在獲得軸心國之一義大利的領事館簽字後搭乘義大利籍船隻出國的。另一方面，他們並非從北京直接赴上海乘船出海，而是先乘火車抵達偽「滿洲國」，經「奉天」（今瀋陽）到大連再乘船赴上海。在此段路程中，他們明顯受到日方當局的特別優待。首先是通關順利，比如當朝觀團抵達山海關即將進入偽滿地界時，日方職員和警察對他們嚴加盤查，但憑藉馬良璞以日語對其進行說明並示之以「出境證明書」，日方人員對朝觀團竟然「手提箱等等連一件也沒有打開看便很客氣地走了」[108]。此外，在從大連赴上海途中經過青島時，日本領事館高等特務福原春夫等人上船檢查，但也「對我們五個人非常客氣」[109]。其次在交通方面待遇較好，比如朝觀團所乘火車為「比較舒適」[110]的二等車，此外他們從大連赴上海所乘的是名為「青島丸」的日本船，此船為「跑上海有名的船，所以上面設備很好，尤其這次對我們五個人，特別優待」[111]。另外據唐易塵交待，「青島丸」上還住有一名姓王的特務，其責任為盤查船上的乘客。當其問完朝觀團的來去事由後也對後者未做檢查。[112] 由此種種安排和待遇不難見出，日方當局顯然十分重視「華北回民朝觀團」的成行，其在後者身上所寄望的政治目的應屬不淺。

　　1939年1月4日，朝觀團乘義大利籍船「康特羅索」號

108　唐易塵：《麥加巡禮記》，北京：震宗報出版部，1943年，第7頁。
109　同上。
110　同上。
111　同上，第13頁。
112　同上，第14頁。

從上海啟程繼續踏上赴麥加朝覲的旅程。此後其行程大致如右：1月16日抵印度孟買，1月25日抵瑪撒哇（即今非洲東部國家厄立特里亞的港口城市馬薩瓦），1月28日抵吉達，同日又抵麥加，2月6日完成朝覲功課離開麥加，3月20日抵上海，3月28日抵北京。

　　作為來自抗戰期間淪陷區的朝覲團體，「華北回民朝覲團」在整個行程中始終受到各方人員的猜疑和注意。比如，當他們出海前在上海停留時，就曾經被上海《新聞報》記者追蹤，後者主要目即想「打聽這五個人是負著什麼使命的，可否登錄報端」。唐易塵等人對於這次事件較為敏感，一方面派朝覲團成員劉德潤先去了解情況，另一方面則說明他們「純粹專為朝覲而去麥加，其中毫沒有使命和作用」，並以新聞自由為名對報紙是否採納他們的如此說明不做干涉。[113] 大概受此事影響，他們之後立即變更住地，從公共租界的惠中旅館搬移到法租界的亞洲旅館。在彼時環境複雜且紛亂的上海，他們確曾感受到人身安全方面的威脅。劉德潤後來在船上曾對朝覲團其他成員吐露過如此心聲：「我們五個人在上海這十幾天，是很危險的，因為上海租界裡，還有很多的秘密機關，他們對我們去麥加認為有特殊使命，所以我聽說他們對我們有些不諒解，我每天心裡都捏著一把汗。現在我們五個人都平安著上了船，我這心才放下，並且我以先也不願和你們說，現在說了也不怕了。」[114] 此外，當他們經停新加坡時，當地《星洲日報》和

113　唐易塵：《麥加巡禮記》，北京：震宗報出版部，1943年，第36-37、39頁。
114　同上，第51-52頁。

《南洋商報》的記者在接到重慶國民政府的電報後也曾上船對他們朝覲的真實目的予以探詢。除仍以「絕對沒有任何使命」做回復外，他們同時隱約地表達出自身朝覲的某種政治宣傳功能：「不過要使各地教民們知道，華北地方在這兵荒馬亂的時候，我們可以出來作朝覲，這正可以和新疆共產黨殘害朝覲團來作對照的。」[115] 不論事實如何，如此「對照」顯然有利於日本及其侵華戰爭，可見，他們對自身朝覲的政治宣傳功能並非一無所知，甚至如唐易塵等朝覲團成員對此心知肚明。

有關朝覲團的消息和傳言在其行程中一直未曾斷絕。比如當他們行至印度孟買時，當地英國海關人員居然知道他們的來歷。[116] 另外同船一位名為徐六吉的準備赴美的中國外交部職員也曾專門詢問過他們的朝覲目的，並且知曉唐易塵和馬良璞的名姓。[117] 可見在他們未到之前，有關消息已經流傳到此地。

除此之外，唐易塵等五人所遭遇的最為重要的一次事件，是他們在麥加朝覲期間受到由當時留埃中國回民學生組成的「中國回教朝覲團」（也稱「留埃學生朝覲團」）的監視和制約。後者是由彼時國內回民和伊斯蘭教界抗日的最高機構「中國回民救國協會」（後更名為「中國回教救國協會」）傳達並指示留埃學生專門組織成立的。實際上，對於唐易塵等五人的出國朝覲活動及其政治目的，「中國回民救國協會」自始至終都洞燭其奸。該會機關刊物《中國回民救國協會通告》在1939年4月21日出版的第35號上曾登載過一篇相關報導，

115　唐易塵：《麥加巡禮記》，北京：震宗報出版部，1943年，第62頁。
116　同上，第78頁。
117　同上，第81-82頁。

其中具體表明了他們對日本及其資助的「華北回民朝覲團」的揭露、批判和抵制:「敵國日本最近對回教世界活動頗力,欲以懷柔手段,聯絡近東各回教國,以謀貫徹其西進政策,而完成其獨霸亞洲之迷夢。本年敵方復派遣北平偽組織下之回民唐易塵等一行五人,參加朝覲,藉便宣傳,而惑視聽,其影響於國際者至巨。」[118] 正因如此,在唐易塵等五人抵達麥加以前,當時中國伊斯蘭上層人士如唐柯三、孫燕翼、達浦生、馬松亭等向國民政府申請撥款後便立即向留學埃及的中國穆斯林師生發送電報,要求他們組織朝覲團體赴麥加對「華北回民朝覲團」予以監視和制約,同時借機宣傳中國抗日戰爭實情。該朝覲團以龐士謙、馬堅為團長和副團長,共包括二十八位留埃中國穆斯林師生。其中,馬堅和張懷德分別對此專門撰寫並發表有同題的〈中國回教朝覲團日記〉,對該團成立經過及活動有詳細記錄。據他們在日記中所述,留埃師生接到國內電報的日期為1939年1月19日[119],此時距伊斯蘭教曆當年的朝覲日期已不足十日,距埃及最末一班朝覲船的起航日期也只有五天[120],時間如此短急,因此他們的籌備工作和手續辦理勢必是

---

118 〈回教朝覲團工作概況〉,《中國回民救國協會通告》第35號,1939年4月21日,第139頁。
119 自適(馬堅):〈中國回教朝覲團日記〉,《回民言論》(重慶版)第1卷第12期,1939年6月30日,第19頁。另外,張懷德在自己日記中將留埃師生收到國內電報的日期記錄為1939年2月18日,此日對應的伊斯蘭教曆日期為1357年12月28日,而此時當年的朝覲典禮早已結束,因此其記錄顯然在時間邏輯上不通,應為誤記,本文以馬堅記錄的日期為准。見張懷德:〈中國回教朝覲團日記〉,《回民言論》(重慶版)第1卷第9期,1939年5月15日,第27頁。
120 張懷德:〈中國回教朝覲團日記〉,《回民言論》(重慶版)第1卷

十分倉促的：「當天晚上，即行召集大會，討論一切，並把各項工作分配開來，推選專員，負責辦理，緊張的情形，好似大戰爆發的前夕，應付之忙，無法形容了」[121]。儘管如此急促，但是在留埃師生的加緊籌備以及漢志王國王儲兼該國外交部長法索萊和國民政府駐埃及開羅領事邱祖銘等各方人員的通力協助下，中國國旗和印有中、阿雙文的「中國回教朝覲團」團旗還是搭乘埃及「滲滲泉」號輪船越過紅海順利在朝覲期間的麥加上空雙雙升起飄揚。

留埃師生於當年 1 月 26 日深夜抵達麥加，而唐易塵等五人則是在 1 月 28 日抵達。儘管只早兩天，但這卻為前者爭取到寶貴的準備時間，使他們在應對後者時處於主動地位。但在此過程中，兩方遭遇時的心態卻稍有差別。與留埃師生的義憤填膺不同，唐易塵等五人可能由於還未了解前者的朝覲使命，因此當他們在吉達港登岸後聽聞留埃師生也來朝覲後表現出他鄉遇故知的欣喜之情，因為後者中「有的是我們舊日的朋友，有的是劉德潤先生西北學校的學生，有的是我們多年的神交，總沒有見過面，不想今天可以在麥加能見到，所以每個人心中都是非常的喜歡」[122]。但是此種同胞之情和故交之誼卻不可避免他們雙方在日本帝國主義對中國乃至亞洲進行侵略的時代背景下在麥加成為敵對關係。

留埃師生在麥加朝覲期間為便於監視唐易塵等五人，與後者始終同住一處並且雙方以「中國回教朝覲團」的名義共同參

　　第 9 期，1939 年 5 月 15 日，第 27 頁。
121　張懷德：〈中國回教朝覲團日記〉，《回民言論》（重慶版）第 1 卷第 9 期，1939 年 5 月 15 日，第 27 頁。
122　唐易塵：《麥加巡禮記》，北京：震宗報出版部，1943 年，第 116 頁。

加各項朝觀儀式。另外，還委派專門人員對後者予以全天候的隨身監視，以至於連「他們出恭做事都得不到自由」[123]。這實際上使唐易塵等五人徹底失去任何自由活動的機會。據負責暗地跟隨他們的留埃學生熊振宗說，唐易塵曾為此私下向馬良璞抱怨：「我們這回真倒霉，隨時隨地都有人監視著，真是不自由！」[124] 彼時雙方之間的緊張關係可見一斑。此外，為正面質詢唐易塵等人的真實朝觀目的，除龐士謙曾專門向唐易塵進行過私人交談外，留埃師生還專門在朝觀結束後在麥加專門設「鴻門宴」向唐易塵等人對質。留埃學生同時也是當時的參與者馬繼高十分詳細地記錄了當時的場景：

> 飯罷茶畢後，同學們都聚攏在一塊，把他們五人也讓來坐在了一排——這種情形恐怕他們也有幾分明白。宏毅是最後由外面進來的一個。他因為怕風乃把窗戶和房門關閉著了。並且他關閉時用力太猛，所以門窗的響聲很大；然後他又雄赳赳地坐在了他們五人的對面。這種情形使他們五人起了很大的畏懼，他們的臉紅一陣白一陣的以為我們關著門窗要打他們一頓。我們並沒有打他們，只是教訓與勸告地對他們說道：「你們知道，我們的至聖穆罕默德說：『愛國是屬伊瑪尼。』顧亭林先生也說：『國家興亡，匹夫有責。』你們既是誠實禮拜的回回，而且是有點知覺的回民，就不應該受日寇的指使而來替牠做欺騙教胞的工

---

123 天僕（馬繼高）：《朝觀日記》（續完），《月華》第 11 卷第 10-15 期合刊，1939 年 5 月 25 日，第 18 頁。
124 同上。

作。雖然你們說，是哄騙牠幾個錢來朝觀天房，但你們不知道牠以你們作為傀儡去欺詐國內外的無數教胞，對我抗戰不利。不然，實際上你們已受了牠的哄騙。至於說到朝觀的功課；有錢的應當拿出自己的錢來朝，沒錢的根本就不當然。何況你們是哄騙日寇的錢來朝觀，那這功課怎樣會成就呢？我們是同教的關係，所以我們很希望你們能夠改過自新，回國後脫離日寇，在可能的範圍內與國家做點工作。不然的話，恐怕將來國軍收復北平的時候，你們是很危險的！」有的同學說：「如果你們不改過自新，你們知不知道『穆那廢格』的意思？這就是口是心非的人。拿我們的國家來說，就是表面是中國人的身體，但靈魂已賣給了日本人，這即所謂漢奸了。《古蘭》中說：『穆那廢格們決定是在最底一層火獄之中。』這樣，你們在今後兩世都是折本之人了。」[125]

　　另一位親身參與這次事件的留埃學生張懷德的相關記載也與上述情形大致類同。[126] 從愛國思想、宗教教義、抗戰大局和政治利弊等多個層面出發，留埃師生對唐易塵等五人軟硬兼施予以嚴厲訓誡和苦心勸告，不僅否認後者朝觀活動的正當性與合法性，同時也要求他們回國後立即轉變政治取向，投入到與全國各族人民共同抗戰的大潮中。

　　作為另一方的唐易塵對這次事件的記錄卻稍有不同，其所

---

125 天僕（馬繼高）：《朝觀日記》（續完），《月華》第 11 卷第 10-15 期合刊，1939 年 5 月 25 日，第 22 頁。
126 見張懷德：〈中國回教朝觀團日記〉，《回民言論》（重慶版）第 1 卷第 9 期，1939 年 5 月 15 日，第 37-39 頁。

流露的大體旨意是怨責身居海外的留埃師生對他們這些在淪陷區為本教爭取權益的同胞實際上是不理解的：「總起來說：他們是整個不諒解華北的人，甚至把華北人都看成是漢奸，我們對他們只好加以解釋，並且說明了我們這二三年事變後努力為教的情形，不避毀譽。」[127] 顯然，在相同的宗教認同之下，雙方主要是在對國家的認知層面出現明顯的分歧。這是中國回民中基於歷史等因素所導致的兩種國家觀念之間的對抗和鬥爭。不過，儘管有如此分歧，內部政治態度實質上並不完全一致的「華北回民朝覲團」五人卻也經由麥加「鴻門宴」而在思想和態度上出現微妙變動。宴席當中劉德潤首先就有如此表態：「諸君的勸告和指示，我們是謹當奉行的，回國後我們定不與日寇做絲毫工作。別人不說，我直到現在對中央是十分擁護的。而且別人時常寫信叫我去中央供職。此次回國後，我摒擋一切，即要離開北平的。」唐易塵也表示：「回國後我們定不與日寇合作，在可能範圍內我定要做點救國工作的⋯⋯我們很希望國軍迅速到來，收復北平。」馬良璞由於自小在東北長大，此次朝覲途中對抗戰活動的見聞對其思想產生巨大影響：「路過上海始見我青天白日旗和許多愛國運動，於是使我非常興奮。只在上海一隅抗日力量的表現都粉碎了日寇對我們淪陷區城中人民的欺騙宣傳。更使我堅信吾國決不致被日寇所征服⋯⋯諸君都是熱血青年，兄弟亦非涼血動物。所以兄弟此次回國後最低限度是要勸一般在淪陷區城的同胞勿受日寇的欺騙，堅信吾國一定獲到最後勝利。」兩位綏遠阿訇也均向留埃

---

127 唐易塵：《麥加巡禮記》，北京：震宗報出版部，1943 年，第 189 頁。

師生表達了懺悔之意。[128]

　　由於學業在身，留埃師生完成朝覲功課和監視任務後於1939年2月14日乘船返回埃及。為了能夠繼續監視唐易塵等五人，他們特地委託彼時在麥加的艾沙和馬賦良替他們繼續監視。唐易塵等五人最終於2月18日離開吉達踏上原路返國之途。至此，他們在麥加朝覲期間沒有獲得任何為日本宣傳的機會。中國回民中抗日派與親日派在麥加的這場鬥爭終於以前者的完全勝利作結。

　　可能是受這場鬥爭的影響，唐易塵的心態發生明顯變化。首先，當他在返回途中聽聞張英阿訇在送給沙特國王的絲綢中私自夾入兩封阿文信件時，唐易塵對之表現出不滿：「我們既是毫無使命，我們的目的就是朝覲，朝覲終了，心願兩足，何必做這不光明的舉動呢？」[129] 其次，這種心態變化最重要的體現在於其朝覲回國後曾先後四次向日偽當局遞交辭呈，最終於1941年12月從偽「中國回教總聯合會」總務部長的職務中辭職。據當時《晨報》的報導稱，其辭職的具體緣由是胃病復發，[130] 但這背後不能說與他在麥加經受留埃師生的訓誡和勸告後且在抗戰局勢日趨明朗的局勢下思想心態和政治取向發生回轉沒有關係。另外，彼時才二十七歲上下正處盛年的馬良璞在朝覲歸國後於1941年初即因病歸真，也似乎與此相關，因為報紙在報導其病因時曾提及他朝覲後「歸國未久，精神上消

128　天僕（馬繼高）：《朝覲日記》（續完），《月華》第11卷第10-15期合刊，1939年5月25日，第22-23頁。
129　唐易塵：《麥加巡禮記》，北京：震宗報出版部，1943年，第199頁。
130　〈回教聯合會總務部長唐易塵辭職 全體委員昨開會歡送〉，《晨報》1941年12月5日，第3版。

極異常,因是愁慮衷懷,以致積勞成疾」[131]。這其中,「精神上消極異常」和「愁慮衷懷」的背後,大概與他在朝覲途中,受各地抗日運動影響愛國意識得到增長,而回國後仍不得不苟且於日偽統治的淪陷區所導致的精神壓抑有關。此種落差勢必帶給他相當巨大的思想和精神危機。中國回民青年馬良璞的悲劇,不啻為日本帝國主義對中國人的肉體和精神進行雙重摧殘的具體表現。

實際上,身處中日戰爭的特定歷史場景,唐易塵等五人的政治態度並非可以簡單地標籤化處理,其中的複雜和糾葛非設身處地是不足以理解的。在他們返國經停非洲東海岸的「瑪撒哇」時,當地阿比西尼亞小孩曾將他們誤叫為「亞布尼司」,「亞布尼司」即「Japanese」(日本人)的音譯,而他們卻十分明確地予以糾正宣告自己不是日本人,而是中國人:

> 我聽了,便對他說:「撓『亞布尼司』(即「No Japanese」,意為「不是日本人」——引者),『器奈司』(即「Chinese」,意為「中國人」——引者)」,他們聽了,點了點頭。[132]

在彼時當地人民只知道日本的歷史時刻,借由唐易塵等人之口,這應該是當地孩子第一次聽聞「中國人」這個詞語。也經由他們,當地人們或許也是第一次看見中國人。因為當唐易塵等人行走的當地街道上時,「所有的意國人和阿比西尼亞

---

131 〈馬良璞哈志逝世〉,《回教週報》第29期,1941年3月14日,第4版。
132 唐易塵:《麥加巡禮記》,北京:震宗報出版部,1943年,第199頁。

人，沒有一個不看我們的，這個或者是因為我們五個人，都是長袍短褂，所以他們看了有些扎眼」。[133]

儘管認同自己的中國人身分，但這種認同並不必然導向對日本及其侵略政策的抗拒。因為與此同時，唐易塵等人還具有更為強烈的宗教認同，而日本恰恰利用後者使他們在日本侵華戰爭中，扮演了消極和負面的角色。與此對照的是，以留埃師生為代表持愛國抗日立場的中國回民，在國家認同和宗教認同之間所採取的平衡態度，在今天仍值得繼承和發揚。

第六節　中國穆斯林在海外伊斯蘭世界的抗戰宣傳與遊記寫作

1937 年「七七」事變爆發，日本藉此發動全面侵華戰爭，中華民族也由此進入團結一致全面反抗日本侵略的歷史時期。在此過程中，中國各族穆斯林秉持強烈的「救國護教」思想觀念，高舉「天下興亡，穆民有責」等口號，在全面抗日戰爭時期積極參與到國家和民族救亡圖存的歷史行動中。除在政治軍事、生產生活、文化思想等方面做出廣泛的抗戰實踐活動外，中國伊斯蘭抗日團體和穆斯林愛國志士還在「七七」事變後，及時向國內西北等穆斯林聚居地區和海外伊斯蘭世界分別派遣多批次抗日宣傳隊伍。他們既向國內穆斯林同胞進行抗戰宣傳和動員，同時也向海外伊斯蘭世界宣傳日本發動侵華戰爭以及我國各族人民積極抗日的事實，為中國和中華民族最終取得抗日戰爭的全面勝利，做出過積極和不可替代的重要歷史

133　唐易塵：《麥加巡禮記》，北京：震宗報出版部，1943 年，第 207 頁。

貢獻。

在國內方面，1938年3月11日，「中國回民救國協會」（後更名為「中國回教救國協會」）曾組織派遣「甘寧青抗敵救國宣傳團」從武漢出發赴西北向當地穆斯林民眾宣傳抗戰。該宣傳團由王月波擔任團長，另外包括章澤群、海競強、張文正、馬裕甫、楊敬之、吳建勳、金殿桂、馬金鵬、李榮昌、金子厚、楊同璞、蒲杏庠、於龍翔等團員，包括團長和團員在內的這14位宣傳團成員全部都為回民，他們在當時均被稱為中國伊斯蘭教中「優秀的中堅人物」[134]。據《月華》雜誌第10卷第1期上的一則相關報導記述，為了向西北甘、寧、青等省穆斯林同胞更好地宣傳和動員抗戰救國，該團在赴西北過程中曾攜帶大量相關印刷品，「除印有〈告全國回教同胞書〉外，並印有《白崇禧先生最近對回胞之演講》，內有〈民族解放戰爭中回胞應有的覺醒〉、〈對於教胞的幾點希望〉、〈遵守穆聖訓示反抗侵略〉等三篇講詞」。[135] 這些印刷品在他們抵達甘、寧、青各地時應都有過廣泛的散發和宣講。其中，該團宣言〈告全國回教同胞書〉曾在《回教大眾》第2期上公開刊登。從這篇宣言中可以看出該團的成立原因及使命：「同人等均屬回教，志切救亡，激於愛國愛教之情緒，乃有『甘寧青抗敵救國宣傳團』之組織，獲得中央積極贊助，先赴西北，與我親愛之教胞晤面。因為當此全面抗戰的進行中，甘寧青居國防之特殊位置，亦可說是我們國家的生命線，尤其是我們回族的

---

[134] 〈甘寧青抗敵救國宣傳團行將出發〉，《回教大眾》第2期，1938年3月10日，第23頁。

[135] 〈甘寧青抗敵救國宣傳團到陝〉，《月華》第10卷第1期，1938年4月5日，第20頁。

生力軍的大本營，所以我們急切來到西北，向同教父老兄弟請教並商量一些衛國衛教的工作」，並且誠摯地希望「我們的同教父老兄弟，用愛護宗教的赤誠，愛護國家。」[136]

顯然，由於秉持對國家和宗教的雙重認同，中國穆斯林中的知識分子和菁英階層從「救國」與「護教」兩個方面來對西北穆斯林人群進行抗戰宣傳和動員。不過在此過程中，「救國」往往先於或高於「護教」而被提出。因為，抗戰對於中國穆斯林來說，並不是一個僅憑自身可以單獨完成的事業，而是要在與國內其他族群共同團結的前提下才能最終實現。因此，儘管存在以「護教」名義來動員國內穆斯林團結抗敵的方法，但這些抗日宣傳的穆斯林菁英更主要的還是以「救國」為思想憑藉。

除向國內西北等穆斯林聚居地區派遣如「甘寧青抗敵救國宣傳團」等團體進行抗戰宣傳和動員外，中國伊斯蘭抗戰組織也相繼向海外穆斯林占多數或占主導地位的國家和地區派遣多支抗日宣傳團隊。他們主要向這些海外伊斯蘭世界的國家和地區宣傳日本在中華大地從事的帝國主義侵略行徑、中國國內各族各教人群（尤其是各族穆斯林）的抗日行動、世界各地穆斯林應團結互助以共同抗擊日本及其他帝國主義霸權等內容。對於中國穆斯林來說，無論向國內還是向海外派遣抗日宣傳團隊均具有同等重要的地位：

回教同胞中有志之士，思欲補救，而破除日本之鬼魅技

---

136 〈告全國回教同胞書〉，《回教大眾》第 2 期，1938 年 3 月 10 日，第 27-29 頁。

俩。故聯合全國各回教團體,成立兩種組織,一為回教西北宣傳團,一為中國回教近東訪問團。俾分頭工作,藉收宣傳之效。[137]

此處所說的「回教西北宣傳團」,當指上文所述及的「甘寧青抗敵救國宣傳團」。實際上,國內和海外這兩方面的抗日宣傳活動不僅具有同等的重要性,而且他們也幾乎是在大致相同的時間內被籌畫和付諸行動的。

1937 年「七七」事變爆發後不久,中國伊斯蘭抗日組織便立即開始商討派遣訪問團赴海外伊斯蘭世界的國家和地區進行抗日宣傳。同年 11 月,由時任國民政府蒙藏委員會委員兼總務處長的唐柯三、立法委員王曾善、安徽省政府委員兼財政廳長孫繩武等當時中國穆斯林政界人士倡導,並經白崇禧支持以及國民政府批准,「中國回教近東訪問團」(下文簡稱「近東團」)在南京正式組建成立。這在時間上來說是相當迅速的。該團成員之一薛文波後來回憶說:「中國回教近東訪問團是由白崇禧倡導的,經費是由他想辦法。我記得是由軍事委員會辦公廳發給,當時的辦公廳主任是賀耀祖,對外只是說中國回族團體辦的。葉楚傖、朱家驊等國民黨要人都很支持。以後彙報工作是三份,一份給軍事委員會辦公廳賀主任;一份給國民黨中央葉楚傖秘書長;一份給中國回民救國協會白崇禧理事長。」[138] 主要倡導者之一唐柯三曾如此說明該團成立的歷史背景:

---

137 中國回教近東訪問團編:《中國回教近東訪問團日記》,重慶:中國文化服務社,1943 年,第 2 頁。
138 薛文波:〈燕山老翁回憶錄〉,《雪嶺重澤》(第 1 卷),蘭州:內部印行,1999 年,第 50 頁。

詎七七變起，敵更肆無忌憚，大舉進犯，以逞其侵略野心，我為捍衛國家疆土計，維護世界和平計，忍無可忍，遂不得不起而抵抗，以與暴敵相周旋。倭寇心計狠毒，手段卑劣，欺騙造謠，是其慣技，恆以虛偽宣傳，惑人聽聞，致是非顛倒，黑白混淆，歐美各邦，固已洞若觀火，不致為所蒙蔽，惟近東各回教國家，與我夙鮮往還，對抗戰真相，未甚明瞭，難免不為其所欺。我國有五千萬回教民眾，因信仰相同之故，與近東各回教國，情誼素洽，聲息素通，為宣傳抗戰意旨，揭破倭寇陰謀，因組織近東訪問團，遣赴近東各國，從事宣傳，此種國民外交工作，在我國當屬創舉，而施諸近東各國，尤為當前需要。[139]

在唐柯三等當時中國穆斯林人士看來，由於中國與「近東各回教國家」之間「夙鮮往還」（唐柯三在這裡其實主要是從國家外交層面來說的，暗含著他對國民政府歷來不重視與這些伊斯蘭國家進行外交聯絡而感到遺憾和不滿），因而這導致這些國家及其民眾對中國抗戰事實的不了解，並使日本美化侵華戰爭的宣傳成為海外伊斯蘭世界輿論的主流。因此，為彌補國民政府外交的不足，由中國穆斯林組成的「近東團」就被賦予了「國民外交」的屬性，擔負與這些伊斯蘭國家進行聯絡、交流，並向他們宣傳中國抗戰事實以便取得後者支援的重要職責和使命。

1937年12月，剛剛成立一個月的「近東團」便在漢口擬

---

[139] 唐柯三：〈序〉，《中國回教近東訪問團日記》，中國回教近東訪問團編，重慶：中國文化服務社，1943年，第1頁。

寫了他們的團體宣言，即〈中國回教近東訪問團宣言〉。在宣言中，他們以常遇春、左寶貴、安德馨，以及抗戰時期北方各地回民抗日力量等歷朝歷代中國穆斯林愛國志士為例，來論述中國穆斯林與國家之間休戚與共、血肉相連的命運共同體關係。在此過程中，他們分別從現代國家觀念與伊斯蘭教義本身對穆斯林愛國思想進行強調，從這兩方面來具體闡釋中國穆斯林與國家在抗戰時勢中的緊密關係：

> 回教人民為組成中華國族之重要成分……我中華回民皆中國之國民，生於斯，息於斯，與國家有絕對不可分離之關係，絕非外人陰謀、讕言所可動搖。回教人民認為中華民國之休戚、禍福與共，興亡有責，國內其他民族或不免有受敵欺騙者，但我回民則愛國精神始終如一，決不受敵人利用也。《古蘭天經》詔示曰：「汝等當為主道與殺汝等者戰，但不可過度，因真主不喜過度者。」至聖穆罕默德謂：「愛國屬於信仰。」凡我回民對此天經、聖諭奉行維謹，從不敢違。[140]

從國家和宗教兩方面的思想緣由出發，使得中國穆斯林赴海外伊斯蘭世界進行抗日宣傳活動就成為勢所必然的事情。「近東團」是在全面抗戰後國內較早成立的抗戰宣傳隊伍之一。時人評價其為：「在全面抗戰發動後數月，該團即已發起組織，在戰時各種大規模的宣傳團體中，該團居於先進地

---

140 〈中國回教近東訪問團宣言〉，《中國回教近東訪問團日記》，中國回教近東訪問團編，重慶：中國文化服務社，1943 年，第 4-5 頁。

位。」[141]

「近東團」由王曾善任團長，另外包括 4 位成員，分別為哈德成、馬天英、薛文波、張兆理。由於其中的哈德成阿訇彼時正擔任上海浙江路清真寺掌教，可能無法從繁忙的教務中立即脫身，因此最終「不獲辭職，未得參加」[142]。不過這就使訪問團缺少精通阿拉伯語的成員，為填補哈德成阿訇的空缺，「近東團」在抵達埃及時，又就近聘請當時從開羅的愛資哈爾大學留學畢業且掌握阿拉伯語的王世明作為該團新成員。因此，該團最終 5 位成員分別為王曾善、馬天英、薛文波、張兆理、王世明。除王世明精通阿拉伯語外，其他成員如王曾善擅長土耳其語和波斯語、馬天英擅長法語和英語、張兆理擅長英語，薛文波則負責記錄訪問團行程。這就使訪問團在語種上比較全面，有利於他們與「近東」各國人民進行深入交流，為其到沿線各伊斯蘭國家更好開展抗日宣傳活動打下堅實基礎。

「近東團」成立後，由於受國內戰事影響，「國府遷移，首都淪陷，交通因以梗塞，團員不能集中」[143]，導致該團一直等到 1938 年 1 月才在香港完成集結並正式出國西行，至 1939 年 1 月返抵重慶，總共歷時大約一年時間。期間，該團正式訪問了阿拉伯、埃及、利邦（今譯黎巴嫩）、敘利亞、伊拉克、伊朗、印度、土耳其等 8 個國家，並在兩次途徑巴勒斯坦的港口城市海法時，在當地做簡短訪問和宣傳。因此事實上其一共

---

141 〈讀《中國回教近東訪問團總報告書》〉，《回民言論》（重慶版）第 1 卷第 11 期，1939 年 6 月 15 日，第 1 頁。
142 〈中國回教近東訪問團總報告書〉，《中國回教近東訪問團日記》，中國回教近東訪問團編，重慶：中國文化服務社，1943 年，第 2 頁。
143 同上，第 3 頁。

訪問的國家有 9 個，行程達 10 萬餘里。

「近東團」由於派有團員專門負責記述沿途見聞和事項，因此在遊記書寫方面相對來說比較精細、充分和完整。該團最重要的遊記作品便是《中國回教近東訪問團日記》（下文簡稱「日記」）。此「日記」系由該團團員薛文波在整個行程中記錄和編寫，1939 年春訪問團回國後又主要經由團長王曾善整理和編輯，期間也曾得到「回協」人員王農村的協助，於1940 年最終定稿交付印刷局付印。但此後該印刷局遭日軍空襲炸毀，在此情狀下，王曾善等人又不得不「由灰燼亂堆中檢出原稿，逐頁拼對，已欠完整，經以種種方法，搜羅補充，始得重行付印，其間經過之困難艱苦，非可言喻」[144]。在第二次編校過程中，作為訪問團成員之一的張兆理也曾參與其中的工作。最終，在「回協」的繼續資助和中國文化服務社社長劉百閔[145]及該社同仁的共同協助下，「日記」全書才於 1943 年 9 月在重慶由中國文化服務社出版。該「日記」初版本在版權頁上將「編著者」標示為「中國回教近東訪問團」，這意在說明

---

144 曾善：〈編後記〉，《中國回教近東訪問團日記》，中國回教近東訪問團編，重慶：中國文化服務社，1943 年，第 558 頁。

145 劉百閔（1899-1968），名學遜，以字行，浙江黃岩人，早年曾留學於日本法政大學，1931 年畢業回國後曾主編《日本評論》，後在中央政治學校、中央大學、大夏大學等校任教，1938 年擔任中華全國文藝界抗敵協會名譽理事、中國國民黨中央宣傳部宣傳指導處處長等職，1939 年主持中國文化服務社，1949 年赴香港任教於新亞文商專科學校和香港中文大學，1968 年病逝。著有《經子肄言》、《孔門五論》、《周易事例通論》、《中日文化論集》等。見劉國銘主編：《中國國民黨百年人物全書》（上），北京：團結出版社，2005 年，第 473 頁。

「日記」的信息彙集和編寫成型其實是整個訪問團成員集體合作完成的。

「日記」由兩大部分組成：「日記」主體和作為其附件的《中國回教近東訪問團總報告書》（下文簡稱「總報告書」）。按王曾善在「編後記」中所說，「總報告書」其實是「本團全部工作之綜括敘述，若與日記對照閱看尤饒興趣」[146]。這兩部分內容彼此單獨編頁，「日記」主體內容共有近560頁，而「總報告書」則有近90頁。因此，「日記」整體一共有650頁左右的篇幅，這在現代中國穆斯林遊記乃至整個現代中國遊記作品中都是屬於體量比較大的。「日記」的封面書名由白崇禧題寫，除此之外，其主體內容由五個部分組成，按照編排的前後順序分別為唐柯三的「序」、王曾善的「弁言」、「中國回教近東訪問團宣言」、「中國回教近東訪問團日記」以及王曾善所寫的「編後記」。除主體內容外，作為「日記」單冊附件的「總報告書」主要由封面、目錄和正文內容三部分構成。其正文內容大致包括「緣起及組織」、「訪問之國家及近東各國大致情況」（附有「訪問日程表」、「訪問里程表」和「訪問路線圖」等）、「訪問工作之經過」、「訪問所得之效果」、「日人對我訪問工作之妨阻破壞及其在近東各國之活動」、「旅居近東各國之華僑及留學生」、「我國駐外使領之協助」、「建議」等部分。實際上，「總報告書」其實就是「日記」主體內容經過概括提煉後的精簡版。透過「日記」及「總報告書」，可以對「近東團」的整體行程內

---

146 曾善：〈編後記〉，《中國回教近東訪問團日記》，中國回教近東訪問團編，重慶：中國文化服務社，1943年，第558頁。

容及其歷史意義有更為全面和深刻的認識。

由於以宣傳中國抗日戰爭事實、溝通中國和印度洋-伊斯蘭世界的關係為主要目的，因此，「近東團」在整個行程中對沿路各相關國家和地區都進行了十分廣泛的訪問、交流和宣傳活動。他們的工作形式分為兩種：口頭和文字。前者主要為公開講演、廣播和對話交流，後者主要是以當地語言文字印刷各種宣傳品分發給當地民眾，並且撰寫文章刊登在各國主要報刊。儘管他們出於時間和經費有限等原因，主要訪問的均是沿線各國的大城市或主要城鎮，但通過這兩種形式的宣傳，該團實際的宣傳覆蓋面要廣泛很多。即便時間和經費有限，但他們在整個行程中還是組織和參加了豐富多樣的宣傳和交流活動。

第一，參加「世界回教年會」，此「年會」實際上就是指一年一度在麥加舉行的朝覲典禮。由於伊斯蘭曆每年第12月（都爾黑哲月）上旬的朝覲典禮是來自全世界不同地方的穆斯林大規模集會的時刻，因此，「近東團」十分重視這次宣傳和交流的珍貴機會：「朝漢志日，各地回教領袖雲集，正本團宣傳工作良好之時機。」[147] 實際上，他們在海外伊斯蘭世界預選的重要宣傳地點之一就是麥加。由於「近東團」從香港出發時已接近當年的朝覲日期，所以他們沒有時間對南洋進行訪問便直接趕往阿拉伯半島西岸，於1938年2月7日到達麥加。而伊斯蘭曆當年的朝覲典禮開始的日期為兩天後的2月9日，所以他們的行程時間事實上非常緊湊。當年麥加的朝覲人數大約有十二萬。「近東團」抵達當地之後，便分別與各國的穆斯林

---

147 中國回教近東訪問團編：《中國回教近東訪問團日記》，重慶：中國文化服務社，1943年，第8頁。

領袖進行接觸,向他們宣傳日本侵略中國的暴行以及其對整個亞洲大陸的野心,同時也宣傳包括穆斯林在內中國各族人民團結一致抗敵的行動。而各國的穆斯林聽完「近東團」的抗戰宣傳後,對日本侵華戰爭有了更為真實的了解,同時他們對中國表示同情和支持,「無不欣與本團密切來往」。[148]

第二,訪問各國政界高層人士。「近東團」在所經國家和地區都會拜訪當地政界高層人士,與之會見和交流。比如他們在沙特阿拉伯的時候,曾經得到沙特國王伊本·沙特的兩次接見,並且與其他沙特政府要人進行會面。在埃及時,他們也得到埃及國王法魯克一世的關照,並得到王儲的接見和招待。其他諸如黎巴嫩、敘利亞、伊拉克等國家的政界要人,也均與「近東團」有過會見和交流。這些伊斯蘭世界各個國家和地區政府要人對「近東團」的支持和關照,無疑使該團宣傳工作的成效得到更大提升。

第三,訪問各國穆斯林領袖和社會名流。這些人均是各個伊斯蘭國家和地區的精英上層人士,包括知識分子、律師、政治人物、新聞記者等等。幾乎在所訪問的每一處地方,「近東團」都會與這些人士進行會面和交流,以此向他們宣傳中國抗日戰爭的事實。

第四,訪問各國人民團體及各級學校。這些人民團體以宗教社團、社會團體以及教育機構為主,幾乎囊括所訪國家和地區的全部主要社會團體和學校。

第五,舉行現場演講和廣播演講。「近東團」在各國以現

---

[148] 〈中國回教近東訪問團總報告書〉,《中國回教近東訪問團日記》,中國回教近東訪問團編,重慶:中國文化服務社,1943 年,第 22 頁。

場演講和廣播演講的形式進行了廣泛宣傳，他們自己認為這種宣傳的效果是最大的。[149] 他們在到訪的每個國家都會有一至兩次的廣播演講，這些廣播一般都是覆蓋全國的。而現場演講的次數則更多，這些演講大多以介紹中國伊斯蘭狀況、中國文化、中國抗戰狀況、日本的侵略戰爭、亞洲團結一致抗日等內容為主。比如，他們在麥加期間向各國朝覲者演講的題目是「中國回民與全面抗戰」，向麥加的新疆僑胞演講的題目則為「中國回民為什麼要參加抗戰」。在埃及開羅期間，他們在埃及教育界俱樂部中的演講題目是「中國回教」，向埃及穆斯林兄弟會演講的題目是「近年日本在近東的政治陰謀」，向埃及公務員協會演講的題目是「現代的中國」等。「近東團」在各國的演講幾乎都以諸如此類的內容為主。因此，從這些演講題目可以看出，他們在宣傳中國抗日戰爭事實的過程中，同時也向海外伊斯蘭世界宣傳中國的文化、政治、社會等各方面內容。這無疑會使這些伊斯蘭國家和地區，對中國及中國伊斯蘭有更為直接、全面和深刻的認識。正因如此，「近東團」已然超出中國穆斯林抗日宣傳團隊的性質，同時還充當著一支採取各項措施、實踐眾多工作內容的中國國民外交團體和文化交流使者的角色。

　　第六，在伊斯蘭世界各國的清真寺宣傳中國抗日事實。清真寺是穆斯林聚集在一起進行禮拜的公共空間，尤其在禮拜五的「主麻」日（聚禮日），其周邊居住的穆斯林更是會大量聚集在該空間場所舉行聚禮，因此清真寺比較適合進行集中性

---

149 〈中國回教近東訪問團總報告書〉，《中國回教近東訪問團日記》，中國回教近東訪問團編，重慶：中國文化服務社，1943年，第38頁。

的大眾宣傳活動。「近東團」正是抓住了清真寺作為穆斯林民眾公共社會空間的這種獨特性質,所以他們在伊斯蘭世界每到一個國家都會在禮拜五去往當地的清真寺宣傳中國抗日事實:「本團所至之地,遇聚禮日即赴清真寺參加禮拜,借機向教眾宣傳講演,此種講演,因值禮拜時間,彼此間之宗教感情油然而生,更易得人之同情,故其效果較之普遍講演尤為宏大。」[150] 他們在清真寺演講過的城市包括麥加、開羅、貝魯特、大馬士革、巴格達、德黑蘭、孟買、加爾各答、伊斯坦布爾等。這些均是伊斯蘭世界的重要城市,這些城市的清真寺在「主麻」日時聚禮的人數必定不在少數,這無疑為「近東團」的宣傳提供了絕好的機會和空間場所。

第七,在各國歡迎大會上宣傳中國抗日戰爭事實。「近東團」在行進至印度洋-伊斯蘭世界各地時,當地均會召集民眾召開歡迎該團的大會。而此種大會的議程中必定含團隊人員講演的環節,因此,他們憑藉此珍貴機會對當地民眾宣傳中國抗日戰爭事實,這種宣傳無疑會增加當地廣大民眾對中國抗戰的同情和支持。

「近東團」以中國抗日戰爭宣傳為首要目的。除此之外,他們在印度洋-伊斯蘭世界的出訪過程中,同時也在中國與這些國家和地區的文化、宗教、外交、民間方面的交流中充當了文化橋樑的角色。他們對於沿途各國各地社會狀況的考察,在當時的中國知識和思想領域來說是開創性的。並且,這些考察在此後中國與印度洋-伊斯蘭世界文化和社會交往關係中扮演

---

150 〈中國回教近東訪問團總報告書〉,《中國回教近東訪問團日記》,中國回教近東訪問團編,重慶:中國文化服務社,1943 年,第 40 頁。

著十分重要的作用。

按《中國回教近東訪問團日記》的附件〈中國回教近東訪問團總報告書〉記載,「近東團」原定的訪問計畫,除「近東」各國之外,其實還要由近及遠逐個訪問「南洋、爪哇、蘇門答臘、暹羅、緬甸、巴達維亞、印度、阿富汗及阿拉伯全部各邦,以至非洲各部回教國與回民眾多地方」。[151] 但由於國內戰事影響導致他們行期延誤,等到從香港出發時,當年的朝觀日期業已迫近。因此,為能及時趕到麥加借朝觀的珍貴時機向全世界穆斯林宣傳日本侵華戰爭和中國抗戰的事實,他們不得不更改行程,乘船由海路直接趕赴麥加,省略了對東南亞各地的訪問。實際上,當年的朝觀典禮大約從西曆的 2 月 7 日開始,而該團從吉達登陸後經過連夜趕路才在 7 日凌晨終於抵達麥加。時間如此緊促,按原計劃到南洋各地逐個訪問當然是不可能的。另外,在訪問完「近東」各國以後,該團經費已顯不足,於是,便不得不取消赴阿富汗和除埃及之外的其他非洲穆斯林國家訪問的計畫,這也使他們更不能在回程途中彌補去程時沒有對南洋各地進行訪問的缺憾。這為此後「中國回教救國協會」和國民政府又重新單獨派遣「中國回教南洋訪問團」(下文簡稱「南洋團」)埋下伏筆。

實際上,之所以要再次組建一支訪問團赴南洋宣傳中國抗戰事實,一方面是彌補「近東團」的遺憾,將原有的訪問計畫付諸實施;另一方面,可能也是更為實際的原因在於,「近東團」雖然獲得了各穆斯林國家及其人民對中國抗戰的情感和道

---

151 〈中國回教近東訪問團總報告書〉,《中國回教近東訪問團日記》,中國回教近東訪問團編,重慶:中國文化服務社,1943 年,第 22 頁。

義支持,但實際的物資支援卻並不豐碩。考慮到東南亞各地穆斯林人口眾多,並且分布有一定經濟實力的華僑群體,因此,由這兩方面原因促使「南洋團」的組建和成行也就勢所必然。這在既作為「近東團」成員又作為「南洋團」團長的馬天英在後來的回憶文章中有清晰記述:

> (「中國回教近東訪問團」——引者)回國後,本人對於向近東穆斯林國家宣傳只得到同情而無實際之成果不甚滿意,於是在1938年又建議去南洋作同樣之宣傳。本人那時年青敢幹也敢「吹」,本人告訴孫氏(指孫燕翼——引者),如若政府派我去南洋作同樣之宣傳,我的成績會超過近東訪問團幾倍。孫氏又約我到南京向中國回教協會理事長白崇禧將軍建議派本人為團長,馬達五阿衡與吳建勳副之。[152]

馬天英所提及的孫燕翼對此也有相關記述:「馬天英君感於近東訪問團對抗戰貢獻之大,以南洋群島一帶之土著,信仰回教者,為數逾一萬萬,且為僑胞兼衍之地,而僑胞與土著之間,距離若鴻溝,尤為日人侵華後之次一侵略目標,擬組中國回教南洋訪問團,以樹立僑胞與土著間之橋樑而爭取整個南洋對我抗戰之聲援。余以馬君之意見,轉言於白理事長,立荷同意,在中央黨部朱秘書長家驊之扶持下,該團迅即組成,馬天英任團長,吳建勳、馬達五為團員,由渝飛港轉往馬來半島與

---

[152] 馬天英:〈孫燕翼與我〉,《回教之光》第74期,1975年8月31日,第2版。

北婆羅洲。馬天英、吳建勳擅長英文，馬達五則精粵語暨阿拉伯文，人數雖少，其質則優。」[153] 孫燕翼在此還強調了「南洋團」的另一重意義在於彌合南洋各地僑胞與土著居民之間的隔閡，從而加強中國和南洋在抗日過程中的合作和團結。實際上，該團到南洋各地的工作實踐也的確發揮了上述這種作用。由此可見，與「近東團」相同，「南洋團」也不能被僅僅簡單視為一個穆斯林抗戰宣傳和交流團體，其初衷、實踐和影響都已超越穆斯林抗戰的範圍，而具有國家間文化和社會交流的性質，是在國家層面上進行的綜合國民外交活動。

1939 年 8 月 6 日，由馬天英任團長、吳建勳[154]和馬達五[155]為團隊成員的「中國回教南洋訪問團」從重慶出發，途中在桂林和香港有短暫停留，當年 12 月 10 日抵達新加坡正式開始他們在南洋各地的訪問行程。由此到 1941 年 2 月 21 日[156]

---

153 轉引自[馬來西亞]艾驪‧馬琳：《馬天英》，吉隆坡：馬來西亞回教福利機構（PERKIM），1991 年，第 83 頁。
154 吳建勳生平現已很難查考。
155 馬達五（1902-1978），中國伊斯蘭教阿訇、名醫，回族，廣東肇慶人，早年在廣州、上海、西寧學習阿拉伯文和伊斯蘭教經典，25 歲「穿衣」成為阿訇，後又在上海進修醫學。1929 年在香港創辦第一所穆斯林學校並為學生教授主要課程。抗戰時期曾參加「中國回教南洋訪問團」，向東南亞華僑宣傳抗日救國。香港淪陷後遭日軍逮捕，後逃生偷渡回大陸，堅持救國興教。1945 年抗戰勝利以後返回香港，開辦醫院，創辦穆斯林布道會，出版伊斯蘭書刊，舉辦教育活動，並擔任教長職務。主要譯著作品有《奉教須知》、《信教之根》、《拜功儀式》、《古蘭經選讀》、《穆民手冊》、《省慕與追念》、《慎絡與殯禮》等。見鐵木爾‧達瓦買提主編：《中國少數民族文化大辭典：西北地方卷》，北京：民族出版社，1999 年，第 206 頁。
156 〈南洋訪問團歸國〉，《中國回教救國協會會報》第 3 卷第 3、4 期

歸國返渝，該團先後深入訪問了新加坡、馬來西亞和英屬北婆羅洲等地，整個行程歷時一年零八個月左右，里程達四萬餘里。根據馬天英所述，他們訪問的主要目的有如下幾方面：第一「是要告訴南洋的同教，回教在中國的歷史、地理、及其對於國家的貢獻」；第二「要使南洋人知道現代的新中國，和我們到底為什麼抗戰」；第三「是加強南洋中、回人士互相了解，增進感情」。[157] 與「近東團」訪問主要走「上層路線」不同，「南洋團」在東南亞的訪問更為下沉和深細，他們不僅在各大城市進行宣傳和交流活動，而且涉足至南洋各地偏僻的基層鄉村。其所接觸的對象，除華僑群體外還包括大量的當地土著民族。馬天英等人在南洋各地受到華人、土著等各個人群熱烈歡迎，其抗日宣傳成果也較為豐碩。

「南洋團」的三位成員根據他們各自的日記，共同編寫有《馬來亞訪問記》和《北婆羅訪問記》兩部遊記。它們分別在1941年2月和3月印刷出版，其中前者是以時間先後為邏輯按照日記體編寫，而後者打破時間順序按照紀事體編寫。《馬來亞訪問記》記述的是該團自1939年12月10日抵達新加坡開始對馬來半島進行訪問直至1940年8月15日重返新加坡期間的訪問行程。遊記全文為六萬字左右，共分十三章，並附有兩百多幅訪問期間的照片。而其姊妹篇《北婆羅訪問記》記述的是該團自1940年10月7日抵達北婆羅洲的古晉至1941年1月11日返回香港期間共三個月零五天在北婆羅洲的訪問

合刊，1941年2月，第10頁。
157 馬天英：〈前言一〉，《馬來亞訪問記》，中國回教南洋訪問團編，香港：中國回教南洋訪問團印，1941年，第1頁。

行程，共分四章，並附有兩百幅左右的照片和資料圖片。

由於《馬來亞訪問記》目前在國內已很難查閱到，所以本文主要是以《北婆羅訪問記》為重心，並結合其他相關文本資料來考察「南洋團」的具體經過與歷史意義。當該團出國南行之後，《中國回教救國協會會報》曾經連續刊載了由該團編寫的在馬來半島各地訪問的一系列行程表，由此可以清楚知道該團在這段時間內的大致訪問經過和路線。他們從 1939 年 12 月抵達新加坡開始，相繼訪問了柔佛、麻六甲、森美蘭、吉隆坡、太平、怡保、吉蘭丹、丁加奴、檳城、玻璃市、吉礁等馬來半島及周邊各地。僅從日程表來看，他們的訪問行程中的活動內容是十分豐富的，包括訪問當地學校、清真寺、僑居當地的華人社群以及包括土著社群在內的當地各類人群，並且借助各種機會和場合進行關於中國抗戰事實的講演宣傳。不僅如此，他們還在當地積極成立「中馬文化協會」，為促進中國與馬來西亞兩國之間的文化交流做出大量工作。

根據「南洋團」團長馬天英在《北婆羅訪問記》的「前言一」中所述，他們在結束對馬來亞的訪問以後，接下來本按計劃要去爪哇和蘇門答臘繼續訪問，但是「在荷蘭政府不允入爪哇及蘇門答臘境的情況下，掉轉方向，往英屬婆羅洲前進」。[158] 1940 年 10 月 7 日，「南洋團」抵達北婆羅洲沙撈越邦的政府駐地古晉開始對整個英屬北婆羅洲進行訪問並開展交流和宣傳活動。

據《北婆羅訪問記》記述，作為當地華僑眼中「祖國」派

---

158 馬天英：〈前言一〉，《北婆羅訪問記》，中國回教南洋訪問團編，香港：中國回教南洋訪問團印，1941 年，第 1 頁。

來的代表團,「南洋團」到達北婆羅洲各地時得到當地民眾的熱情歡迎,這在他們抵達古晉時有明顯體現:

> 到了古晉,遠望碼頭上人山人海,旗幟高張,船慢慢靠好了碼頭,正面一個大旗,「歡迎祖國回教南洋訪問團」。碼頭上站滿了僑胞、教胞、紳士、工人、學生,這時爆竹響了,響聲震耳,煙霧迷漫。我們走下船來,莊嚴肅穆的國歌聲裡,全場都立起正來。國歌唱畢,我們由黃慶昌君引導,與僑領及馬來領袖握手致謝。[159]

由於來自「祖國」,「南洋團」在東南亞各地與當地華僑群體產生深厚的情感認同。在後者看來,這是「祖國」派遣專門團體來慰問他們這些久居南洋的華僑群體的。「南洋團」每到一地都會與當地華僑群體會見和交流,而後者均為他們舉行熱烈的歡迎大會。與此同時,「南洋團」由於其伊斯蘭背景的緣故,也受到南洋各個地方當地穆斯林群體的歡迎,對後者來說,來自中國的伊斯蘭團體無疑在宗教層面上與他們也具有親切感。而該團在南洋訪問的地方大多均聚居有眾多穆斯林,因此他們實際上還充當中國和南洋各地伊斯蘭社會交流的使者。既是身具國家派遣性質的中國團體,同時又是伊斯蘭團體,這種雙重身分使他們在南洋各地不僅充當了「國民外交」的角色,同時也在當地為拉近華僑群體和當地穆斯林群體間的關係,做出過大量積極的促進作用。這是抗戰時期出現的一種

---

[159] 中國回教南洋訪問團編:《北婆羅訪問記》,香港:中國回教南洋訪問團印,1941年,第1頁。

獨特的歷史現象,其中包含著靈活、親切和富有想像力的互動關係。

當「南洋團」到達當地後,北婆羅洲一位名為楊耀庭的老華僑對該團的一番話,頗能說明該團在彼時南洋華僑群體心目中的地位:

> 楊耀庭君,是一個年逾古稀的矍鑠老人,來到南洋已五十餘年了,他致詞時,強調說明到南洋五十年以來,沒有見過一個政府派來的代表,中回南訪團(即「中國回教南洋訪問團」——引者)的蒞臨,是祖國派人慰視海外僑胞的第一次,這位老人家說得很沉痛……[160]

作為「祖國」派遣來的代表團,「南洋團」在南洋各地華僑心中所激起的國家感情和認同意識是十分強烈的。事實上,他們在當地訪問的主要對象包括華僑組織、學校、團會、工廠等,並且深入到當地鄉村去進行探訪、交流和宣傳,取得了比較廣泛和豐富的宣傳交流效果。在此過程中,他們也確實得到了南洋各地華僑對中國抗戰的物資支持和贊助,這些均被他們帶回國內為中國抗日戰爭事業提供支援。

另一方面,他們也對南洋各地的穆斯林社區進行了深入和親切的訪問、交流和宣傳。作為來自中國的伊斯蘭團體,他們不僅將中國的伊斯蘭狀況和整個中國的抗戰事業對東南亞穆斯林予以宣傳,同時也積極聯絡當地土著穆斯林與中國之間進行

---

[160] 中國回教南洋訪問團編:《北婆羅訪問記》,香港:中國回教南洋訪問團印,1941年,第3頁。

加深了解和認知。事實上，他們在東南亞組織成立的「中馬文化協會」就具有這種文化溝通的作用和意義。除此之外，他們還積極倡導南洋穆斯林組織團體赴中國各地進行訪問，以便加深理解和溝通。事實上，作為「南洋團」團長，馬天英在新中國建立後，並未歸國，而是一直留在馬來西亞等地繼續從事促進中國與東南亞各地之間文化溝通的工作，以華僑穆斯林的角色繼續發揮著文化使者的獨特角色。

事實上，當時南洋各地人民心中對中國抗日戰爭事業存有極高期望。在「南洋團」的訪問行程中，一位印度人曾經對中國抗戰進行過資金捐助，他對「南洋團」的幾位成員說：「我們的命運，繫於你們的抗戰。」[161] 這充分說明，中國的抗戰曾經得到過南洋國家人民的支援和援助，而其中有些是直接通過「南洋團」實現的。該團是其他國家人民，尤其是南洋各地華僑和穆斯林對中國抗戰進行支持和捐助的珍貴通道，發揮過重要歷史作用。

除「中國回教近東訪問團」和「中國回教南洋訪問團」外，中國留埃穆斯林師生也曾組織朝覲團在麥加朝覲期間進行抗日宣傳，這部分內容在前章已有論述，此不贅述。另外，部分穆斯林如達浦生阿訇還曾以個人的形式赴海外伊斯蘭世界宣傳中國抗戰。[162] 從這些無論民間個人還是官方或半官方團體的抗日宣傳活動，可以看出抗戰時期中國穆斯林強烈愛國意識和豐富的救國實踐。因而，實事求是地來說，抗戰時期中國穆斯

---

161 中國回教南洋訪問團編：《北婆羅訪問記》，香港：中國回教南洋訪問團印，1941年，第6頁。
162 見李健彪：《達浦生評傳》，北京：作家出版社，2017年。

林的這份反帝反殖以及愛國救國的思想和實踐遺產應被今天的人們「看見」並得到認真研究。

在 20 世紀前半葉現代世界格局和中國社會發生巨大革變的歷史時勢中，中國穆斯林在印度洋 - 伊斯蘭世界的考察旅行是當時中國人「睜眼看世界」浪潮中的一部分，他們的遊記寫作也是現代中國海外遊記書寫實踐中不可或缺的獨特構成，體現出跨文明、跨區域、跨體系的特徵。中國穆斯林以考察、留學、朝覲、抗日宣傳等目的赴印度洋 - 伊斯蘭世界的遊歷行動，既是中國伊斯蘭在彼時深刻自我變革的具體表徵，同時也是其轉變或調整自我與中國社會之間關係的生動體現。中國穆斯林的印度洋 - 伊斯蘭世界遊記書寫，由於諸多原因一直以來被塵封在歷史深處鮮有研究者關注。伴隨 2013 年中國「一帶一路」倡議的提出和深入實踐，這些遊記中的部分重要作品，如龐士謙的《埃及九年》等又被人們重新整理出版問世，為今天中國社會目睹和重識這些遊記文學作品及其價值提供了契機和線索。

事實上，在整個 20 世紀前半葉中國文藝中伊斯蘭表述的譜系和脈絡內，這部分由中國穆斯林書寫的有關印度洋 - 伊斯蘭世界的遊記文學作品，在其中占據著重要而特殊的位置。儘管本書以「遊記」來統稱這些作品，但它們內容之廣博和體式之豐富是超出一般人們所理解的那種遊記文學的。它們一方面扮演著當時中國穆斯林在印度洋 - 伊斯蘭世界各地考察時實錄所見所聞的重要功能，同時也是他們在海外異國他鄉記述個人心靈時感、情感體驗和思想流動的直接方式。因此，僅僅單純從文學性角度來理解這些作品的表達並不足夠，還需從社會、

國家和思想等方面來深入看待。本章的考察和研究也僅是初步探索。

作為中國多重社會內部的重要組成部分，中國穆斯林人群在 20 世紀前半葉赴印度洋 - 伊斯蘭世界的考察旅行與明朝鄭和七下西洋的盛舉，在某種程度上是有歷史連續性的。因為他們都是以中國人的身分赴海外印度洋世界，為中國與東南亞、南亞、西亞、北非等地區之間的文化交流和人文相通起到積極作用。尤其在 1937 年「七七」事變爆發後的全面抗日戰爭時期，以「中國回教近東訪問團」和「中國回教南洋訪問團」為代表的中國穆斯林抗日宣傳團體和個人，赴印度洋 - 伊斯蘭世界宣傳中國抗戰事實的行動，是接續鄭和下西洋的一次具有國民外交性質的和平之旅。

從中國到域外世界的旅行本身同時也是跨文化和跨區域的想像過程。中國穆斯林到印度洋 - 伊斯蘭世界的遊歷行為，不僅使他們對伊斯蘭地區和整個世界有了新的認知，同時也促使他們重新思考自身在中國和世界的歷史位置。在此過程中，他們的知識體系、國家意識和宗教觀念均有較大流變。比如，王靜齋阿訇等人的遊歷充分說明中國穆斯林在海外伊斯蘭世界的過程中其國家觀念並非逐漸消滅，反而得到不斷增強，映襯出他們對生養自己的祖國大地深厚的熱愛和眷戀。此外，因他們既為中國人同時也是穆斯林的雙重身分背景，使得他們在赴印度洋 - 伊斯蘭世界遊歷的過程中，還充當著文化傳播和文明溝通的角色。正如郭少棠在《旅行：跨文化想像》中所言：「各種行遊者在自身的時空轉移活動中，勢必有意無意地帶動不同時空與類型的文化因素發生轉移。就此而言，一部行遊者的活

動史完全可以視為一部文化轉移史。」[163] 而且，這樣的橋樑角色在新中國成立後與「第三世界」國家團結聯合的過程中也發揮著積極重要的歷史作用。尤其在馬堅、納忠、納訓、龐士謙、達浦生等穆斯林知識分子在 1949 年以後的生命經歷中體現得十分明顯，他們基於此前在伊斯蘭世界遊歷生活的知識和經驗，充當了中國與阿拉伯「兄弟」之間在外交與文化等方面交流聯合的關鍵紐帶角色。

因而，現代中國穆斯林在印度洋-伊斯蘭世界的遊記書寫，不僅應在中國伊斯蘭思想歷史脈絡裡面來看待，同時更應被放置於現代中國社會變革的整體框架中來認知。它們不僅是作為中國少數社會人群的自我表述，更反映著中國現代社會的深刻內容。事實上，我們一般對現代中國社會變遷的認知往往都是從那些身處「中心」位置的事件和人物來看待，而忽視了處於「邊緣」位置的地域和社會人群同樣經歷了深刻、複雜和獨特的流變。這種人為歷史性建構起來的「中心／邊緣」結構在今天或許有值得重新思考的必要。本書從作為中國社會少數人群的穆斯林的視角出發來重識現代中國社會的變革和再造恰是由此思路出發而進行的初步嘗試，揭示出中國伊斯蘭和穆斯林人群身處現代變革浪潮時的精神史、心靈史以及在中國文藝中的表述／被表述史。

在中國逐漸向現代國家的演進歷程中，中國伊斯蘭和穆斯林群體也相應地積極變革自身，並調適與整體中國社會之間的關係。他們在印度洋-伊斯蘭世界的遊記書寫，既是此番歷史

---

[163] 郭少棠：《旅行：跨文化想像》，北京：北京大學出版社，2005 年，第 114 頁。

變遷的反映，同時也是推進此種轉變的重要文藝和文化力量。沒有 20 世紀中國整體所處的新的時勢條件，中國伊斯蘭和穆斯林群體在現代中國歷史位置的深刻轉變也不會發生。與此同時，中國穆斯林赴印度洋 - 伊斯蘭世界的遊歷及相應的遊記書寫也可能很難出現。在新的政治結構、經濟條件、文化形態和族群關係的基礎上，作為中國社會中「熟悉的陌生人」的伊斯蘭和穆斯林群體，才有可能從既往的陳舊位置和關係中騰挪出來，從而展現出歷史上前所未有的新關係和新面貌。他們的印度洋 - 伊斯蘭世界的遊記書寫所反映出的內容和精神體現出這種歷史變遷的劇烈，同時又反過來促進了此種變遷的深化。或許正因如此，這些遊記作品不應僅僅成為被塵封的曆史遺跡而無人問津，同時更應成為某種現實境況的參照與借鏡，供我們認真閱讀和反思。

結論
經驗與方法：如何表述伊斯蘭？

　　作為中國社會當中一個重要的文藝和思想問題，伊斯蘭表述始終或隱或顯地內在於 20 世紀前半葉中國各族知識分子和民眾的理論思考和具體實踐之中。然而，受困於以往學術方法、理論話語和思想視野的既定局限，此問題始終處於潛隱或漠視狀態而不得彰明。事實上，無論是從現代中國文藝豐富而複雜的實踐向度來看，還是從中國伊斯蘭和穆斯林的歷史位置乃至中國各族各教交流互動的角度而言，該問題均意義重大且亟待深究。與此同時，此議題也可以從側面映照出現代中華民族共同體的具體實踐和歷史形態。事實上，中國文藝中伊斯蘭表述的脈絡，既是中華民族命運與共的具體表現，同時其也積極參與了中國各族各教交流融匯的歷史進程，發揮出不可替代的獨特歷史角色。

　　在中國一千三百多年流傳、轉化、重塑的漫長歷史中，伊斯蘭和包括回民在內的中國各族穆斯林已成為中國多重社會內部一個不可分離的重要構成部分。他們是中國之為中國的底色之一，是博大精深的中華文明血脈中的一支。中國伊斯蘭和各族穆斯林在中華大地上的歷史和現實，深刻體現著中國社會和中華文明和而不同、美美與共的本質特性，這種特性支撐、構築和指引每一個中華兒女的思想和行動。如果我們失去這種特性及其背後的精神價值，中國又將如何？因此，探討伊斯蘭及

其在現代中國文藝中的表述問題，其根本上是在探討中國社會最深刻的特質和運行機制。由此引出的值得重思的問題是，中國是否只能從所謂「多數性」或「中心性」的議題及視野中獲得認識？而從「少數性」或「邊緣性」議題及視野中認識的中國難道是非中國？因此，最終可能需要繼續追問的仍然是何為中國？如果從這樣的問題出發，此前學術和大眾話語表述中那些看似不言自明的定式都將被重新檢視，尤其是關於伊斯蘭和穆斯林的那部分。

從黑龍江到雲貴高原，從西北內陸到東南沿海，伊斯蘭在中國衍生出多重、豐富和獨特的歷史樣貌，至今仍以其鮮明的文化特徵在中華大地繁衍生息、綿延賡續。伊斯蘭和各族穆斯林與中國社會之間是血濃於水、唇齒相依、肝膽相照和命運與共的關係。伊斯蘭是在與中國社會交融共生的互動中形塑出自身的形式和內容的，因此，對中國伊斯蘭的理解，就不能局限於伊斯蘭和穆斯林內部，而應在開放的互動關係中進行，無論這種互動是直接還是間接的。本書從現代中國文藝的視角出發理解伊斯蘭表述，就是在這一方法的主導下嘗試進行的學術探索。本書試圖在諸如「回族文學」、「穆斯林文學」、「伊斯蘭文學」等範式之外另闢蹊徑，從話語表述及其互動關係中探討伊斯蘭和穆斯林在現代中國文藝和思想中的表述脈絡及其特徵，重探伊斯蘭與中國社會的關係在現代歷史時期的變遷，以及中國穆斯林社會本身的現代變革思潮。在此基礎上，本書也努力將問題至於全球歷史變動的浪潮中理解，因為，中國伊斯蘭和各族穆斯林不僅身處中國，同時也內在於整個世界的變局中。在此意義上，文藝與社會政治內容之間是對話和互動的關係，它即是現代中國伊斯蘭歷史變化的生動呈現，同時又是深

度參與此過程的重要力量。事實上，文藝能夠發揮出這種重大力量本身同樣是 20 世紀新的歷史條件所帶來的新現象和新事件。正因如此，現代中國文藝中的伊斯蘭表述才能呈現出前所未有的嶄新筋骨和面容。

20 世紀以前，伊斯蘭和穆斯林在中國文藝實踐中大部分時候是處於缺席的歷史狀態，其始終是作為中國社會中「熟悉的陌生人」而存在。但是伴隨滿清王朝的覆滅，以及 20 世紀中國社會新的時勢條件持續產生，此種舊有的歷史位置和社會關係相應地發生了重大變革和再造。在中國社會革故鼎新的劇烈進程中，中國伊斯蘭和穆斯林人群也進入新的歷史發展時期。從「五族共和」到「中華民族」的論述和實踐過程中，同時經由與其他族群對近現代以來中國社會面臨的諸多內外危機的團結應對，中國伊斯蘭和穆斯林也通過政治、經濟、文化、社會等方式，重塑為中國社會革命和建設事業中的一股必不可少的重要力量。這種新的面貌和關係，在 20 世紀前半葉中國文藝中有關伊斯蘭表述的實踐中體現得比較顯明。

現代中國伊斯蘭教內外各族知識分子在中國新文化運動和中國穆斯林新文化運動的雙重激盪下，對中國伊斯蘭和穆斯林人群展開了不同以往的豐富文藝和思想實踐。這些實踐從側面展現出現代中國社會面對的諸種危機和變革，同時也以文藝的方式介入中國各族各教的情感聯繫和團結合作，使得中國伊斯蘭和穆斯林人群與中國大眾社會的關係發生了重大變化。在攜手共同抵禦來自外部的帝國主義侵略和建設新的現代中國的歷史進程中，穆斯林與中國其他族群共同塑造成為不可分離和血肉交融的「中華民族」和「中國人民」的命運共同體。

現代中國文藝中伊斯蘭表述的譜系和脈絡，是經由中國

伊斯蘭教內外各族知識分子在不同歷史時刻共同完成的。基於此，本書的梳理和考察並非僅僅局限在中國穆斯林群體內部，而是以整個中國和中華民族作為思考和研究的視野。這其中，不僅包括中國穆斯林本身的文藝和文化實踐，同時也囊括了伊斯蘭教外各族非穆斯林知識分子的相關實踐，並且尤其對伊斯蘭教內外各族知識分子共同合作的實踐部分予以特別突顯。在當前鑄牢中華民族共同體意識的思想前提下，本書突破以往學術領域中較流行的族裔或族群研究範式，意圖是要在中國各族人民命運與共的視野下揭示現代中國穆斯林與各族各教交往交流交融的文藝實踐的歷史事實。同時，本書也試圖在跨族群、跨宗教、跨體系的層面探索真正囊括各族各教實踐的現代中國文藝研究的新路徑。經由中國伊斯蘭教內外各族知識分子的共同書寫實踐，才使得中國文藝中伊斯蘭表述的譜系和脈絡呈現出豐富和獨特的歷史面貌。這不僅反映出中國伊斯蘭在20世紀前半葉歷史位置和命運的更變，同時也映照出現代中國文藝和文化實踐具有超出人們想像的多樣和複雜。這種多重性和複雜性在以往界限分明的學術研究範式和框架內較易被人們忽視，本書揭示的伊斯蘭表述也僅是隱沒在歷史地表以下的一重世界而已。

　　20世紀前半葉，現代中國文藝中的伊斯蘭表述到底為我們留下了怎樣的經驗與方法？事實上，本書在考察此段表述史的過程中，始終將其與當下的文藝和社會現實對應起來思考。在一定的現實緊張感之下，本書有關現代中國文藝中伊斯蘭表述的研究，一方面是希望補充學界在此話題上的探討缺失，另一方面也是試圖以歷史查考的方式來回應時下的諸多問題。有關中國伊斯蘭和穆斯林表述的新與舊、正與反、清與汙、善與

惡，以及這些表述背後的思想歷史淵源、文藝呈現和反映出的社會心態，都是本書在研究中著意去考察、辨識和追溯的。

從清末開始的中國穆斯林新文化運動和民國初年興起的「五四」新文化運動的雙重影響下，中國穆斯林人群也積極發起本宗教和本族群的革新，這既涉及穆斯林社會內部的改造，也涉及其與中國社會之間關係的重組。在大力創辦作為新型媒介的報刊的同時，中國穆斯林中間的有志之士和先進分子開始提筆表述自我，書寫本宗教和本族群特定物質生活和精神文化內容。在這其中包括大量的報刊文藝作品，這些作品既是他們在新的時勢空間中表述自我的體現，同時也是中國穆斯林在彼時政治文化條件下通過書寫自我向中國大眾社會宣傳和介紹中國伊斯蘭文化和穆斯林生活習俗，以此消除由諸多歷史原因造成的彼此之間陌生、隔膜和誤解的舊有關係。並且，在此轉變的基礎上進而創造出一種嶄新關係，促使彼此之間加深了解（在當時相關知識分子的語境中主要指「漢」對「回」的了解），增進互相的感情聯繫和團結意識。在清末民國時期中國社會仍面對深重的外部帝國主義侵略和內部諸種危機的社會歷史空間內，這種面向中國社會的自我表述以及背後反映出要改變與國家之間舊有關係的意識，就尤其成為一種進步、積極且重要的文藝和文化實踐。在從「五族共和」到「中華民族」的轉變和再造過程中，中國伊斯蘭和穆斯林群體的這種頗具歷史突破性的自我表述，更是穆斯林在面對中國新的國家形態和族群宗教關係的時空中在文藝方面做出的積極回應。這些作品內容廣博、體式多樣、信息豐富，反映出彼時中國伊斯蘭和穆斯林群體的國家意識、宗教觀念和文化形態等諸多內容，是了解現代中國伊斯蘭和穆斯林社會文化變遷的重要文本。透過這部

分中國穆斯林表述自我的文藝作品，可以發現彼時的他們不僅主動發起自身社會文化的革新發展，同時更以積極態度參與到整個中國社會的變革和再造進程中。在他們看來，「興教」（事實上，從中國穆斯林當時的論述來看，「興教」是一個極為寬泛的概念，並非局限在宗教上，實際上包括了穆斯林社會的各個方面）和「救國」始終緊密聯繫在一起，二者是辯證統一的關係，互為表裡。從《醒回篇》到《月華》，當時眾多的中國穆斯林報刊中所呈現的國家意識，體現出當時中國伊斯蘭和穆斯林群體嶄新的社會文化面貌，這與此前歷史時期中國伊斯蘭的整體面貌相比存在顯著差異和變化。事實上，彼時中國穆斯林在文藝層面上的「自我表述」是內含在中國社會整體的變革進程中的。正因如此，這些文藝書寫應被放置在整體中國文藝、文化和思想的發展脈絡中來看待和考察。由於歷史的原因，這些由中國穆斯林創作的有關本宗教和本族群主題的文藝作品，在當時主要在中國伊斯蘭知識群體中流傳，並未在教外大眾社會中引發較大迴響，事實上當時中國伊斯蘭教外人群也很少有人去主動關注中國穆斯林的這類自我表述。這是由彼時中國社會特定的歷史條件所決定。而這種狀況的改變則要等到1930年代以後。

伴隨1931年「九一八」事變和1937年「七七」事變的相繼爆發，中國整體開始深陷日本帝國主義侵略的危機中，中國各地區、各宗教和各族群均面臨著被分裂和侵略的危險。在此危亡情勢下，中國各地各族人民開始積極參與到全面抗日戰爭的民族救亡事業之中。在這其中，中國伊斯蘭和穆斯林群體因在中國廣闊疆域上（尤其是戰略大後方的西北邊疆）占據著重要位置且人口眾多，因而成為全面抗日戰爭時期重要的抗戰

力量。因而，邊疆和伊斯蘭問題的重要性開始在中國社會中浮現出來。為消除回、漢間因歷史原因造成的隔膜狀態，促進彼此的了解和團結，中國伊斯蘭教內外各族知識分子在1930年代至1940年前半進行了大量的文藝和文化實踐。從遊記到話劇，從詩歌到報告文學，他們運用多種體式和載體展開對於中國穆斯林的文藝書寫。這些文藝實踐構成了現代中國文藝中伊斯蘭表述的重要內容。它們是現代中國文藝和文化領域首次大規模且較為公允地對中國伊斯蘭和穆斯林群體進行的創作實踐，見證並開啟了穆斯林與中國社會間的嶄新關係。這些由伊斯蘭內外各族知識分子創作的伊斯蘭題材作品，包含濃重的時代特點、政治意義和文化動員色彩。它們是中國伊斯蘭和穆斯林社會人群在經過自我革新之後，在全面抗日戰爭時期更深融入中國社會的明確體現。它們所反映出的伊斯蘭和穆斯林形象，儘管有可值得探討的地方，但總體上與此前時代相比已然有很大不同，顯示出當時中國社會內部各族各教之間關係的重塑與新變。在文藝表述中，各族作家和知識分子主動了解和學習中國伊斯蘭文化，以合作和商討的方式反覆徵求穆斯林人士的意見，並多次修訂的平等、尊重、嚴謹的創作方式值得借鑒。另外，很多作家在創作中儘管出現了對伊斯蘭的誤解，但經穆斯林友人提醒後，也虛心接受並修改訛誤，此種文學態度也彌足可貴。

現代中國文藝中伊斯蘭表述的譜系，不止僅限於中國的疆域範圍內，還因當時中國穆斯林在印度洋-伊斯蘭世界的遊記書寫而拓展至域外。在中國社會進行深刻變革和抵抗外部帝國主義侵略的過程中，中國穆斯林以考察、留學、朝覲和抗日宣傳為目的前往印度洋-伊斯蘭世界遊歷，他們在此期間書寫的

遊記作品不僅數量眾多，而且內容豐富、體式多樣，它們體現著當時中國伊斯蘭和穆斯林群體的歷史命運、思想觀念和心靈變遷。但由於各種原因，這些中國穆斯林所寫的遊記作品在此前中國學界沒有得到過應有的重視。在一般制度化的文學史書寫中，遊記一般處於邊緣位置而不受人們重視，由中國穆斯林所寫的海外遊記更處於邊緣之邊緣。然而，遊記這一文體其實是現代中國穆斯林在印度洋 - 伊斯蘭世界遊歷過程中扮演著十分重要的記述角色。正因如此，對這部分遊記作品的梳理和考察成為本書研究的重要開拓點。實際上，透過對這些遊記作品的爬梳、閱讀和考察，本書認為中國伊斯蘭和穆斯林在20世紀前半葉秉持「救國興教」的思想理念在族群宗教和國家兩個層面進行了廣泛的政治參與和文化革新運動。在不斷的變革、融入及在地化的進程中，中國伊斯蘭和穆斯林群體已然成為「跨體系社會」的中國內部一個不可分離的構成部分。在「中華民族」的論述中，穆斯林與中國社會間這種水乳交融的關係，在前者於印度洋 - 伊斯蘭世界的遊記書寫中有生動而明確的體現。儘管身處海外伊斯蘭世界，但中國穆斯林的國家觀念和中國認同非但沒有消減，反而得到增強。在他們的身分表述中，中國人是占據首要位置的，其次才是穆斯林。所以，本書試圖要破除這樣一種偏見和誤解，即認為中國穆斯林去往海外伊斯蘭世界只會逐漸失去國家認同。本書通過對這些遊記作品的分析和研究認為，這種觀點在是站不住腳的，同時它也不符合歷史和現實的全部實際狀況。

　　現代中國文藝中伊斯蘭表述的問題，長期以來一直是學術研究中的「薄弱環節」，儘管鮮少有人深入關注和研究此問題，但並不代表它不重要。恰恰相反，因這一問題包含的問題

和線索眾多且重要,因而使之成為一個亟待深究的學術議題。本書通過對上述這三條表述譜系的梳理和考察,試圖呈現這個現代中國文藝和文化領域中的重要問題,為更好理解現代中國社會中伊斯蘭和穆斯林的歷史位置,以及現代中國文藝中豐富多樣的書寫實踐,提供初步的探究和揭示;其次也為更好地理解跨文化視野下中華民族交融共存的歷史,提供文藝和文化的歷史依據;最後,也為更好地實現當前中華民族共同體意識的凝聚,提供一份歷史性的參照。汪暉曾言:「作為一個跨體系社會,中國是一個將他者的痕跡內化為自身要素的同時又保持獨特生機的生生不息的跨文明的文明。」[1]正因如此,中國的伊斯蘭和穆斯林群體不論在過去、現在還是未來,都將會是構成中國之為「跨體系社會」獨特而重要的一環。並且更為關鍵的是,其在文藝、思想和文化層面上也應被如此看待、思考和實踐。

---

[1] 汪暉:〈民族研究的超民族視角——跨體系社會及中國化問題〉,《西北民族研究》第 1 期,2021 年,第 11 頁。

後記

　　從清華博士畢業後，我回到西北工作。這片土地不僅養育我長大，而且最後又接納我，讓我有立身之地，我對她懷有無以言表的深厚情感。工作以來，出於各種原因，我會在西北的各地之間遊走，像一匹孤身的駱駝在黃土高原和青藏高原上漫遊，從同心到蘭州，從西寧到循化，再從臨夏到甘南等等。這讓我不僅重新理解西北和中國，也重新理解自己以及我的學術研究乃至詩歌寫作。

　　本書是我在西北工作、生活和遊走期間將博士論文修訂後的結果。其中主要探討現代中國文藝中有關伊斯蘭和穆斯林人群的表述的系譜和問題。之所以會將此課題作為博士論文的選題，一方面是因為它確實在中國學術研究中鮮少有人涉足，是一項明顯的學術缺憾；另一方面，對於我而言可能更緊要的原因是，我試圖借助研究此課題的機會來思考和回應當下中國社會各種伊斯蘭表述的問題。這一問題是如此緊張和迫切，我相信經歷 2009 年以來中國社會相關事件的各族穆斯林和思考此問題的知識分子都會深有同感。本書的研究僅僅是初步的嘗試而已。

　　或許是因為問題的緊迫感，導致我無法在那種制度化的文學學科的規範下從事研究，而是在歷史、思想、宗教、民族和區域等綜合視野下考察現代中國文藝中的伊斯蘭表述問題。正因如此，我要特別感謝兼容並包的清華大學中國語言文學系和

我的博士導師汪暉先生為我創造了一個可以自由思考和研究的學術空間。其珍貴在我從清華畢業後有更深體會。進入位於北京西北環境優美的清華園讀博，對我來說，是一次奇妙和意義深遠的經歷。感謝偉大的社會主義祖國的政策，使我有機會能進入這所頂尖學府求學深造。

在當下中國研究伊斯蘭問題不得不說是一項孤獨和「不討好」的事業，有時不僅要受外界之冷眼，而且也會受到內部之漠視。起意、撰寫和修訂博士論文的過程，對我來說是一場心靈的歷練，我明白學術之路無坦途、無依傍，只能背起行囊自己一個人「雨夜趕路」。然而，在學術「趕考」的路上，我也有幸遇到了若干為我指路、鼓勁和相助的師友。他們的情義我點滴莫忘。

首先，最要感謝的是汪暉先生。在博士論文的選題確定和實際撰寫的過程中，汪暉師與我多次討論，給予我珍貴的指點、建議、鼓勵和幫助。他所主持的清華大學人文與社會科學高等研究所是一方真正的學術沃土，其舉辦的各類高品質的學術活動，令我這個來自偏遠寧夏的學術鄉裡娃癡迷不已，那時在清華園，最幸福的事情有三，和朋友們在夜晚的紫操或留學生公寓或清真食堂聚會暢聊是一個，大夏天中午去西湖泳池游泳是一個，還有就是去聽高研所的講座和會議。不僅如此，在汪暉師和袁先欣師姐的鼓勵下，在博士畢業前後，我也有幸從旁聽者轉變為發言者，參與其中並分享自己的研究成果，相繼參加該所 2020 年 12 月主辦的「跨文化視野下的中華民族」、2021 年 10 月主辦的「短二十世紀的文化與革命」和 2023 年 11 月主辦的「多重空間：民族理論與實踐的互動」等學術工作坊，本書的部分章節內容都曾在這些會議上宣讀並得到師友

們的指點。

另外，還有一件事情也令我難忘。2021年春季，汪暉師在為清華新雅書院開設的「政經哲課程」中，也曾將我當時新寫的論文《中國新文化運動的多重性與中國穆斯林的文學書寫》置入課程大綱的第七講「文化」部分中，與他的《世紀的誕生》並列，作為探討新文化運動多重性的材料供清華上課的同學閱讀和討論。這令當時的我受寵若驚。汪暉師這種不論資歷、鼓勵後學的精神令人感動。

除在高研所學術會議宣讀和清華學堂上討論外，本書部分章節還曾在中國少數民族文學學會2022年學術研討會和2024年「百年中國文學中的國家民族意識」等學術會議上宣讀。此外，本書部分內容也曾在《民族文學研究》等刊發表，特別感謝劉大先老師和周翔老師的接收和細心編輯。還要感謝吉林外國語大學石彥偉老師將他精心收藏的李存光老師所編《拾荒與拓荒——馬宗融文存》（未出版）慷慨借我，這部資料集為本書的研究提供了重要幫助。同時也感謝中國社會科學院文學研究所何吉賢老師將他精心收藏的由中國伊斯蘭教協會1988年發行的龐士謙《埃及九年》贈我，使我的研究資料更為充實。

還要感謝台灣人間出版社的呂正惠老師對本書的接納，以及曾筠筑老師的編輯和聯絡。沒有人間出版社和他們的工作，本書可否問世是無法想像的。能夠在我十分敬愛的作家陳映真先生創辦的人間出版社出版個人的專著，對我而言是莫大的榮幸和幸福。

最後感謝我的家人，尤其感謝我的父母，他們含辛茹苦地把我養大並供我讀完博士而無任何怨言，無私地支持我在學術和詩歌上的選擇，他們給予我太多，因此我把此書，我的首部

學術著作獻給他們。感謝我的妻子，在我修訂本書時不斷給予我愛、體貼和照顧，她是我生命裡的一束光。

　　修訂本書過程中，新的以色列侵巴戰爭在進行，本書的一部分就是在這種痛苦、焦憂的心境中修改完成的。我十分清楚學術可以深刻而有力地回應時代和社會問題，但有時，有些話、有些情感只能在詩中坦露。有一天，芝加哥大學博士曾毓坤兄發來一份關於巴勒斯坦的藝術創作徵集帖，是他和他的朋友們發起的，讓我有興趣投稿，我便把我新寫的一首有關巴勒斯坦的詩和此前寫的一首一起投給了他。有時我覺得，寫完這樣的詩並參加這樣的活動，跟我完成學術上的工作同樣重要。

2024 年 9 月 27 日寫定於西寧

主要參考文獻

一、報紙、期刊

[1]　《阿勒泰》
[2]　《愛國白話報》
[3]　《北京大學月刊》
[4]　《北京新報》
[5]　《北平小報》
[6]　《北平伊斯蘭》
[7]　《晨熹》
[8]　《成師校刊》
[9]　《成達學生會月刊》
[10]　《成師月刊》
[11]　《大公報・星期論文》
[12]　《東方雜誌》
[13]　《獨立評論》
[14]　《甘肅民國日報》
[15]　《古爾邦》
[16]　《廣西回教》
[17]　《懷聖》
[18]　《回光》
[19]　《回教》

[20] 《回教大眾》

[21] 《回教婦女》

[22] 《回教論壇》

[23] 《回教青年會刊》

[24] 《回教青年月報》（後更名《回教青年》）

[25] 《回教文化》

[26] 《回教週報》

[27] 《回民》

[28] 《回民公報》

[29] 《回民言論》（重慶版）

[30] 《回聲》

[31] 《回文白話報》

[32] 《回協》

[33] 《回族青年》

[34] 《回族文化》

[35] 《華北日報・回民特刊》

[36] 《京華新報・附張》

[37] 《經世》「戰時特刊」

[38] 《抗戰文藝》

[39] 《昆侖》

[40] 《麗澤隨筆》

[41] 《綠旗》

[42] 《旅行雜誌》

[43] 《民報》

[44] 《穆民》

[45] 《穆聲報》

- [46] 《穆士林》
- [47] 《穆音》
- [48] 《清真導報》
- [49] 《清真彙刊》
- [50] 《清真教刊》
- [51] 《清真學理譯著》
- [52] 《清真月報》
- [53] 《清真週刊》
- [54] 《十日文萃》
- [55] 《雲南清真鐸報》（後更名《清真鐸報》）
- [56] 《天方學理月刊》
- [57] 《突崛》
- [58] 《文藝月刊》
- [59] 《文學》
- [60] 《西北》
- [61] 《西北回教聯合會一週年紀念號》
- [62] 《西北回民正論》
- [63] 《西北世紀》
- [64] 《新青年》
- [65] 《新穆民》
- [66] 《新蜀報》
- [67] 《新西北》
- [68] 《新亞細亞》
- [69] 《醒回篇》
- [70] 《醒民》
- [71] 《學生週刊》

[72]　《伊光》
[73]　《伊理月刊》
[74]　《伊斯蘭》
[75]　《伊斯蘭報》
[76]　《伊斯蘭婦女雜誌》
[77]　《伊斯蘭青年》
[78]　《伊斯蘭學生雜誌》
[79]　《禹貢》
[80]　《月華》
[81]　《月華週報》
[82]　《震宗報》
[83]　《震宗報月刊》
[84]　《正道》
[85]　《正源月刊》
[86]　《正宗愛國報》
[87]　《中國回教救國協會會刊》
[88]　《中國回教救國協會會報》
[89]　《中國回教青年學會會報》
[90]　《中國回教協會會報》
[91]　《中國回教學會季刊》
[92]　《中國回教學會月刊》
[93]　《中國回民救國協會通告》
[94]　《竹園白話報》

二、著作

[1]　[美]愛德華‧薩義德：《報道伊斯蘭》，閻紀宇譯，

上海：上海譯文出版社，2009 年。
[2] 阿扎提・蘇里坦、張明、努爾買買提・扎曼：《二十世紀維吾爾文學史》，烏魯木齊：新疆大學出版社，2001 年。
[3] [美] 愛德加・斯諾：《斯諾文集》，宋久、董樂山、新民等譯，北京：新華出版社，1984 年。
[4] 艾蕪：《艾蕪全集》，成都：四川文藝出版社，2014 年。
[5] 白崇禧口述、賈廷詩、陳三井等記錄：《白崇禧口述自傳》，北京：中國大百科全書出版社，2013 年。
[6] 白壽彝：《白壽彝文集》，開封：河南大學出版社，2008 年。
[7] 白壽彝主編：《回族人物志》，銀川：寧夏人民出版社，2000 年。
[8] 白壽彝：《白壽彝民族宗教論集》，北京：北京師範大學出版社，1992 年。
[9] 白壽彝主編：《中國回回民族史》，北京：中華書局，2003 年。
[10] 白壽彝：《中國回教小史》，重慶：商務印書館，1944 年。
[11] 北京市民族事務委員會古籍辦編：《回族研究文獻題錄》，北京：中央民族大學出版社，2009 年。
[12] 白先經、翁幹麟主編：《中國南方回族歷史人物資料選編》，南寧：廣西民族出版社，2000 年。
[13] [美] 本尼迪克特・安德森：《想像的共同體》（增訂版），吳叡人譯，上海：上海人民出版社，2016 年。
[14] [英] C. A. 貝利：《現代世界的誕生：1780-1914》，于展、何美蘭譯，北京：商務印書館，2013 年。

[15]　蔡源林：《伊斯蘭、現代性與後殖民》，台北：台灣大學出版中心，2011年。

[16]　長江（范長江）：《中國的西北角》，天津：大公報館，1937年。

[17]　陳嘉庚：《南僑回憶錄》，新加坡：南洋印刷社，1946年。

[18]　陳君葆：《陳君葆日記全集》，香港：商務印書館（香港）有限公司，2004年。

[19]　陳曉虎編著：《回族與辛亥革命》，銀川：寧夏人民出版社，2011年。

[20]　陳越洋：《阿拉伯文化在中國：以二十世紀為例》，銀川：寧夏人民出版社，2016年。

[21]　陳志超主編：《陳垣全集》，合肥：安徽大學出版社，2009年。

[22]　《成達文薈》編輯委員會編：《成達文薈》，北平：成達師範學校出版部，1932年。

[23]　達浦生：《伊斯蘭六書》，北京：宗教文化出版社，2003年。

[24]　德爾基彭錯、郭嵩明主編：《中國南方回族文化教育資料選編》，成都：四川民族出版社，2001年。

[25]　丁國瑞：《竹園叢話》，北京：北京圖書館出版社，2009年。

[26]　丁明仁：《伊斯蘭文化在中國》，北京：宗教文化出版社，2003年。

[27]　丁士仁主編：《中國伊斯蘭經堂教育》，蘭州：甘肅人民出版社，2013年。

[28]　樊駿：《中國現代文學論集》，北京：人民文學出版

社，2006 年。
[29] 方明主編：《陶行知全集》，成都：四川教育出版社，2005 年第 2 版。
[30] [美] 費正清、費維愷編：《劍橋中華民國史：1912-1949 年》，楊品泉、劉敬坤等譯，北京：中國社會科學出版社，1994 年。
[31] 馮今源：《中國伊斯蘭教概論》，銀川：寧夏人民出版社，2017 年。
[32] 傅統先：《中國回教史》，長沙：商務印書館，1940 年。
[33] 傅作霖：《寧夏省考察記》，南京：正中書局，1935 年。
[34] 甘肅省圖書館書目參考部編：《西北民族宗教史料文摘》，蘭州：甘肅省圖書館，1984-1986 年。
[35] 高發元、姚繼德主編：《中國學生留學埃及 80 週年紀念文集（1931-2011）》，昆明：雲南大學出版社，2012 年。
[36] 顧頡剛：《顧頡剛全集》，北京：中華書局，2010 年。
[37] 顧頡剛：《顧頡剛日記》，台北：聯經出版事業公司，2007 年。
[38] 《古蘭經》，馬堅譯，北京：中國社會科學出版社，1981 年。
[39] 顧執中、陸詒：《到青海去》，上海：商務印書館，1934 年。
[40] 郭少棠：《旅行：跨文化想像》，北京：北京大學出版社，2005 年。
[41] 郭筠：《阿拉伯地理典籍中的中國》，北京：商務印書館，2020 年。

[42] [埃及]哈賽寧著譯：《現代中國文學在埃及》（中阿文版），北京：社會科學文獻出版社，2020年。

[43] 洪濤主編：《復旦政治哲學評論》（第6輯），上海：上海人民出版社，2015年。

[44] 侯鴻鑒：《西北漫遊記》，無錫：錫成印刷公司，1937年。

[45] 黃興濤：《重塑中華：近代中國「中華民族」觀念研究》，北京：北京師範大學出版社，2017年。

[46] 今秋（宣俠父）：《西北遠征記》，上海：北新書局，1930年。

[47] 賈福康編：《台灣回教史》，新北：伊斯蘭文化服務社，2005年再版。

[48] 金吉堂：《中國回教史研究》，北平：北平成達師範出版部，1935年。

[49] 金再之、王少泉：《朝觀紀略》，北平：清真書報社，1932年。

[50] [美]柯利弗德‧格爾茨：《文化的解釋》，韓莉譯，南京：譯林出版社，2014年。

[51] 老舍：《老舍全集》（修訂本），北京：人民文學出版社，2008年。

[52] 李存光：《回族現代文學文獻題錄初編》，北京：社會科學文獻出版社，2017年。

[53] 李孤帆：《西行雜記》，桂林：開明書店，1942年。

[54] 李懷印：《現代中國的形成：1600-1949》，桂林：廣西師範大學出版社，2022年。

[55] 李健彪：《達浦生評傳》，北京：作家出版社，2017年。

[56] 李竟成：《新疆回族文學史》，烏魯木齊：新疆大學出

版社，2003 年。

[57] [德] 李峻石：《何故為敵：族群和宗教衝突論綱》，吳秀傑譯，北京：社會科學文獻出版社，2017 年。

[58] 李林：《伊斯蘭文明：源起阿拉伯半島》，昆明：雲南大學出版社，2022 年。

[59] 李松茂主編：《回族、東鄉族、土族、撒拉族、保安族百科全書》，北京：宗教文化出版社，2008 年。

[60] 李興華、馮今源編：《中國伊斯蘭教史參考資料選編（1911-1949）》，銀川：寧夏人民出版社，1985 年。

[61] 李興華等：《中國伊斯蘭教史》，北京：中國社會科學出版社，1998 年。

[62] 李振中：《馬堅傳》（修訂本），銀川：寧夏人民出版社，2017 年第 2 版。

[63] 林競：《西北叢編》，上海：神州國光社，1931 年。

[64] 林鵬俠：《西北行》，著者自印，1936 年。

[65] 林松：《〈古蘭經〉在中國》，銀川：寧夏人民出版社，2007 年。

[66] 林興智：《到埃及去》，上海：中國回教書局，1937 年。

[67] 劉寶軍：《世界華人穆斯林概況》，銀川：寧夏人民出版社，2010 年。

[68] 留東清真教育會編、王希隆點校：《醒回篇》，蘭州：蘭州大學出版社，1988 年。

[69] 劉東聲、劉盛林、北京市政協文史資料研究委員會、北京市宣武區政協文史資料委員會編：《北京牛街》，北京：北京出版社，1990 年。

[70] 劉禾：《跨語際實踐：文學，民族文化與被譯介的現

代性（中國，1900-1937）》（修訂譯本），宋偉傑等譯，北京：三聯書店，2014年第3版。

[71] 劉慧：《劉麟瑞傳——一位北大教授的人生寫實》，北京：世界知識出版社，2008年。

[72] 劉進：《中心與邊緣——國民黨政權與甘寧青社會》，天津：天津古籍出版社，2004年。

[73] 劉迎勝：《從西太平洋到北印度洋：古代中國與亞非海域》，南京：南京大學出版社，2017年。

[74] 魯迅：《魯迅全集》，北京：人民文學出版社，2005年。

[75] 馬博忠、納家瑞、李建工：《歷程：民國留埃回族學生派遣史研究》，銀川：寧夏人民出版社，2011年。

[76] 馬成鳴：《傳播構建現代民族共同體：近代回族報刊〈月華〉研究》，北京：民族出版社，2015年。

[77] （清）馬德新著、（清）馬安禮譯、納國昌注釋：《朝覲途記》，銀川：寧夏人民出版社，1988年。

[78] 馬堅：《馬堅著譯文集》，北京：商務印書館，2019年。

[79] 馬景：《民國時期伊斯蘭教漢文譯著研究》，北京：社會科學文獻出版社，2015年。

[80] 馬莉：《現代性視閾下民國政府宗教政策研究》，北京：中國社會科學出版社，2010年。

[81] [美]瑪麗·路易士·普拉特：《帝國之眼：旅行書寫與文化互化》，方傑、方宸譯，南京：譯林出版社，2017年。

[82] 馬麗蓉：《20世紀中國文學與伊斯蘭文化》，合肥：安徽教育出版社，2000年。

[83] 馬明道：《伊斯蘭對中華文化之影響》，台北：中國文

化大學出版部，1982 年。

[84] 馬壽千：《馬壽千回族史志論集》，北京：中央民族大學出版社，2009 年。

[85] 馬天英：《回教淺說》，重慶：中國回教救國協會，1941 年。

[86] 馬以愚：《中國回教史鑒》，長沙：商務印書館，1941 年。

[87] 孟述祖：《西北花絮》，蘭州：甘肅青年出版社，1943 年。

[88] [印] 米爾薩·歐拉姆·阿哈默德：《伊斯蘭教哲學》，陳君葆譯、白亮誠等校，新加坡：伊斯蘭教國際出版社，1991 年第 3 版。

[89] [美] 米歇爾·艾倫·吉萊斯皮：《現代性的神學起源》，張卜天譯，長沙：湖南科學技術出版社，2012 年。

[90] 民族問題研究會：《回回民族問題》，北京：民族出版社，1980 年。

[91] 穆旦：《穆旦詩文集》（增訂版），北京：人民文學出版社，2018 年第 3 版。

[92] [埃及] 穆罕默德·侯賽因·海卡爾：《穆罕默德生平》，王永方、趙桂雲譯，北京：新華出版社，1986 年。

[93] 穆文富：《中國回民問題論叢》，北平：回民特刊社，1935 年。

[94] 納忠：《納忠選集》，北京：外語教學與研究出版社，2013 年。

[95] 寧夏檔案局（館）編：《抗戰時期的寧夏——檔案史料彙編》，重慶：重慶出版社，2015 年。

[96] 寧夏哲學社會科學研究所編：《清代中國伊斯蘭教論集》，銀川，寧夏人民出版社，1981 年。

[97]　潘泰封編：《西北行》，桂林：中國旅行社，1943 年。

[98]　龐士謙：《埃及九年》，北京：月華文化服務社，1951 年。

[99]　邱樹森：《中國回族史》，銀川：寧夏人民出版社，1996 年。

[100]　[美] 瑞貝卡・卡爾：《世界大舞台：十九、二十世紀之交中國的民族主義》，高瑾等譯，北京：三聯書店，2008 年。

[101]　沙蕾：《時間之歌》，銀川：寧夏人民出版社，1987 年。

[102]　陝西省民族事務委員會編：《陝甘寧邊區民族宗教史料選編》，西安：陝西人民出版社，1991 年。

[103]　達浦生、哈德成：《播音》，北平：成達師範出版部，1934 年。

[104]　石覺民：《西北回教生活》（第 1 輯），蘭州：回教青年月報社，1945 年。

[105]　[日] 實藤惠秀：《中國人留學日本史》（修訂譯本），譚汝謙、林啟彥譯，北京：北京大學出版社，2012 年。

[106]　水鏡君、[英] 瑪利亞・雅紹克：《中國清真女寺史》，北京：三聯書店，2002 年。

[107]　[日] 松本真澄：《中國民族政策之研究——以清末至 1945 年的「民族論」為中心》，魯忠慧譯，北京：民族出版社，2003 年。

[108]　[美] 塔米・安薩里：《中斷的天命：伊斯蘭觀點的世界史》，苑默文、劉宜青譯，新北：遠足文化出版事業有限公司，2017 年。

[109]　唐易塵：《麥加巡禮記》，北京：震宗報出版部，

1943 年。

[110] 鐵維英、李學忠：《中國穆斯林朝觀紀實》，銀川：寧夏人民出版社，1994 年。

[111] 脫新範、姚繼德、馬健雄主編：《香港回民史料概覽（1917-2017）》，香港：香港科技大學華南研究中心，2018 年。

[112] [美] W. J. T. 米切爾編：《風景與權力》，楊麗、萬信瓊譯，南京：譯林出版社，2014 年。

[113] 宛磊編注：《馬天英先生遺稿彙編》，柔佛巴魯：南方大學學院出版社，2018 年。

[114] 汪暉：《去政治化的政治：短 20 世紀的終結與 90 年代》，北京：三聯書店，2008 年。

[115] 汪暉：《世紀的誕生：中國革命與政治的邏輯》，北京：三聯書店，2020 年。

[116] 汪暉：《現代中國思想的興起》，北京：三聯書店，2015 年第 3 版。

[117] 汪暉、陳燕谷主編：《文化與公共性》，北京：三聯書店，1998 年。

[118] 王繼霞：《20 世紀回族文學價值研究》，北京：中國社會科學出版社，2014 年。

[119] 王建平主編、白潤生副主編：《中國伊斯蘭教典籍選》，上海：上海古籍出版社，2007 年。

[120] 王建平主編、金宏偉副主編：《中國伊斯蘭教典籍選續編》，上海：上海古籍出版社，2016 年。

[121] 王建平主編、金宏偉副主編：《中國伊斯蘭教典籍選三編》，上海：上海古籍出版社，2021 年。

[122] [日] 王柯：《從「天下」國家到民族國家》，上海：上海人民出版社，2020 年。

[123] [日] 王柯：《亦師亦友亦敵：民族主義與近代中日關係》，香港：香港中文大學出版社，2020 年。

[124] 王世龍編譯：《朝覲摘要》（中阿文版），民間刊印，1929 年。

[125] 王正儒、雷曉靜主編：《回族歷史報刊文選》，銀川：寧夏人民出版社，2012、2015 年。

[126] 王子華：《白亮誠傳》，昆明：雲南大學出版社，2014 年。

[127] 吳海鷹主編：《回族典藏全書》，蘭州、銀川：甘肅文化出版社、寧夏人民出版社，2008 年。

[128] 吳建偉、張進海主編：《回族典藏全書總目提要》，銀川：寧夏人民出版社，2010 年。

[129] 謝松濤：《回教概論》，台北：中國文化大學出版部，1982 年。

[130] 興亞宗教協會編：《華北宗教年鑑》，北京：興亞宗教協會，1941 年。

[131] 許崇灝：《伊斯蘭教志略》，重慶：商務印書館，1944 年。

[132] 徐麗華、李德龍主編：《中國少數民族舊期刊集成》，北京：中華書局，2007 年。

[133] 薛文波：《雪嶺重澤》，蘭州：內部印行，1999、2004 年。

[134] 陽翰笙：《陽翰笙日記選》，成都：四川文藝出版社，1985 年。

[135] 楊懷中、余振貴主編：《伊斯蘭與中國文化》，銀川：

寧夏人民出版社，1995 年。

[136] 楊建軍等：《海外回族華人文學研究》，北京：民族出版社，2018 年。

[137] 楊敬之：《日本之回教政策》，重慶：商務印書館，1943 年。

[138] 楊榮斌：《民國時期上海回族商人群體研究》，北京：社會科學文獻出版社，2014 年。

[139] 楊鐘健：《西北的剖面》，北平：地質圖書館，1932 年。

[140] 姚大力：《追尋「我們」的根源：中國歷史上的民族與國家意識》，北京：三聯書店，2018 年。

[141] 伊斯蘭文化學會主編、白壽彝選注：《穆民文選》第 2 冊，昆明：伊斯蘭文化學會，1945 年。

[142] [日] 羽田正：《「伊斯蘭世界」概念的形成》，劉麗嬌、朱莉麗譯，上海：上海古籍出版社，2012 年。

[143] 余振貴：《中國歷代政權與伊斯蘭教》，銀川：寧夏人民出版社，2012 年第 2 版。

[144] 余振貴等編：《中國伊斯蘭教歷史文選》，北京：宗教文化出版社，2009 年。

[145] 余振貴、楊懷中編：《中國伊斯蘭文獻著譯提要》，銀川：寧夏人民出版社，1993 年。

[146] 張承志：《敬重與惜別》，北京：中國友誼出版公司，2009 年。

[147] 張巨齡：《綠苑鈎沉：張巨齡回族史論選》，北京：民族出版社，2001 年。

[148] 張琴：《多元角色及其思想實踐的合理化 —— 近代回族社會活動家丁國瑞研究》，銀川：陽光出版社，

2017 年。

[149] 張嶸：《傳統、創新與發展：20 世紀前期（1949 年以前）回族社會文化變遷研究》，北京：民族出版社，2013 年。

[150] 張天佑、李唐、高芳編：《唐祈詩全編》，北京：人民文學出版社，2018 年。

[151] 張揚明：《到西北來》，上海：商務印書館，1937 年。

[152] 張宗奇：《伊斯蘭文化與中國本土文化的整合》，北京：東方出版社，2006 年。

[153] 郅溥浩、丁淑紅、宗笑飛：《中外文學交流史：中國-阿拉伯卷》，濟南：山東教育出版社，2015 年。

[154] 卓新平、楊富學主編：《中國西北宗教文獻》（伊斯蘭教部分），蘭州：甘肅民族出版社，2012 年。

[155] 趙慧、拜學英、王繼霞主編：《中國回族文學通史·近現代卷》，銀川：陽光出版社，2014 年。

[156] 趙振武：《西行日記》，北平：成達師範出版部，1933 年。

[157] 中國回教近東訪問團編：《中國回教近東訪問團日記》，重慶：中國文化服務社，1943 年。

[158] 中國回教南洋訪問團編：《北婆羅訪問記》，香港：中國回教南洋訪問團印，1941 年。

[159] 中國回教南洋訪問團編：《中國之回教》，香港：中國回教南洋訪問團印，1940 年。

[160] 中國旅行社編：《由上海至麥加》，上海：中國旅行社，1932 年。

[161] 中國社會科學院近代史研究所《近代史資料》編輯部、中國第二歷史檔案館編：《抗戰時期西北開發檔案史料

選編》，北京：中國社會科學出版社，2009 年。

[162] 中國伊斯蘭百科全書編輯委員會編：《中國伊斯蘭百科全書》，成都：四川辭書出版社，2007 年第 2 版。

[163] 中國伊斯蘭教協會編：《中國伊斯蘭教簡志》，北京：宗教文化出版社，2011 年。

[164] 中國伊斯蘭教協會、山東省伊斯蘭教協會、濟南市伊斯蘭教協會編：《成德達才：「紀念成達師範創建八十周年學術研討會」論文彙編》，北京：宗教文化出版社，2006 年。

[165] 中共中央馬克思恩格斯列寧史達林著作編譯局編譯：《馬克思恩格斯選集》，北京：人民出版社，2012 年。

[166] 中共中央毛澤東選集出版委員會編：《毛澤東選集》，北京：人民出版社，1991 年第 2 版。

[167] 中共中央統戰部編：《民族問題文獻彙編》，北京：中共中央黨校出版社，1991 年。

[168] 周開慶：《西北剪影》，成都：中西書局，1943 年。

[169] 周瑞海等：《中國回族抗日救亡史稿》，北京：社會科學文獻出版社，2006 年。

[170] 周燮藩主編：《清真大典》，合肥：黃山書社，2005 年。

[171] 朱昌平、吳建偉：《中國回族文學史》，銀川：陽光出版社，2012 年。

[172] 朱喬森編：《朱自清全集》，南京：江蘇教育出版社，1996 年第 2 版。

[173] 《中國保障宗教信仰自由的政策和實踐》，中華人民共和國國務院新聞辦公室，2018 年 4 月 3 日發布。

[174] Jonathan N.Lipman, *Familiar Strangers:A History*

of Muslims in Northwest China, Seattle And London: University of Washington Press, 1997.

[175]　Kelly A.Hammond: *China's Muslims and Japan's Empire : Centering Islam in World War II*, Chapel Hill: The University of North Carolina Press, 2020.

[176]　Talal Asad, *Secular Translations:Nation State,Modern Self,and Calculative Reason*, New York: Columbia University Press, 2018.

三、論文

[1]　阿里木・托和提：〈1945年以前日本的中國伊斯蘭研究〉，《北方民族大學學報（哲學社會科學版）》2012年第6期。

[2]　白崇人：〈伊斯蘭文化是回族文化的內核〉，《回族研究》1994年第4期。

[3]　達慧中：〈抗戰時期回族爭取國家聲援的國民外交活動〉，《西北第二民族學院學報》2004年第1期。

[4]　丁明俊：〈抗戰前後日本的「回教工作」與社團組織〉，《回族研究》2014年第4期。

[5]　樊駿：〈論馬宗融：兼及現代民族文學史的若干問題〉，《民族文學研究》1993年第1期。

[6]　方素梅：〈從《回部公牘》看民國回族的政治參與活動〉，《民族研究》2010年第1期。

[7]　方素梅：〈抗戰時期回族的國民外交與國民政府的策略——以「中國回教朝覲團」為中心的考察〉，《青海民族研究》2015年第4期。

[8] 關瑞發：〈三保重來：中國回教南洋訪問團對南洋種族宗教和諧的貢獻〉，《華人文化研究》第 1 卷第 2 期，2013 年 12 月。

[9] ［土耳其］忽里：〈伊斯蘭式世界歷史〉，鄧歡娜譯，《區域》總第 5 輯，汪暉、王中忱主編，北京：社會科學文獻出版社，2016 年。

[10] ［日］吉澤誠一郎：〈明清以來「西北」概念的變遷〉，《華東師範大學學報（哲學社會科學版）》2015 年第 4 期。

[11] 菅志翔、馬戎：〈試論伊斯蘭教在中國社會的演變——兼論民國時期西北回民社會精英的宗教策略〉，《民國時期西部邊疆的政權建設與族群關係》，菅志翔、馬戎主編，北京：社會科學文獻出版社，2015 年。

[12] 雷曉靜：〈中國近現代回族、伊斯蘭教報刊的崛起〉，《回族研究》1997 年第 1 期。

[13] 李廣益：〈國家認同的積極構建及其限度——論抗戰話劇《國家至上》的成就與問題〉，《文學評論》2020 年第 4 期。

[14] 李九華：〈近代回族報刊文學述略〉，《回族研究》2018 年第 1 期。

[15] 李九華、沙威：〈民國回族報人唐易塵與《麥加巡禮記》〉，《寧夏社會科學》2016 年第 4 期。

[16] 李曉疃：〈抗戰時期伊斯蘭教界的反侵略祈禱活動〉，《回族研究》2016 年第 3 期。

[17] 羅彥慧：〈回回人的「天房」意向：明清時期回回社會朝觀遊學初探〉，《寧夏社會科學》2013 年第 1 期。

[18] 馬博忠：〈民國時期中國穆斯林報刊統計表〉，《回族研究》2008 年第 4 期。

[19] 馬成明、崔莉：〈近代回族知識分子的家國情懷——以中國回教近東訪問團為中心〉，《回族研究》2018 年第 1 期。

[20] 馬廣德：〈超越歷史：《月華》中的文學作品研究〉，《回族研究》2017 年第 2 期。

[21] 馬景：〈清真書報社與伊斯蘭教報刊出版〉，《回族研究》2016 年第 3 期。

[22] 馬景：〈中國穆斯林與抗戰——來自基督教傳教士胡籟明的觀察記載〉，《北方民族大學學報（哲學社會科學版）》2015 年第 4 期。

[23] 敏俊卿、馬博忠：〈回族抗日歌曲與國家認同〉，《北方民族大學學報（哲學社會科學版）》2009 年第 5 期。

[24] 敏文傑：〈二十世紀中國伊赫瓦尼教派維新運動回眸〉，《寧夏社會科學》2008 年第 2 期。

[25] 牧夫：〈從北京回教會到中國回教總聯合會〉，《文史資料選編》第 32 輯，中國人民政治協商會議北京市委員會文史資料研究委員會編，北京：北京出版社，1987 年。

[26] 錢伯泉：〈《創建穆民總教院表》——一份近代回族新文化運動的倡議書〉，《回族研究》1998 年第 1 期。

[27] 沈松僑：〈江山如此多嬌——1930 年代的西北旅行書寫與國族想像〉，《台大歷史學報》第 37 期，2006 年 6 月。

[28] 蘇濤：〈民族表達與家國認同——現代回族文學的話語

演變〉,《民族文學研究》2016 年第 3 期。

[29] 唐震宇:〈記我在「中國回教總聯合會」〉,《宣武文史》第 12 輯,政協北京市宣武區委員會文史資料委員會編,內部印行,2005 年。

[30] 鐵維英:〈抗日戰爭時期中東穆斯林的援華活動〉,《阿拉伯世界》1991 年第 2 期。

[31] 鐵維英:〈抗戰時期中國回族穆斯林在麥加的一段愛國鬥爭經歷〉,《回族研究》1991 年第 3 期。

[32] 宛磊:〈抗日戰爭時期的中國回教南洋訪問團〉,《馬來西亞華人研究學刊》第 13 輯,2010 年。

[33] 汪暉:〈跨體系社會與區域作為方法〉,《東西之間的「西藏問題」(外二篇)》,北京:三聯書店,2011 年。

[34] 汪暉:〈兩洋之間的文明〉,《經濟導刊》2015 年第 8、9 期。

[35] 汪暉:〈民族研究的超民族視角——跨體系社會及中國化問題〉,《西北民族研究》2021 年第 1 期。

[36] 王繼霞:〈論回族報刊文學價值(1906-1949)〉,《中南民族大學學報(人文社會科學版)》2014 年第 3 期。

[37] 王希隆、馬振華:〈留東清真教育會「革命團體」說質疑〉,《史學集刊》2017 年第 2 期。

[38] 王學振:〈論全面抗戰時期的少數民族題材文學——對書寫內容、敘事模式、創作主體的考察〉,《民族文學研究》2020 年第 1 期。

[39] 吳啟訥:〈抗戰洗禮下少數族群的中華民族化〉,《江海學刊》2015 年第 2 期。

[40] 許憲隆、哈正利:〈晚清留日回族學生與辛亥革命——基於「留東清真教育會」會員史跡的考察〉,《民族研究》2011 年第 4 期。

[41] 徐曉宏:〈論社會學自由主義:從全球南方／東方出發重構社會學經典〉,《清華社會學評論》第 20 輯,北京:社會科學文獻出版社,2023 年。

[42] 薛龍和:〈童琮——中國近代新式回民教育的先驅〉,《回族研究》2013 年第 4 期。

[43] 楊桂萍:〈中國穆斯林新文化運動〉,《回族研究》1999 年第 4 期。

[44] 楊懷中:〈中國歷史上伊斯蘭文化的四次高潮〉,《回族研究》1994 年第 1 期。

[45] 姚繼德:〈雲南回族社群與東南亞的歷史聯繫及當代變遷〉,《伊斯蘭與中國西南邊疆社會》,姚繼德、馬健雄主編,昆明:雲南大學出版社,2017 年。

[46] 姚錦祥:〈太平洋戰爭時期日本的回教政策〉,《日本研究》2020 年第 3 期。

[47] [美]約翰·沃爾:〈伊斯蘭教、中國與印度洋:歷史聯繫與世界史背景〉,劉波譯,《史學集刊》2018 年第 2 期。

[48] 張中復:〈從「爭教不爭國」到「爭教即爭國」——五四新文化運動對形塑現代回民穆斯林族、教意識的影響及其當代反思〉,《五四運動與中國宗教的調適與發展》,呂妙芬、康豹主編,台北:中央研究院近代史研究所,2020 年。

[49] 鄭月里:〈理念與實踐——「中國回教近東訪問團」的

形成與影響〉,《近代中國:文化與外交》(下卷),欒景河、張俊義主編,北京:社會科學文獻出版社,2012年。

四、學位論文

[1]　馬積廉:《到麥加去:民國時期到中東去的旅行記述研究(1911-1949)》,碩士學位論文,新加坡國立大學中文系,2012年。

[2]　沈玉萍:《有關中國回回人朝覲史的幾個問題研究》,博士學位論文,南京大學歷史系,2010年。

國家圖書館出版品預行編目資料

現代中國文藝與伊斯蘭表述 / 馬海波作.
-- 初版. -- 臺北市：人間出版社, 2024.12
404面；14.8×21公分

ISBN 978-986-98721-9-5（平裝）

1.伊斯蘭教　2.中國文化　3.中國史

258.2　　　　　　　　　　　113013832

現代中國文藝與伊斯蘭表述

作　　者	馬海波
發 行 人	呂正惠
社　　長	陳麗娜
總 編 輯	林一明
執行編輯	曾芛筑
封面設計	仲雅筠
出　　版	人間出版社
	台北市萬華區長泰街59巷7號
	（02）2337-0566
郵政劃撥	11746473・人間出版社
電　　郵	renjianpublic@gmail.com
排版印刷	龍虎電腦排版股份有限公司
總 經 銷	聯合發行股份有限公司
	新北市新店區寶橋路235巷6弄6號2樓
	（02）2917-8022
初版一刷	2024年12月
Ｉ Ｓ Ｂ Ｎ	978-986-98721-9-5
定　　價	440元

缺頁或破損，請寄回人間出版社更換
有著作權，侵害必究